清涼國師華嚴經疏鈔

청량국사화엄경소초 28

보살문명품 ①

청량징관 찬술 · 관허수진 현토역주

운주사

서언

천이백 년 침묵의 역사를 깨고

오늘도 나는 여전히 거제만을 바라본다.
겹겹이 조종하는 산들
산자락 사이 실가닥 저잣길을 지나 낙동강의 시린 눈빛
그 너머 미동도 없는 평온의 물결 저 거제만을 바라본다.
십오 년 전 그날 아침을 그리며 말이다.
나는 2006년 1월 10일 은해사 운부암을 다녀왔다.
그리고 그날 밤 열한 시 대적광전에서 평소에 꿈꾸어 왔던 『청량국사 화엄경소초』 완역의 무장무애를 지심으로 발원하고 번역에 착수하였다.
나의 가냘픈 지혜와 미약한 지견으로 부처님의 비단과도 같은 화장세계에 청량국사의 화려하게 수놓은 소초의 꽃을 피워내는 긴 여정을 시작한 것이다.
화엄은 바다였고 수미산이었다.
그 바다에는 부처님의 용이 살고 있었고
그 산에는 부처님의 코끼리가 노닐고 있었다.
예쁘게 단장한 청량국사 소초의 꽃잎에는 부처님의 생명이 태동하고 있었고,
겁외의 연꽃 밭에는 영원히 지지 않는 일승의 꽃이 향기를 뿜어내고

있었다.

그 바다 그 산 그리고 그 꽃밭에서 10년 7개월(구체적으로는 2006년 1월 10일부터 2016년 8월 1일까지) 동안 자유롭게 노닐었다.

때로는 산 넘고 강 건너 협곡을 지나고

때로는 은하수 별빛 따라 오작교도 다니었다.

삼경 오경의 그 영롱한 밤

숨쉬기조차 미안한 고요의 숭고함

그 시공은 영원한 나의 역경의 놀이터였다.

애시당초 이 작업은 세계 인문학의 자존심

내가 살아 숨쉬는 이 나라 대한민국 그리고 불교의 자존심에 기인한 것이다.

일찍이 그 누가 이 청량국사의 『화엄경소초』를 완역하였다면 나는 이 작업을 하지 않았을 것이다.

지금도 여전히 완역자는 없다.

더욱이 이 『청량국사화엄경소초』의 유일한 안내자 인악스님의 『잡화기』와 연담스님의 『유망기』도 그 누가 번역한 사실이 없다.

그러나 내 손안에 있는 두 분의 『사기』는 모두 다 번역하여 주석으로 정리하였다.

이 청량국사 화엄경의 소는 초를 판독하지 않으면 알 수가 없다.

그래서 그 이름을 구체적으로 대방광불화엄경수소연의초大方廣佛華嚴經隨疏演義鈔라 한 것이다.

즉 대방광불화엄경의 소문을 따라 그 뜻을 강연한 초안의 글이라는 것이다.

청량국사는 『화엄경』의 소문을 4년(혹은 5년) 쓰시되 2년차부터는 소문과 초문을 함께 써서 완성하시고 5년차부터 8년 동안 초문을 쓰셨다.

따라서 그 소문의 양은 초문에 비하면 겨우 삼분의 일에 지나지 않는다 할 것이다.

나는 1976년 해인사 강원에서 처음 『청량국사화엄경소초 현담』 여덟 권을 독파하였고,

1981년부터 3년간 금산사 화엄학림에서 『청량국사화엄경소초』를 독파하였다.

그때 이미 현토와 역주까지 최초 번역의 도면을 완성하였고,

당시에 아쉽게 독파하지 못한 십정품에서 입법계품까지의 소초는 1984년 이후 수선 안거시절 해제 때마다 독파하여 모두 정리하였다.

그러나 번역의 기연이 맞지 않아 미루다가 해인사 강주시절 잠시 번역에 착수하였으나 역시 기연이 맞지 않아 미루었다.

그리고 드디어 2006년 1월 10일 번역에 착수하여 2016년 8월 1일 십만 매 원고로 완역 탈고하고, 2020년 봄날 시공을 초월한 사상 초유 『청량국사화엄경소초』가 1,200년 침묵의 역사를 깨고 이 세상에 처음 눈을 뜨게 된 것이다.

번역의 순서는 먼저 입법계품의 소초, 다음에는 세주묘엄품 소초에서 이세간품 소초까지, 마지막으로 소초 현담을 번역하였다.
번역의 형식은 직역으로 한 글자도 빠뜨리지 않고 번역하였다. 따라서 어색하게 느껴지는 곳도 있을 것이다.
예를 들면 소所 자를 "바"라 하고, 지之 자를 지시대명사로 "이것, 저것"이라 하고, 이而 자를 "그러나"로 번역한 등이 그렇다.
판본은 징광사로부터 태동한 영각사본을 뿌리로 하였고, 대만에서 나온 본과 인악스님의 『잡화기』와 연담스님의 『유망기』와 또 다른 사기 『잡화부』(잡화부는 검자권부터 광자권까지 8권만 있다)를 대조하여 번역하였다.

앞에서 이미 말한 것처럼, 그 누가 청량국사의 『화엄경소초』를 완역한 적이 있었다면 나는 이 번역에 착수하지 않았을 것이다.
지금까지 이 황금보옥黃金寶玉의 『청량국사화엄경소초』가 번역되지 아니한 것은 나에게 주어진 시대적 사명이고 역사적 명령이라 생각한다.
나는 이 『청량국사화엄경소초』의 완역으로 불조의 은혜를 갚고 청량국사와 은사이신 문성노사 그리고 나를 낳아준 부모의 은혜를 일분 갚는다 여길 것이다.

끝으로 이 『청량국사화엄경소초』가 1,200년의 시간을 지나 이 세상에 눈뜨기까지 나와 인연한 모든 사람들 그리고 영산거사 가족과 김시열 거사님께 원력의 보살이라 찬언讚言하며, 나의 미약한 번역으로 선지자의 안목을 의심케 할까 염려한다.

마지막 희망이 있다면 이 『청량국사화엄경소초』의 완역 출판으로 청량국사에 대한 더욱 깊고 넓은 연구와 『화엄경』에 대한 더욱 다양한 연구가 이루어지기를 바라는 것뿐이다.

장세토록 구안자의 자비와 질책을 기다리며 고개 들어 다시 저 멀리 거제만을 바라본다.

여전히 변함없는 저 거제만을.

2016년 8월 1일 절필시에 게송을 그리며

長廣大說無一字 장광대설무일자
無碍眞理亦無義 무애진리역무의
能所兩詮雙忘時 능소양전쌍망시
劫外一經常放光 겁외일경상방광

화엄경의 장대한 광장설에는 한 글자도 없고
화엄경의 걸림없는 진리에는 또한 한 뜻도 없다.
능전의 문자와 소전의 뜻을 함께 잊은 때에
시공을 초월한 경전 하나 영원히 광명을 놓누나.

불기 2566년 음력 1월 10일 최초 완역장
승학산 해인정사 관허 수진

● 화엄경소초현담華嚴經疏鈔玄談(1~8)

● 화엄경소초華嚴經疏鈔

1. 세주묘엄품世主妙嚴品
2. 여래현상품如來現相品
3. 보현삼매품普賢三昧品
4. 세계성취품世界成就品
5. 화장세계품華藏世界品
6. 비로자나품毘盧遮那品
7. 여래명호품如來名號品
8. 사성제품四聖諦品
9. 광명각품光明覺品
10. 보살문명품菩薩問明品
11. 정행품淨行品
12. 현수품賢首品
13. 승수미산정품昇須彌山頂品
14. 수미정상게찬품須彌頂上偈讚品
15. 십주품十住品
16. 범행품梵行品
17. 초발심공덕품初發心功德品
18. 명법품明法品

영인본 4책 秋字卷

대방광불화엄경수소연의초 제십삼권의 삼권

大方廣佛華嚴經隨疏演義鈔 第十三卷之三卷

우진국 삼장사문 실차난타 번역
청량산 대화엄사 사문 징관 찬술
대한민국 조계종 사문 수진 현토역주

보살문명품 제십권

菩薩問明品 第十卷

疏

釋此一品에 亦有四門하니 初는 來意라 於中에 有通有別하니 通謂上來三品에 已答十句生解所依하고 此下는 正答生解因果일새 故次來也니라 生解因中에 先答十住니 住攬信成이라 將答所成하야 先辨能成이라 又正答十信일새 故下三品來也니라 後別者는 三品이 明信有解行德이나 解爲二本일새 此品先來니라

이 한 품을 해석함에 또한 사문이 있나니
처음에는 이 품이 여기에 온 뜻이다.
그 가운데 통석이 있고 별석이 있나니
통석은 말하자면 상래의 삼품에서 이미 열 구절[1]로 생해인과生解因果의 소의所依를 답하였고 이 품 이하는 바로 생해인과를 답하기에 그런 까닭으로 광명각품 다음으로 여기에 온 것이다.
생해인生解因 가운데 먼저는 십주를 답하였으니 십주는 십신을 잡아

1 열 구절이란, 영인본 화엄 4책, p.345, 불찰佛刹·불주佛住 등 十句이다.

이루어진다.

장차 소성所成을 답하고자 먼저 능성能成[2]을 분별한 것이다.

또 십신을 바로 답하기에[3] 그런 까닭으로 이 아래 삼품이 여기에 온 것이다.

뒤에 별석은 삼품이 신信에 해·행·덕[4]이 있음을 밝혔지만 해解가 둘의 근본[5]이 되기에 이 품이 먼저 여기에 온 것이다.

鈔

通謂下는 明盡一分來意니 直盡第七會來니라 生解因中下는 唯明下三品來意니 初依古德하야 信住合明이라 又正答十信下는 疏意에 別明答信이니 以第二會初의 十問之中에 脫十信問故로 今三品答之하고 不答住也니라 然賢首意는 始教에 別開信位니 如梁論云호대 如須陀洹의 見道前四位는 謂煗頂忍世第一인달하야 菩薩道前四位도 亦爾하나니 謂十信十住十行十迴向이라하니라 又彼論及佛性論에 皆云호대 地前修四種行이니 謂十信은 修信하야 樂大乘行이요 十解는 修般若行이요 十行은 修三昧行이요 十迴向은 修大悲行이라하니 如其次第가 卽是四位故니라 又爲除四類障의 正使故로 卽此四位니 謂初는 除闡提不信障이요 二는 除外道我執障이요 三은 除聲聞畏

2 소성所成은 십주十住이고, 능성能成은 십신十信이다.

3 원문에 정답십신正答十信이란, 前品은 이 十信의 自體를 말한 까닭으로 지금에 이 품에서는 바로 답하는 것이다고 『잡화기』는 말한다.

4 해解는 문명품問明品, 행行은 정행품淨行品, 덕德은 현수품賢首品이다.

5 二本이라 한 二는 십신十信과 십주十住이다.

苦障이요 四는 除獨覺捨大悲障이라 又信成淨德因種이요 解成我德因種이요 行成樂德因種이요 迴向成常德因種이라 又仁王經에 寄四輪王이니 謂鐵銅銀金이라 以上教義일새 故知十信도 亦成位也니라 若終教인댄 十信은 但是十住의 方便이요 自無別位니 謂仁王에 釋三賢云호대 十信十止十堅心이라하니 十信卽住故라하니라 今疏는 不論成位와 不成位하고 皆以三品으로 別答信問이니 別一會答이나 合有問故니라 已如前說하니라

통석은 말하자면이라고 한 아래는 일분[6]이 여기에 온 뜻을 밝혀 다한 것이니
바로 제칠회까지 여기에 온 뜻을 밝혀 다한 것[7]이다.

생해인 가운데라고 한 아래는 오직 이 아래 삼품이 여기에 온 뜻만을 밝힌 것이니,
처음에는 고덕[8]을 의지하여 십신과 십주를 합하여 밝힌 것이다.

---

6 일분래의一分來意라 한 일분一分은 사분四分 중 제이第二에 수인계과생해분修因契果生解分이다.

7 직진제칠회래直盡第七會來란, 此第二分이 第二會로부터 第七會에까지 이르러 다한다. 품品으로는 여래명호품如來名號品부터 제37품第三十七品인 여래출현품如來出現品까지 이르러 다한다는 것이다. 즉 십신十信부터 십주十住·십행十行·십향十向·십지十地·등각等覺·묘각妙覺까지 다 제이분第二分에 속한다.

8 고덕古德은 현수 대사賢首大師이다.

또 십신을 바로 답하였다고 한 아래는 소가疏家가 뜻에 따로 십신에 답한 것을 밝힌 것이니,
제이회 초에 열 가지 물음 가운데서는 십신의 물음이 빠진 까닭으로 지금의 삼품에서 그 십신을 답하고 십주는 답하지 아니하였다.
그러나 현수 대사의 뜻[9]은 시교에 십신위를 따로 열었으니,
저 『양섭론』에 말하기를 수다원의 견도見道 이전에 사위四位[10]는 말하자면 난위·정위·인위·세제일위라 한 것과 같아서 보살의 견도[11] 이전에 사위도 또한 그러하나니, 말하자면 십신위·십주위[12]·십행위·십회향위라 하였다.
또 저 『양섭론』과 그리고 『불성론』에 다 말하기를 십지 이전에 네 가지 행을 닦나니,
말하자면 십신에는 믿음(信)을 닦아서 대승행을 좋아하게 하는 것이요
십해十解[13]에는 반야행을 닦는 것이요
십행에는 삼매행을 닦는 것이요

---

9 현수 대사의 뜻(賢首意)이란, 『탐현기探玄記』 제사권第四卷이다.

10 사위四位는 보통 사가행위四加行位라 한다.

11 대승보살은 십지十地 이전을 견도위見道位, 초지初地부터 십지十地까지를 수도위修道位라 한다. 혹자或者가 道를 地 자로 보기도 하였으나 道 자가 허물이 없다.

12 원문에 십신십주十信十住란, 『보살영락본업경』에서는 十住에 오르기 전에 十心의 이름이 있나니 信心, 念心, 精進心, 慧心, 定心, 不退心, 回向心, 護法心, 戒心, 願心이라 하였다.

13 십해十解란, 십주十住이다.

십회향에는 대비행을 닦는 것이다 하였으니
그와 같은 차례가 곧 사위四位인 까닭이다.
또 사류장四類障[14]의 정사正使[15]를 제멸하기 위한 까닭으로 곧 이 사위가 있나니,
말하자면 첫 번째는 천제가 믿지 않는 장애를 제멸하는 것이요
두 번째는 외도가 아我에 집착하는 장애를 제멸하는 것이요
세 번째는 성문이 고苦를 두려워하는 장애를 제멸하는 것이요
네 번째는 독각이 대비를 버리는 장애를 제멸하는 것이다.
또 십신은 정덕淨德의 원인종자를 이루고
십해는 아덕我德의 원인종자를 이루고
십행은 낙덕樂德의 원인종자를 이루고
십회향은 상덕常德의 원인종자를 이루는 것이다.
또 『인왕경』에 사륜왕四輪王을 의지하였으니 말하자면 철륜왕·동륜왕·은륜왕·금륜왕이다.
이상의 교의教義[16]이기에 그런 까닭으로 십신도 또한 지위를 이루는 줄 알아야 할 것이다.
만약 종교終教라면 십신은 다만 십주의 방편일 뿐 스스로 다른 지위가 없나니
말하자면 『인왕경』에 삼현을 해석하여 말하기를 십신과 십지十止와

---

14 사류장四類障이란, 네 가지 부류의 장애이다.

15 정사正使란, 사전에 번뇌의 주체라 하였다.

16 이상의 교의(以上教義)란, 즉 현수賢首스님의 뜻에 시교始教이니, 현수스님이 인용한 이론일경二論一經을 말하는 것이다.

십견심十堅心[17]이라 하였으니 십신이 곧 십주인 까닭이다 하였다.[18] 지금에 소가는 지위를 이루고 지위를 이루지 못함을 논하지 않고 다 삼품으로써 십신의 물음을 따로 답하였으니, 따로 일회[19]에서 답해야 할 것이지만 질문이 합하여 있는 까닭이다.[20]
이미 앞에서 설한 것과 같다.[21]

疏

二에 釋名者는 菩薩是人이요 問明是法이라 遮果表因일새 故云菩薩이요 問卽是難이요 明卽是答이라 然이나 問有二種하니 一은 汎爾相問이니 梵云必理車라하니라 二者는 難問이니 謂以理徵詰이니 梵云鉢羅室囊이라하니 卽今品意也니라 答亦有二하니 一은 但依問詶인댄 答報曰答이요 二는 若俱爲解釋인댄 旁兼異義하야 美言讚述하야 令理顯煥曰明이니 卽今品意也니라 明亦破闇이니 能除問者之疑闇故니라 今文殊와 九首가 互爲明難하며 遞作碪椎하야 研覈教理하야 以悟群生일새 故以名也니라 又長行엔 明起於問

17 십지十止는 십행十行이고, 십견심十堅心은 십회향十回向이다.

18 십견심十堅心까지는 『인왕경仁王經』의 말이다. 즉주고卽住故까지가 현수賢首의 말이다. 『인왕경』은 현수가 인용한 것이다.

19 일회는 지금의 일회이니 곧 제이회이다.

20 원문에 합유문고合有問故란, 십신十信과 십주十住의 질문이 함께 있다는 것이다.

21 원문에 이여전설已如前說이란, 暑字 上卷, 21장, 상, 初行에서 말하였다.

하고 偈頌엔 明解於問일새 故曰問明이라 不云答者는 欲以明兼於問故니라 問有二義일새 故得稱明이니 一은 問中徵責하야 詰難理盡하야 使答者亡言이니 此는 至明之問也라 二는 以問中進退하야 詰理令現하야 使答者易釋일새 故以爲明이라 又明卽法明이니 以十菩薩에 問出十種法明일새 故曰問明이라 雖諸義不同이나 皆菩薩之問明이니 依主釋也니라

두 번째 이름을 해석한 것은 보살은 사람이요 문명은 법이다.
과보를 막아 원인[22]을 표하기에 그런 까닭으로 말하기를 보살이요,
문問은 곧 힐난하게 묻는 것이요,
명明은 곧 답하는 것이다.
그러나 물음에 두 가지가 있나니
첫 번째는 넓게[23] 서로 묻는 것이니
범어에 말하기를 필리차라 하였다.
두 번째는 힐난하게 묻는 것이니,
말하자면 진리로써 묻고 힐난하는 것이니 범어에 말하기를 발라실낭이라 하였으니
곧 지금에 보살문명품의 뜻이다.
답에도 또한 두 가지가 있나니
첫 번째는 다만 질문만을 의지하여 답한다면 대답하여 보고 하는 것을 답이라 하는 것이요

22 과보(果)는 불佛이고, 원인(因)은 보살菩薩이다.
23 범이汎爾는 범범汎汎이라는 뜻이니 넓다는 것이다. 汎 자는 넓을 범 자이다.

두 번째는 만약 함께[24] 해석한다면 곁으로 다른 뜻도 겸하여[25] 아름다운 말로 찬술하여 진리로 하여금 나타나 비치게 하는 것을 명明이라 하는 것이니

곧 지금에 보살문명품의 뜻이다.

밝음(明)은 또한 어둠을 깨뜨리는 것이니 능히 질문하는 사람의 의심의 어둠을 제멸하는 까닭이다.

지금에는 문수와 구수九首 보살들이 서로 밝혀 답하고 힐난하게 물으며

번갈아 다듬잇돌과 방망이[26]를 지어서 교리를 연구하고 조사하여 밝혀 중생을 깨닫게 하기에 그런 까닭으로 보살문명품이라 이름한 것이다.

또 장행에서는 물음 일으키는 것을 밝혔고, 게송에서는 물음에 알게 함을 밝혔기에 그런 까닭으로 말하기를 문명問明이라 하였다.

문답問答이라고 말하지 아니한 것은[27] 밝힘(明)으로써 물음(問)을 겸하고자 한 까닭이다.

물음에 두 가지 뜻이 있기에 그런 까닭으로 밝힌다(明)고 이름함을

---

24 원문에 약구若俱라 한 구俱 자는, 문問과 명明을 함께 해석하는 것을 말한다.

25 원문에 방겸이의旁兼異義 운운은, 곁이란 질문 밖에 다른 뜻도 겸하여 답하는 것을 말한다.

26 碪은 다듬잇돌 침, 椎는 방망이 추. 즉 옷을 다듬는 돌이다. 침추란 대개 논란의 뜻을 말하는 것이라 하겠다.

27 원문에 불운답不云答이란, 문명품問明品이라 말하고 문답품問答品이라고 말하지 아니한 이유라는 의미이다.

얻나니
첫 번째는 묻는 가운데 묻고 질책하여 힐난하게 이치를 다하여 답하는 사람으로 하여금 말을 잃게 하는 것이니 이것은 지극하게 밝힘으로 물음을 삼는 것이다.
두 번째는 묻는 가운데 나아가고 물러나면서 이치를 힐난하여 하여금 나타내게 하여 답하는 사람으로 하여금 쉽게 해석하게 하기에 그런 까닭으로 밝힘(明)을 삼는 것이다.
또 명明이라고 한 것은 곧 법명法明이니 열 보살에게 열 가지 법명을 물어 설출하기에[28] 그런 까닭으로 말하기를 문명問明이라 한 것이다. 비록 모든 뜻이 같지 않지만 다 문수보살이 물어 밝힌(問明) 것이니 의주석依主釋이다.

鈔

然問有二下는 約論通이니 問卽是難이요 明卽是答이라 今對彼難問일새 故答稱明이니 此明은 局在答者니라 而有二義하니 一은 顯理爲明이니 此明屬自요 明亦已下는 二에 破闇爲明이니 此約答他니 令他明故니라 又長行下는 第二에 約賓主니 問唯屬問이요 明通問答이라 使答者亡言者는 如緣起甚深中問云호대 心性是一거니 何以種種이닛가 若云緣令種種인댄 何以復不相知닛가하야 逆遮其救하야 使其亡言케하니라 言使答者易釋者는 謂問意言호대 既是一性인댄 何以

28 원문에 십보살문출십종법명十菩薩問出十種法明이란, 문수보살文殊菩薩이 각수覺首 등 십수보살十首菩薩에게 물어 설출한 것이다.

種種고 欲言種種인댄 復不相知라하니 故答云호대 由不相知하야 能成種種하며 種種無性하야 卽不相知일새 故不乖一性이라하니 卽答者易釋也니라 又明卽法明下는 第三에 約理法釋이니 亦是約敎義說이라 謂問卽是敎니 釋有往復이요 明卽法明이니 是義所攝이니 謂十甚深이 爲十種法明이라 就此法明하야 又約心境인댄 法卽是境이요 明卽是心이니 以智慧明으로 照二諦法일새 故云法明이라하니라

그러나 물음에 두 가지 뜻이 있다고 한 아래는 논리와 통난通難[29]을 잡은 것이니[30]
묻는다고 한 것은 곧 힐난하는 것이요
밝힌다고 한 것은 곧 답하는 것이다.
지금에는 저들이 힐난하게 물은 것을 상대하였기에 그런 까닭으로 답한 것을 밝힌다(明)고 이름한 것이니,
여기에서 밝힌다고 한 것은 답하는 사람에게 국한하여 있는 것이다.
그러나 두 가지 뜻이 있나니

---

29 원문에 논통論通이란, 사기私記에 논論은 논리論理요, 통通은 통난通難이라 하였다.

30 논리와 통난을 잡은 것이라고 한 등은, 이 가운데 삼과三科가 다 단적으로 명자明字만 잡아서 설립한 것이니 논리와 통난이라고 한 것은 교리를 논리로 조사하여 저들의 힐난하는 바를 통석하는 까닭이니, 여기에 곧 밝힌다(明字)고 한 것은 답함에 국한한 것이다.
혹은 논통을 앞뒤로 바꾸어 통론이라 하나니 이 가운데 두 가지 물음과 두 가지 답을 통론한 것으로, 뒤에 이과二科를 상대한 까닭으로 통이라 하는 것이다. 이상은 다 『잡화기』의 말이다.

첫 번째는 진리를 나타냄으로 밝힘(明)을 삼는 것이니,
여기에서 밝힌다고 한 것은 자기에게 속하는 것이요
밝음(明)은 또한 어둠을 깨뜨리는 것이라고 한 이하는 두 번째 어둠을 깨뜨림으로 밝음을 삼는 것이니,
이것은 다른 사람에게 답하게 한 것을 잡은 것이니 다른 사람으로 하여금 밝히게 한 까닭이다.

또 장행이라고 한 아래는 두 번째 빈賓과 주主를 잡은 것이니
묻는다고 한 것은 오직 물음에만 속하는 것이요
밝힌다고 한 것은 묻고 답함에 통하는 것이다.

답하는 사람으로 하여금 말을 잃게 하는 것이라고 한 것은 저 연기의 깊고도 깊은 가운데 물어 말하기를 심성은 하나이거니 무슨 까닭으로 가지가지가 있나이까.[31] 만약 말하기를 연기로 하여금 가지가지가 있게 하였다면 무슨 까닭으로 다시 서로 알지 못하나이까[32] 하여, 역으로 그 구원함을 막아 그로 하여금 말을 잃게 하는 것이다.

답하는 사람으로 하여금 쉽게 해석하게 한다고 한 것은 말하자면

---

31 원문에 심성시일心性是一 하이종종何以種種이라고 한 것은, 영인본 화엄 4책, p.687, 7행에 '佛子야 心性是一거니 云何見有種種差別고'(p.689, 3행)라고 하였다.

32 원문에 불상지不相知란, 영인본 화엄 4책, p.710, 3행에 각각불상지各各不相知라 하였다.

묻는 뜻에 말하기를 이미 심성이 하나라고 하였다면 무슨 까닭으로 가지가지가 있다고 하는가. 가지가지라고 말하고자 한다면 다시 서로 알지 못한 것이다 하였으니,

그런 까닭으로 답하여 말하기를 서로 알지 못함을 인유하여 능히 가지가지를 이루며, 가지가지가 자성이 없어서 곧 서로 알지 못하기에 그런 까닭으로 심성이 하나라고 함에 어기지 않는다 하였으니 곧 답하는 사람으로 하여금 쉽게 해석하게 하는 것이다.

또 명明이라고 한 것은 곧 법명이라고 한 아래는 세 번째 이법理法을 잡아서 해석한 것이니

역시[33] 교敎와 의義를 잡아서 설한 것이다.

말하자면 명明은 곧 교敎이니 해석함에 가고 옴이 있는[34] 까닭이요

명은 곧 법명이니

이것은 의義에 섭수하는 바이니

말하자면 열 가지 깊고도 깊은 것이[35] 열 가지 법명이 되는 것이다.

이 법명에 나아가 또한 마음과 경계를 잡는다면 법은 곧 경계요

명明은 곧 마음이니

---

33 역시 운운은 『잡화기』에 처음에는 단적으로 명明 자만 잡았고, 지금은 두 글자(교敎·의義)를 함께 잡은 까닭이다 하였다.

34 원문에 석유왕복釋有往復이란, 설교說敎하는 의식이 반드시 가고 옴이 있는 까닭이다.

35 원문에 십심심법十甚深法이란, 제사석문第四釋文 중에 있다. 즉 바로 아래 영인본 화엄 4책, p.661, 7행에 있다.

지혜의 밝음으로써 이제二諦의 법을 비추기에 그런 까닭으로 말하기를 법명이라 한 것이다.

疏

三에 宗趣者는 亦先通後別이라 通復二義니 一은 通分宗이요 二는 通會宗이니 並如會初니라 二에 別明此品에 有其二義니 一은 望當品인댄 以十甚深으로 爲宗이요 依成觀解로 爲趣라 二는 望後二品인댄 則以甚深觀解로 爲宗이요 成後行德으로 爲趣라

세 번째 종취는 또한 먼저는 한꺼번에 밝힌 것이요
뒤에는 따로 밝힌 것이다.
한꺼번에 밝힌 것에 다시 두 가지 뜻이 있나니
첫 번째는 분分의 종취를 한꺼번에 밝힌 것이요
두 번째는 회會의 종취를 한꺼번에 밝힌 것이니
모두 회의 초에서 밝힌 것과 같다.
두 번째 따로 이 품을 밝힘에 그 두 가지 뜻이 있나니
첫 번째는 이 품을 바라본다면 열 가지 깊고도 깊은 법으로써[36]
종을 삼고 이 법을 이룸을 의지하여 관찰하는 지해(解)로써 취를

36 원문에 이십심심以十甚深 운운은 십심심법十甚深法은 십신법十信法이다. 여래명호품如來名號品으로부터 현수품賢首品까지, 즉 제이회第二會는 십신十信이지만 뒤에 삼품三品인 보살문명품菩薩問明品·정행품淨行品·현수품賢首品은 십신十信의 법法을 밝힌 것이다.

삼는 것이다.

두 번째는 뒤에 두 품을 바라본다면 곧 열 가지 깊고도 깊은 법을 관찰하는 지해로써 종을 삼고 뒤에 행덕을 이룸으로써 취를 삼는 것이다.

疏

第四는 釋文이니 此下로 至菩薩住處는 明生解之因이라 配十句問은 如前問中이어니와 依文次第하야 且分爲六하리라 初에 此下三品은 明未信令信이요 二에 第三會는 已信令解요 三에 第四會는 已解令行이요 四에 第五會는 已行令起願이요 五에 第六會는 已起願令證入이요 六에 十定品으로 至住處品은 已證入令等佛이라 今初三品을 卽爲三別하리니 此品은 明正解理觀이요 次品은 明隨緣願行이요 賢首品은 明德用該收라 就初分二리니 先은 問答顯理요 後는 示相結通이라 前中에 以十菩薩이 各主一門하야 顯十甚深이 卽爲十段이니 一은 緣起甚深이요 二는 敎化甚深이요 三은 業果甚深이요 四는 說法甚深이요 五는 福田甚深이요 六은 正敎甚深이요 七은 正行甚深이요 八은 正助甚深이요 九는 一道甚深이요 十은 佛境甚深이라 此十甚深은 次第云何고 緣起深理가 總該諸法하야 觀解之要일새 故首明之며 衆生迷此일새 故須敎化하며 違化順化일새 有善惡業하며 欲知此業인댄 由說法成하며 然이나 說法成善은 唯佛福田이며 旣說順田인댄 須持聖敎니 敎在勤行이며 行須助道며 助必有正이라 殊途同歸하야 得一道者는 當趣佛境이니 故爲

此次니라

네 번째는 경문을 해석한 것이니
이 아래로 보살주처품에 이르기까지는[37] 지해를 내는 원인(因)을 밝힌 것이다.
열 구절의 질문을 배속한 것은 앞의 질문 가운데와 같거니와 경문의 차례를 의지하여 우선 나누어 여섯 가지로 하겠다.
처음에 이 아래에 삼품은 아직 믿지 않는 사람으로 하여금 믿게 하는 것이요
두 번째 제삼회는 이미 믿는 사람으로 하여금 알게 하는 것이요
세 번째 제사회는 이미 안 사람으로 하여금 행하게 하는 것이요
네 번째 제오회는 이미 행한 사람으로 하여금 서원을 일으키게 하는 것이요
다섯 번째 제육회는 이미 서원을 일으킨 사람으로 하여금 증득하여 들어가게 하는 것이요
여섯 번째 십정품으로 보살주처품에 이르기까지는 이미 증득하여 들어간 사람으로 하여금 부처님과 같게 하는 것이다.
지금은 처음으로 삼품을 곧 삼별三別로 하리니
이 품은 바른 지해로 진리를 관찰하는 것을 밝힌 것이요
다음 품은 인연을 따라 서원하고 행하는 것을 밝힌 것이요
현수품은 공덕의 작용을 갖추어 거두는 것을 밝힌 것이다.

---

37 원문에 지보살주처至菩薩住處란, 즉 제칠회第七會이니, 지위地位로는 등각等覺까지이다.

처음에 나아가 두 가지로 나누리니
먼저는 묻고 답하여 진리를 나타낸 것이요
뒤에는 모습을 보여 맺어서 통석한 것이다.

앞에 묻고 답하는 가운데 열 보살이 각각 한 문(一門)을 주간하여
열 가지 깊고도 깊은 법을 나타내는 것이 십단이 되나니
첫 번째는 연기가 깊고도 깊은 것이요
두 번째는 교화가 깊고도 깊은 것이요
세 번째는 업과가 깊고도 깊은 것이요
네 번째는 설법이 깊고도 깊은 것이요
다섯 번째는 복발이 깊고도 깊은 것이요
여섯 번째는 바른 가르침이 깊고도 깊은 것이요
일곱 번째는 바른 행이 깊고도 깊은 것이요
여덟 번째는 바른 조도助道가 깊고도 깊은 것이요
아홉 번째는 한 도(一道)가 깊고도 깊은 것이요
열 번째는 부처님의 경계가 깊고도 깊은 것이다.

이 열 가지 깊고도 깊은 법은 차례가 어떠한가.
연기의 깊은 진리[38]가 모든 법을 다 갖추어 관찰하는 지해의 요체이기에 그런 까닭으로 먼저 밝혔으며
중생이 이것을 미혹하기에 그런 까닭으로 교화를 수구하며

---

38 원문에 연기심리緣起深理란, 십법十法 중에 제일법第一法이다.

교화를 어기고 교화를 따르기에[39] 선업과 악업이 있으며
이 업을 알고자 한다면 설법을 인유하여 이루어지며
그러나 설법하여 선업을 이루는 것은 오직 부처님의 복발뿐이며
이미 복발[40]을 말하였다면 반드시 성인의 가르침을 받아 가져야 하리니
가르치는 것은 부지런히 행함에 있으며
행하는 것은 반드시 조도助道에 있으며
조도는 반드시 정도에 있다.
길이 다르지만 돌아가는 곳은 같아서 한 길을 얻은 사람은 마땅히 부처님의 경계에 나아갈 것이니 그런 까닭으로 이 차례를 하였다.

疏

又此十種을 亦可配於十信이나 但不次耳니라 文殊佛境은 卽當信心이니 文殊는 主信故요 佛境은 卽所信故니라 約發心次第인댄 信居其初요 約所信終極인댄 最居其後니 亦明十心에 不必次故니라 勤首卽進心이요 財首爲念心이니 明四念故니라 德首定心이니 心性無念이 爲上定故니라 智首則慧心이니 慧爲上首하야 兼已莊嚴일새 故有十度니라 法首는 卽不退心이니 如說修行하면 得不退故니라 寶首卽戒心이니 三聚無缺이 如寶珠故며 業果甚深이

39 원문에 위화違化는 악惡이고, 순화順化는 선善이다.

40 원문에 순전順田은 복전(福田: 복밭)이다.

戒所招故니라 覺首는 卽護法心이니 緣起甚深이 是所護故니라 目首卽願心이니 福田等一이나 由願異故며 目能將身이 如願導行故니라 賢首는 卽迴向心이니 以歸一道가 卽迴向眞如며 一身一智等이 卽是佛果니 文云호대 如本趣菩提에 所有迴向心等이라하니라 以是圓融十法일새 故로 各兼多義니라 又亦攝十信之十德이나 恐繁不敍니라

또 이 열 가지 깊고도 깊은 법을 또한 가히 십신에 배속하였지만 다만 차례가 같지 아니할 뿐[41]이다.
문수와 부처님의 경계는 곧 신심에 해당하나니 문수는 믿음을 주간하는 까닭이요
부처님의 경계는 곧 믿을 바인 까닭이다.
발심의 차례를 잡는다면 믿음은 그 최초에 있고
믿을 바의 종극을 잡는다면 가장 뒤에 있나니
또한 십심十心을 밝힘에 차례가 필요하지 않는 까닭이다.[42]
근수보살은 곧 진심進心이요
재수보살은 염심念心이 되나니 사념四念을 밝히는 까닭이다.

---

41 원문에 단불차但不次란, 십종심심법十種甚深法이 십신十信과 차례가 같지 않다는 것이니 此下에 초문鈔文을 보라. 『잡화기』는 이 십단의 경문이 십신의 차례를 이루지 못한다고만 말하였다.

42 원문에 불필차고不必次故란, 이 십심十心을 수행하는 사람이 일시에 원수圓修하여 차례가 필요치 않는 까닭이다. 『잡화기』도 이와 같이 말하고 차례가 필요치 않는 까닭으로 경문이 이와 같다는 말을 더하였다.

덕수보살은 정심定心이니 심성에 생각이 없는 것이 최상의 정定이 되는 까닭이다.

지수보살은 곧 혜심慧心이니 지혜가 상수가 되어 이미 장엄한 바라밀을 겸하였기에[43] 그런 까닭으로 십바라밀이 있는 것이다.

법수보살은 곧 불퇴심不退心이니 말씀과 같이 수행하면 물러남을 얻을 수 없는 까닭이다.

보수보살은 곧 계심戒心이니 삼취정계의 이지러짐이 없는 것이 보배 구슬과 같은 까닭이며,

업과의 깊고도 깊은 것이 계戒로써 초래하는 바인 까닭이다.

각수보살은 곧 호법심護法心이니 연기의 깊고도 깊은 것이 보호할 바인 까닭이다.

목수보살은 곧 원심願心이니 복밭이 평등하여 하나이지만[44] 서원을 인유하여 다른 까닭이며,

눈이 능히 몸을 거느리는 것이 마치 서원이 행을 인도하는 것과 같은 까닭이다.

현수보살은 곧 회향심이니 일도一道에 돌아가는 것이 곧 진여에

---

43 원문에 겸이장엄兼已莊嚴이란, 아직 장엄하지 못한 바라밀은 능히 섭수攝收하지 못하거니와 이미 장엄한 바라밀은 능히 서로 섭수하기에 그런 까닭으로 십바라밀이 낱낱이 다 바라밀을 섭수하는 것이다. 진자권辰字卷 하권下卷 22장과 수자권收字卷 35장 이하를 보라. 이상은 『잡화기』의 말이다. 『유망기』는 다만 진자권 23장을 보라고만 하였다.

44 원문에 복전등일福田等一 운운은 수자권收字卷 16장에 있나니 목수보살目首菩薩이다. 『잡화기』는 다만 수자권 16장을 보라고만 하였다.

회향하는 것이며
한 몸과 한 지혜 등이 곧 불과이니,
경문에 말하기를[45] 본래 보리에 나아감에 있는 바 회향심과 같이한다고 한 등이다 하였다.
이것이 원융한 십법이기에 그런 까닭으로 각각 수많은 뜻을 겸하고 있다 하겠다.
또 십신의 십덕[46]을 섭수해야 할 것이지만 번거로운 것을 싫어할까 하여 서술하지 않는다.

鈔

前中以十菩薩下는 先列十名이라 然十甚深은 即遷禪師所立이니 今古同遵이라 緣起深理者는 若染若淨과 染淨交徹을 無不攝故니라 攝論云호대 菩薩初學에 應先觀諸法의 如實因緣이라하니 以成正信과 及正解故니라 又此十種下는 先正配釋이라 然十信心은 謂一信이요 二進이요 三念이요 四定이요 五慧요 六不退요 七戒요 八護法이요 九願이요 十迴向이니 配文可知니라 以是圓融下는 後에 通妨難이니 謂有難云호대 信進等相은 釋處易知어니와 今十甚深은 文義兼廣거니 何得而是十信等耶아할새 故爲此答이라 又亦攝十信之德者는 信有十德하니 一은 親近善友요 二는 供養諸佛이요 三은 修習善根이요

---

45 원문에 문운文云이란, 여기 현수보살장賢首菩薩章이니, 현수보살이 게송偈頌으로 답한 것이다.

46 십신十信의 십덕十德은 초문鈔文에 있다.

四는 志求勝法이요 五는 心常柔和요 六은 遭苦能忍이요 七은 慈悲深厚요 八은 深心平等이요 九는 愛樂大乘이요 十은 求佛智慧라 配十甚深者인댄 一은 卽正教甚深이니 近佛善友하야 聞教法故요 二는 卽福田甚深이요 三은 卽業果요 四는 卽緣起요 五는 卽正行이요 六은 卽助道요 七은 卽教化요 八은 卽一道요 九는 卽說法이요 十은 卽佛境이니 通說佛智가 爲所信故니라 旣有多含일새 故로 文義兼廣이라하니라

앞의 묻고 답하는 가운데 열 보살이 각각 한 문(一門)을 주간한다고 한 아래는 먼저는 열 보살의 이름을 나열한 것이다.
그러나 열 가지 깊고도 깊은 법은 곧 천遷 선사[47]가 세운 바이니 고금에 다 준수하는 것이다.

연기의 깊은 진리라도 한 것은 혹염법과 혹정법과 염법과 정법이 서로 사무치는 것을 섭수하지 아니함이 없는 까닭이다.
『양섭론』[48]에 말하기를 보살이 처음 배움에 응당 먼저 모든 법의 여실한 인연을 관찰한다 하였으니,
바른 믿음과 그리고 바른 지해知解를 이루는 까닭이다.
또 이 열 가지 깊고도 깊은 법이라고 한 아래는 먼저는 십신을 바로 배속하여 해석한 것이다.
그러나 십신의 마음은 말하자면 첫 번째는 신심이요,

---

47 천遷 선사는 담천曇遷인지 승천僧遷인지 혜천慧遷인지 알 수는 없다. 그러나 담천이 『십지경十地經』의 주注를 지었으니 담천인 듯하다.

48 『양섭론梁攝論』은 제일권第一卷이다.

두 번째는 진심이요,
세 번째는 염심이요,
네 번째는 정심이요,
다섯 번째는 혜심이요,
여섯 번째는 불퇴심이요,
일곱 번째는 계심이요,
여덟 번째는 호법심이요,
아홉 번째는 원심이요,
열 번째는 회향심이니
경문에 배속하면 가히 알 수가 있을 것이다.[49]

이것은 원융한 십법이라고 한 아래는 뒤에는 방해하여 비난함을 통석한 것이니
말하자면 어떤 사람이 비난하여[50] 말하기를 신심과 진심 등의 모습은

---

49 원문에 배문가지配文可知란, 두 가지 뜻(二義)이 있다. 첫 번째는 지금 경문經文에 배속하면 알 수 있다는 것이고, 두 번째는 소문疏文에서 경經에 십보살十菩薩을 근간하여 십신심十信心을 배속하였다는 뜻이니 두 번째 뜻은 배속한 문장은 가히 알 수 있다고 번역할 것이다.

50 원문에 유난有難 운운은 비난하는 뜻에 십심심법十甚深法은 그 문의文義가 심광深廣하고 십신十信은 천협淺狹하거늘, 어떻게 심광深廣한 법法으로 천협淺狹한 신信에 배속하겠는가 하는 것이다. 통석通釋의 뜻은 이 십심심법十甚深法이 이미 원융圓融하다고 하였다면 법法마다 섭수攝收하지 못할 것이 없나니 십신十信인들 어찌 그 가운데 없겠는가 하는 것이다. 이미 원융하다고 한 것은 현수장에서 말한 것이다. 『잡화기』의 말도 이와 같다.

해석한 곳을 쉽게 알 수 있거니와 지금에 열 가지 깊고도 깊은 법은 문장의 뜻이 심광深廣함을 겸하고 있거니, 어찌 십신 등에만 배속함을 얻겠는가 하기에 그런 까닭으로 이 답을 한 것이다.[51]

또 십신의 십덕을 섭수해야 할 것이라고 한 것은 십신에 십덕이 있나니
첫 번째는 선지식을 친근하는 것이요
두 번째는 모든 부처님께 공양하는 것이요
세 번째는 선근을 닦아 익히는 것이요
네 번째는 뜻에 수승한 법을 구하는 것이요
다섯 번째는 마음이 항상 유화한 것이요
여섯 번째는 고난을 만나도 능히 참는 것이요
일곱 번째는 자비가 깊고 두터운 것이요
여덟 번째는 깊은 마음이 평등한 것이요
아홉 번째는 대승을 사랑하고 좋아하는 것이요
열 번째는 부처님의 지혜를 구하는 것이다.
열 가지 깊고도 깊은 법에 배속한다면,
첫 번째는 곧 바른 가르침이 깊고도 깊은 것이니 부처님인 선지식을 친근하여 교법을 듣는 까닭이요
두 번째는 곧 복밭이 깊고도 깊은 것이요

---

51 원문에 고위차답故爲此答이란, 원융한 법이기에 각각 수많은 뜻을 겸하였다고 한 것이니, 바로 앞에서 십심심법十甚深法이 원융함에 모든 법을 섭수한다. 그런데 어찌 십신十信인들 그 가운데 없겠는가 한 것이다.

세 번째는 곧 업과가 깊고도 깊은 것이요
네 번째는 곧 연기가 깊고도 깊은 것이요
다섯 번째는 곧 바른 행이 깊고도 깊은 것이요
여섯 번째는 곧 조도助道가 깊고도 깊은 것이요
일곱 번째는 곧 교화가 깊고도 깊은 것이요
여덟 번째는 곧 일도一道가 깊고도 깊은 것이요
아홉 번째는 곧 설법이 깊고도 깊은 것이요
열 번째는 곧 부처님의 경계가 깊고도 깊은 것이니,
통설한다면 부처님의 지혜가 소신所信이 되는 까닭이다.
이미 수많은 뜻을 포함하고 있기에 그런 까닭으로 문장의 뜻이 심광함을 겸하였다 한 것이다.

經

爾時에 文殊師利菩薩이 問覺首菩薩言호대

그때에 문수사리보살이 각수보살에게 물어 말하기를

疏

且爲十甚深解하리라 然有二義하니 一은 約行이요 二는 約法이라 言約行者는 文殊發問에 九菩薩答은 明妙慧가 通於衆行이요 九菩薩問에 文殊爲答은 明衆行이 成於妙慧라 言約法者는 初九는 顯差別義요 後一은 顯差別이 同歸佛境이니 此二不二라사 成信中之觀解니라

우선 열 가지 깊고도 깊은 법을 해석하겠다.
그러나 두 가지 뜻이 있나니
첫 번째는 행을 잡은 것이요
두 번째는 법을 잡은 것이다.
행을 잡은 것이라고 말한 것은 문수가 물음을 일으킴에 아홉 보살이 답한 것은 묘한 지혜가 수많은 행에 통함을 밝힌 것이요
아홉 보살이 물음에 문수가 답한 것은 수많은 행이 묘한 지혜를 이룸을 밝힌 것이다.
법을 잡은 것이라고 말한 것은 처음에 아홉 보살은 차별의 뜻을 나타낸 것이요

뒤에 한 보살은 차별이 부처님의 경계에 다 같이 돌아감을 밝힌 것이니
이 둘이 둘이 없어야 믿는 가운데 관찰하는 지해를 이루는 것이다.

鈔

妙慧通於衆行者는 文殊爲妙慧요 九首爲衆行이니 各主一門故니라 而問爲能成이요 答爲所成일새 故妙慧衆行이 互爲能所니라 此二不二者는 融上二也니 謂行與法不二일새 了法成行하며 行契法故니라 又衍法師云호대 一人問多는 表一中解無量故요 多人問一은 表無量中解一故며 又文殊是主요 餘九是件故며 文殊是總이요 餘九是別이라하니 不是全要일새 故略不出하니라

묘한 지혜가 수많은 행에 통한다고 한 것은 문수는 묘한 지혜가 되고 아홉 보살은 수많은 행이 되나니 각각 한 문(一門)을 주간하는 까닭이다.
그러나 묻는 이는 능성能成이 되고 답하는 이는 소성所成이 되기에 그런 까닭으로 묘한 지혜와 수많은 행이 서로 능소能所가 되는 것이다.

이 둘이 둘이 없다고 한 것은 위에 두 가지를 원융하게 하는 것이니 말하자면 행과 더불어 법이 둘이 없기에 법을 알아 행을 이루며 행이 법에 계합하는 까닭이다.

또 담연 법사[52]가 말하기를 한 사람이 많은 것을 물은 것은 하나 가운데 한량없는 것을 알게 함을 표한 까닭이요
수많은 사람이 하나를 물은 것은 한량없는 가운데 하나를 알게 함을 표한 까닭이며,
또 문수는 주主요 나머지 아홉 보살은 반伴인 까닭이며,
문수는 총이요 나머지 아홉 보살은 별이다 하였으니
온전히 중요한 것이 아니기에 그런 까닭으로 소문에서는 생략하고 설출하지 않았다.[53]

疏

文中十段이 皆先問後答이라 又先起明問이요 後解問明이라 今初緣起中에 二니 初問이라 分二리니 初에 爾時下는 彰問答之主라 問覺首者는 彼得此門故며 緣起深義를 不覺則流轉故니라 二는 正顯問端이니 略起五門하리라 初問所爲者는 有二義故로 最初問之니 一은 拂異見이요 二는 顯深理라 拂見有三하니 一은 令諸菩薩로 知法從緣이라하야 異外道見이요 二는 知從心現이라하야 捨二乘見이요 三은 但心性起라하야 不同權敎라 二에 顯深理者는 令諸菩薩로 於此實義에 發深信解하야 起行證眞이니 始終皆實일새 故

52 연법사衍法師는 담연 법사曇衍法師이다.

53 원문에 고략불출故略不出이란, 소문疏文에서는 생략하고 초문鈔文에서 말하였다는 것이다. 『잡화기』에는 다만 지금 소문 가운데는 그 뜻을 생략하고 인용하여 설출하지 않았다고만 하였다. 그 뜻이란 담연스님의 뜻이다.

問斯義니라 起信論云호대 有法하야 能起摩訶衍信根일새 是故應說이니 所言法者는 謂衆生心이니 依一心法하야 有眞如門과 及生滅門이라하니 彼論依此하야 生淨信故니라

경문 가운데 열 단이 다 먼저는 묻고 뒤에는 답한 것이다.
또 먼저는 명문明問을 일으키고 뒤에는 문명問明을 해석한 것이다.
지금은 처음으로 연기 가운데 두 가지가 있나니
처음에는 묻는 것이다.
그 가운데 두 가지로 나누리니
처음에 그때에 문수사리보살이라고 한 아래는 묻고 답하는 설주를 밝힌 것이다.
각수보살에게 물은 것은 저 각수가 이 법문[54]을 얻은 까닭이며,
연기의 깊은 뜻을 깨닫지 못하면 곧 생사에 유전하는 까닭이다.
두 번째는 바로 묻는 단서를 나타낸 것이니[55]
간략하게 오문五門을 일으키겠다.[56]
처음에 묻는 소위는 두 가지 뜻이 있는 까닭으로 최초로 그 연기를 물은 것이니
첫 번째는 다른 소견을 떨치는 것이요
두 번째는 깊은 진리를 나타낸 것이다.

54 이 법문(此門)이란, 연기법문緣起法門이다.

55 원문에 二는 정현문단正顯問端이란, 영인본 화엄 4책, p.687, 7행의 불자심성시일佛子心性是一이라고 한 이하이다.

56 약기略起라 한 起 자는 소본에는 啓 자이다. 그러나 起 자도 무방하다.

소견을 떨친다고 한 것은 세 가지가 있나니
첫 번째는 모든 보살로 하여금 만법이 인연으로 좇아 나타난다 하여 외도의 소견과 다름을 알게 하는 것이요
두 번째는 마음으로 좇아 나타난다 하여 이승의 소견을 버려야 함을 알게 하는 것이요
세 번째는 다만 심성으로 일어난다 하여 권교[57]와 같지 아니함을 알게 하는 것이다.
두 번째 깊은 진리를 나타낸다고 한 것은 모든 보살로 하여금 이 진실한 뜻에 깊은 믿음과 지해를 내어 행을 일으켜 진실을 증득하게 하는 것이니
처음과 끝이 다 진실이기에 그런 까닭으로 이 뜻을 물은 것이다.
『기신론』에 말하기를 법이 있어 능히 마하연의 신근信根을 일으키기에 그런 까닭으로 응당히 설하나니,
말한 바 법이라고 한 것은 말하자면 중생심이니 일심의 법을 의지하여 진여문과 그리고 생멸문이 있다 하였으니,
저 논은 이 법을 의지하여 청정한 믿음을 내게 하는 까닭이다.

鈔

二에 顯深理者는 疏文分二리니 先은 正明이니 令始涉者로 便悟心性하야 超乎大方케할새 故云始終皆實이라하니라 起信論云下는 第二引證이라 於中有四하니 初至應說은 是論에 初標文이요 二에 所言法者

57 원문에 성기性起는 실교實教이고, 연기緣起는 권교權教이다.

는 謂衆生心은 卽立義分이니 論云호대 次說立義分하리라 摩訶衍者는 總說有二種하니 一者는 法이요 二者는 義라 所言法者는 謂衆生心이니 是心이 卽攝一切世間과 出世間法하며 依於此心하야 顯示摩訶衍義하니라 何以故요 是心이 眞如相이니 卽是摩訶衍體故며 是心이 生滅因緣相이니 能示摩訶衍의 自體相用故라하니라 釋曰法通軌持며 亦能顯下義일새 故稱爲法이니 該於染淨하야 大位在因故니라 言謂衆生心은 爲染淨依일새 故攝世出世니라 何以故下는 出攝所以니 以有三大故니라 三大卽義니 大位在果니라 今取通爲緣起之本일새 故但引法하야 以證眞心隨緣이라 三에 從依一心法하야 有眞如門과 及生滅門은 卽義引解釋分의 顯示正義中文하야 以釋前法이라 論云호대 顯示正義者는 依一心法하야 有二種門하니 一者는 心眞如門이요 二者는 心生滅門이라 是二種門이 皆各總攝一切法盡이니 是義云何고 以是二門이 不相離故니라 心眞如門者는 卽是一法界의 大總相法門體니 所謂心性이 不生不滅等이라하니라 次下에 釋心生滅云호대 心生滅者는 依如來藏하야 有生滅心하니 所謂不生不滅이 與生滅和合하야 非一非異가 名阿賴耶識等이라하니 廣如彼釋하니라 今以眞如로 證心性一하고 隨緣生滅하야 而成種種으로 爲此深理故니라 四에 從彼論依此하야 生淨信故는 卽結示爲實이니 馬鳴이 依此造論하야 令物生信커니 何不信耶아

두 번째 깊은 진리를 나타낸다고 한 것은 소문을 두 가지로 나누리니 먼저는 바로 밝힌 것이니

처음 생사의 바다를 건너는 사람으로 하여금 문득 심성을 깨달아

대大·방方[58]을 초월하게 하기에 그런 까닭으로 말하기를 처음과 끝이 다 진실하다 하였다.

『기신론』에 말하기를이라고 한 아래는 제 두 번째 인용하여 증거한 것이다.
그 가운데 네 가지가 있나니
처음으로 응당히 설한다고 함에 이르기까지는 이 논에서 처음 표한 문장이요
두 번째 말한 바 법이라고 한 것은 말하자면 중생심이라고 한 것은 곧 입의분의 말이니,
『기신론』에 말하기를 다음에는 입의분을 말하겠다.
마하연이라고 한 것은 한꺼번에 말하면 두 가지가 있나니
첫 번째는 법이요,
두 번째는 의義이다.
말한 바 법이라고 한 것은 말하자면 중생심이니
이 마음이 곧 일체 세간의 법과 출세간의 법을 섭수하며
이 마음을 의지하여 마하연의 뜻을 현시하는 것이다.
무슨 까닭인가.
이 마음이 진여의 모습이니
곧 마하연의 자체인 까닭이며
이 마음이 생멸인연의 모습이니

58 대大·방方은 종縱·횡橫·시時·공空을 말한다.

능히 마하연의 자체와 모습과 작용을 현시하는 까닭이다 하였다.
해석하여 말하면 법은 궤지軌持[59]에 통하며 또한 능히 아래에 의義[60]를 나타내기에 그런 까닭으로 이름을 법이라 하나니,
염법과 정법을 갖추어 대위大位가 인지因地에 있는 까닭이다.
말하자면 중생심이라고 말한 것은 염법과 정법의 의지가 되기에 그런 까닭으로 세간과 출세간을 섭수하는 것이다.
무슨 까닭인가 한 아래는 섭수하는 까닭을 설출한 것이니
삼대三大가 있는 까닭이다.
삼대는 곧 의義이니 대위大位가 과지果地에 있는 것이다.
지금에는 모두 연기의 근본이 됨을 취하였기에 그런 까닭으로 다만 법만을 인용하여 진심에 인연을 따르는 것을 증거한 것이다.

세 번째 일심의 법을 의지하여 진여문과 그리고 생멸문이 있다고 함으로 좇아 아래는 곧 해석분의 현시정의顯示正義 가운데 문장을 뜻으로 인용하여 앞에 법을 해석한 것이다.
논에 말하기를 현시정의라고 한 것은 일심의 법을 의지하여 두 가지 문門이 있나니
첫 번째는 심진여문이요,
두 번째는 심생멸문이다.
이 두 가지 문이 다 각각 일체법을 모두 섭수하여 다하나니

---

59 궤지軌持란, 임지자성任持自性과 궤생물해軌生物解이다.

60 아래에 의(下義)란, 첫 번째(一者)는 법法이고, 두 번째(二者)는 의義니 두 번째의 의義가 아래(下)가 된다 하겠다.

이 뜻이 어떠한가.

이 두 가지 문이 서로 떠나지 않는 까닭이다.

심진여문이라고 한 것은 곧 한·법계의 대총상법문의 자체이니, 말하자면 심성이 불생불멸하는 것이다 한 등이라 하였다.

이 다음 아래에 심생멸문을 해석하여 말하기를 심생멸문이라고 한 것은 여래장을 의지하여 생멸심이 있나니, 말하자면 불생불멸이 생멸로 더불어 화합하여 하나도 아니고 다른 것도 아닌 것이 이름이 아뢰야식이다 한 등이라 한 것이니, 널리는 저 논에 해석한 것과 같다.

지금에는 진여로써 심성이 하나임을 증득하고 인연을 따라 생멸하여 가지가지를 이루는 것으로 이 깊은 진리를 삼는 까닭이다.

네 번째 저 논은 이 법을 의지하여 청정한 믿음을 내게 하는 까닭이라고 함으로 좇아 아래는 곧 진실임을 맺어 보인[61] 것이니, 마명보살이 이 법을 의지하여 논을 지어 중생으로 하여금 믿음을 내게 하였거니 어찌 믿지 않겠는가.

疏

二에 述問意者는 謂明心性是一인댄 云何見有報類種種고이니 若性隨事異인댄 則失眞諦요 若事隨性一인댄 則壞俗諦니라 設彼救

61 원문에 결시위실結示爲實이란, 이 말이 진실이니 믿어라는 뜻을 결시結示한 것이다.

言호대 報類差別이 自由業等이 熏識變現이언정 不關心性일새 故無相違者인댄 爲遮此救故로 重難云호대 業不知心等이니 謂心業互依하야 各無自性이라 自性尙無어든 何能相知하야 而生諸法이리요 旣離眞性하야 各無自立인댄 明此皆依心性而起니라 心性旣一인댄 事應不多요 事法旣多인댄 性應非一이니 此是本末相違難이며 亦是理事相違며 亦一異相違며 亦眞妄相違니라

두 번째 묻는 뜻[62]을 진술한다고 한 것은 말하자면 심성이[63] 하나라면 어떻게 업보의 종류가 가지가지가 있음을 보는가 함을 밝힌 것이니 만약 심성(性)이 사실을 따라[64] 다르다고 한다면 곧 진제를 잃은 것이요,
만약 사실이 심성(性)을 따라 하나라고 한다면 곧 속제를 무너뜨린 것이다
설사 저 말을 구원하여 말하기를 업보의 종류가 차별한 것이 스스로

---

62 두 번째 묻는 뜻이라고 한 것은, 『잡화기』에 말하기를 대개 묻는 사람이 만약 진여 가운데 불변과 수연의 두 가지 뜻과 허망(妄) 가운데 체공體空과 성사成事의 두 가지 뜻을 갖추어 안다면 곧 응당 이와 같이 비난하여 묻는 일이 없을 것이어늘, 지금에는 다만 진여 가운데 불변의 뜻과 허망 가운데 성사의 뜻만 잡은 까닭으로 이와 같이 비난하여 묻는 것이 있는 것이다 하였다.

63 말하자면 심성이라고 한 등은, 『잡화기』에 말하기를 위에 비난하여 묻는 글을 첩문牒問한 것이다 하였다.

64 만약 심성이 사실(事)을 따라 운운한 것은, 『잡화기』에 말하기를 비난하여 묻는 뜻을 해석한 것이다 하였다.

업 등이 훈습할 식(熏識)으로 변하여 나타남을 인유할지언정 심성과는 관계하지 않기에 그런 까닭으로 서로 어김이 없다고 한다면 이 구원하는 말을 막기 위한 까닭으로 거듭 비난하여 말하기를 업이 마음을 알지 못한다 할 것이다 한 등이니,
말하자면 마음과 업이 서로 의지하여 각각 자성이 없는 것이다.
자성도 오히려 없거든 어찌 능히 서로 알아 모든 법을 생기하겠는가.
이미 참다운 자성을 떠나서 각각 자립自立할 수 없다고 하였다면 이는 다 심성을 의지하여 생기한 것임을 밝힌 것이다.
심성이 이미 하나라고 한다면 사실의 법이 응당 많지 않을 것이요,
사실의 법이 이미 많다고 한다면 심성이 응당 하나가 아닐 것이니 이것은 근본과 지말이 서로 어긴다고 비난한 것이며,
또 진리와 사실이 서로 어긴다고 비난한 것이며,
또 하나(一)와 다른(異) 것이 서로 어긴다고 비난한 것이며,
또 진실과 허망이 서로 어긴다고 비난한 것이다.

鈔

各無自立者는 起信論云호대 若得無念者인댄 則知心相의 生住異滅이니 以無念等故니라 而實無有始覺之異니 以四相이 俱時而有하야 皆無自立하고 本來平等하야 同一覺故라하니라 心性旣一下는 二에 正結이니 先은 以本難末이요 事法旣多下는 後에 以末難本이라 故初結云호대 本末相違라하니라 此結에 有四하니 一에 本末은 約能所生이요 二에 事理는 直語體性이요 三에 一異는 唯語其相이라 然一엔 有事

一하고 有理一하니 今是理一이라 四에 眞妄은 唯語其體라 然眞亦通事니 如佛眞智等이어니와 今亦約理爲眞이라 以含義不同일새 故有四結이나 大同小異하니라

각각 자립할 수 없다고 한 것은 『기신론』에 말하기를 만약 무념을 얻은 사람이라면 곧 심상의 생·주·이·멸을 알 것이니
무념으로 평등한 까닭이다.
진실로 시각始覺과 다름이 없나니 사상四相이 동시에 있어서 다 자립할 수 없고 본래 평등하여 동일한 깨달음인 까닭이다 하였다.

심성이 이미 하나라고 한 아래는 두 번째 바로 맺는 것이니,
먼저는 근본으로써 지말을 비난[65]한 것이요
사법이 이미 많다고 한 아래는 뒤에 지말로써 근본을 비난한 것이다.
그런 까닭으로 처음에 맺어 말하기를 근본과 지말이 서로 어긴다고 비난한 것이다 하였다.
이 맺는 것에 네 가지 뜻이 있나니
첫 번째 근본과 지말은 능·소를 잡아 생기한 것이요
두 번째 사실과 진리는 바로 체성을 말한 것이요
세 번째 하나와 다른 것은 오직 그 모습만을 말한 것이다.
그러나 하나에는 사실의 하나가 있고 진리의 하나가 있나니,

---

65 원문에 이본난말以本難末이란, 본本이란 심성心性이요, 말末이란 사법事法이다.

지금에는 진리의 하나이다.

네 번째 진실과 허망은 오직 그 자체만을 말한 것이다.[66]

그러나 진실도 또한 사실에 통하나니,

부처님의 참다운 지혜와 같은 등이어니와 지금에는 또한 진리를 잡아 진실을 삼은 것이다.

포함한 뜻이 같지 않기에 그런 까닭으로 네 가지로 맺은[67] 것이 있지만 뜻은 대동소이하다 하겠다.

疏

三에 揀定所問者는 準此問意인댄 離如來藏하야 不許八識의 能所熏等이 別有自體하야 能生諸法하고 唯如來藏을 是所依生이니라 亦不可言八識無二類일새 故名心性一이니 以能生種種이 非相違故며 亦非第八은 而爲性一이니 熏成種種이 非相違故며 心性之言은 非第八故니라 答中旣言호대 法性本無生이나 示現而有生이라하니 法性은 卽是眞如異名이라 正與報事相違일새 故成難耳니라 文殊가 欲顯實敎之理일새 故以心性으로 而爲難本하야 欲令覺首로 以法性示生으로 決定而答하야 海會同證이니 楞伽密嚴에도 皆廣說故니라

---

66 원문에 유어기체唯語其體란, 체성體性은 종성種性을 잡아 말하고, 자체自體는 그 당체當體를 잡아 말하는 까닭으로 조금 다르다고 『잡화기』는 말한다.

67 네 가지로 맺은(四結) 것이란, ① 본말本末, ② 이사理事, ③ 일이一異, ④ 진망眞妄이다.

세 번째 묻는 바를 가려 결정한다[68]고 한 것[69]은 여기에 묻는 뜻[70]을 기준한다면 여래장을 떠나 팔식의 능소 훈습 등이 따로 자체가 있어서 능히 모든 법을 생기한다고 함을 허락하지 않고 오직 여래장만을 의지하여 생기하는 바라는 것이다.

또한 가히 팔식은 이류二類가 없다고 말할 수 없기에 그런 까닭으로 이름을 심성은 하나라고 하였을 뿐이니 능히 가지가지 법을 생기하는 것이 서로 어기지 않는 까닭이며

또한 제팔식은 심성이 하나라고 할 수 없나니 가지가지 법을 훈습하여 이루는 것이 서로 어기지 않는 까닭이며

심성이라는 말은 제팔식이 아닌 까닭이다.

---

68 세 번째 묻는 바를 가려 결정한다고 한 것은, 『잡화기』에 유상가有相家의 사람이 이 일단의 경문으로써 이 문수가 법성사法性師를 위하여 우리 종(유상가)의 팔식이 모든 법을 생성한다는 뜻을 설출함을 비난하여 말하기를 만약 그대 종(유상가)이 팔식의 심성이 이 하나라고 한다면 어찌 가지가지 법을 생성하는가 하여 팔식이 모든 법을 생성한다는 이치를 나타내는 것을 비난하고자 하기에 각수보살이 법성사法性師를 위하여 그 뜻을 답하여 성립하려 한 것이다 운운할까 염려한 까닭으로 지금에 그것을 가리는 것이니, 곧 이 문수가 거짓으로 법상사法相師를 위하여 법성종의 진심이 인연을 따라 모든 법을 생성한다는 뜻을 설출함을 비난하여 말하기를 만약 그대 종(법성종)의 진여의 심성이 이 하나라고 한다면 어찌 가지가지 법이 있는가 하여 그 뜻에 인연을 따라 있다고 하는 뜻을 나타내어 성립하고자 하는 까닭으로 각수보살이 법성사를 위하여 그 뜻을 답하여 성립한 것이라고 결정한 것이다 하였다.

69 원문에 三에 간정소문자揀定所問者는 묻는 단서 가운데 第三이다.

70 원문에 차문의此問意란, 第二에 술문의述問意이다.

답하는 가운데[71] 이미 말하기를 법성은 본래 생겨난 적이 없지만 시현으로 생겨난 적이 있을 뿐이다 하였으니
법성은 곧 진여의 다른 이름이다.
바로 업보의 사실로 더불어 서로 어기기에 그런 까닭으로 비난을 이루는 것이다.
문수가 실교의 진리를 나타내고자 하기에 그런 까닭으로 심성으로써 비난의 근본을 삼아 각수보살로 하여금 법성은 시현으로 생겨난 적이 있을 뿐이다고[72] 한 것으로써 결정코 답하여 해회海會가 다 증득하게 하고자 하는 것이니
『능가경』과 『밀엄경』에도 다 널리 설한 까닭이다.

鈔

三에 揀定所問者는 意云호대 此是假名法相師問하야 欲顯法性義언정 非是法性師問으로 顯法相義일새 故云揀定이라하니라 亦不可言下는 二에 遮救也니 卽法相師가 救云호대 此法性師가 難法相義니 心性是一者는 八識心王이 同是心故로 名爲性一이라할새 破云호대 生於種種이 卽眼耳鼻舌等이니 故非相違라하니라 亦非第八下는 遮

71 원문에 답중答中 운운이란, 영인본 4책, p.790, 5행에 法性本無生이나 示現而有生이니 是中無能現이요 亦無所現物이라 한 게송偈頌이다. 즉 법성은 본래 생겨난 적이 없지만 / 시현으로 생겨난 적이 있을 뿐이니 / 이 가운데는 능히 나타낼 자도 없고 / 또한 나타날 바 사물도 없다는 것이다.

72 원문에 이법성시생以法性示生이란, p.790, 5행에 法性本無生 示現而有生이라고 한 것의 준말이다.

轉救云호대 若八識非一인댄 第八賴耶는 此是一義일새 故今破云호대 第八은 正是所熏心體라 含多種子하야 熏成種種하니 亦非相違라 하니라 心性之言下는 以理正折이니 第八은 但是心相生滅이요 非唯識性이라 答中旣云호대 法性示生이라하고 不言第八은 無生示生이라 하니 明是眞如가 隨緣義耳니라

세 번째 묻는 바를 가려 결정하는 것이라고 한 것은 그 뜻에 말하기를 이것은 법상종의 스님이 물은 것을 거짓으로 이름하여 법성의 뜻을 나타내고자 한 것일지언정 법성종의 스님이 물은 것으로 법상의 뜻을 나타내어 성립하고자 한 것이 아니기에 그런 까닭으로 가려서 결정하는 것이다 하였다.

또한 가히 팔식은 이류가 없다고 말할 수 없다고 한 아래는 두 번째 구원함을 막는 것이니,
곧 법상종의 스님이 구원하여 말하기를 이것은 법성종의 스님이 법상의 뜻을 비난한 것이니
심성이 하나라고 한 것은 팔식의 심왕이 다 마음인 까닭으로 이름을 심성이 하나라고 한 것이다 하기에, 그 말을 깨뜨려 말하기를 가지가지 법을 생기하는 것이 곧 안·이·비·설 등이니 그런 까닭으로 서로 어기지 않는다 하였다.

또한 제팔식은 심성이 하나라고 할 수 없다고 한 아래는 전전히 구원함을 막아 말하기를 만약 팔식이 하나가 아니라고 한다면 제팔

아뢰야식은 이 하나라는 뜻이다 하기에 그런 까닭으로 지금에 깨뜨려 말하기를 제팔식은 바로 훈습할 바 심체이다. 수많은 종자를 포함하여 가지가지 법을 훈습하여 이루나니 또한 서로 어기지 않는다 하였다.

심성이라는 말이라고 한 아래는 진리로써 바로 꺾는 것이니
제팔식은 다만 심상心相이 생멸하는 것이요 유식의 자성이 아니다.
답하는 가운데 이미 말하기를 법성은 시현으로 생겨난 적이 있다 하고 제팔식은 생겨난 적이 없지만 시현으로 생겨난 적이 있다고 말하지 아니하였으니,
분명히 이것은 진여가 인연을 따르는 뜻[73]인 것이다.

疏

四에 會相違者는 問이라 若爾인댄 瑜伽等中에 異熟賴耶가 從業惑種하야 辨體而生이요 非如來藏의 隨緣所成이라하니 如何會釋고 答이라 瑜伽等中엔 對於凡小하야 約就權敎하야 隨相假說이어니와 楞伽密嚴엔 對大菩薩하야 依於實敎하야 盡理而說하니 旣機有大小하며 法有淺深하며 敎有權實일새 故不相違니라 故密嚴云호대 佛說如來藏이 以爲阿賴耶어늘 惡慧不能知 藏卽賴耶識이라하

73 원문에 진여수연의眞如隨緣義란, 즉 진여연기眞如緣起요 뇌야연기賴耶緣起가 아니다. 다시 말하면 법성종法性宗의 뜻이고 법상종法相宗의 뜻이 아니다.

니 此明守權拒實을 訶爲惡慧니라 又彼經云호대 如來清淨藏이 世間阿賴耶니 如金與指環이 展轉無差別이라하며 楞伽中에 眞識現識이 如泥團與微塵이 非異非不異니 金莊嚴具도 亦復如是라하니 皆此義也니라 又彼經云호대 如來藏이 爲無始惡習所熏이 名爲藏識이라하며 又入楞伽云호대 如來藏이 名阿賴耶識이니 而與無明과 七識共俱라하며 又起信論云호대 不生不滅이 與生滅和合하야 非一非異가 名阿賴耶識이라하며 又如達磨經頌云호대 無始時來界가 爲諸法等依라하니 攝論等엔 就初教釋云호대 界者因義니 卽種子識이라하고 寶性論엔 翻此頌云호대 此性無始時等이라하며 彼論엔 就實教釋云호대 性者는 謂如來藏性이니 如聖者가 勝鬘經說호대 依如來藏일새 故有生死하며 依如來藏일새 故有涅槃하나니 以此等文故로 知兩宗不同이니 淺深可見이니라 又唯識等에도 亦說眞如가 是識實性이라하얏거늘 但後釋者가 定言不變이라하야 失於隨緣이니 過歸後輩耳니라

네 번째 회가 서로 어긴다고 한 것은 묻겠다.
만약 그렇다고 한다면『유가론』등 가운데 이숙異熟의 아뢰야가[74] 업혹의 종자를 좇아 자체에 갖추어 생겨나는 것이요, 여래장이

---

74 이숙의 아뢰야라고 한 등은,『잡화기』에 말하기를 이미 이숙식이 모든 업과 이취二取를 좇아 생기하였다면 곧 여래장이 인연을 따라 이 식의 자체를 갖춘 것이 아니다 하였다. 즉 자체에 갖추어 생기고 인연 따라 생성하는 바가 아니라는 것이다.

인연을 따라 이룬 바가 아니다 하였으니
어떻게 회석해야 하겠는가.
답하겠다.
『유가론』 등 가운데는 범부와 소승을 상대하여 권교에 나아감을 잡아 모습(相)을 따라 거짓으로 설하였거니와, 『능가경』과 『밀엄경』에는 대승보살을 상대하여 실교에 의지하여 진리(理)를 다하여 설하였으니
이미 근기가 대승과 소승이 있으며, 법이 얕고 깊음이 있으며, 가르침이 방편과 진실이 있기에 그런 까닭으로 서로 어기지 않는 것이다.
그런 까닭으로 『밀엄경』에 말하기를
부처님께서 여래장이
아뢰야식이라고 설하셨거늘
악인의 지혜[75]로는 능히
여래장이 곧 아뢰야식인 줄 알지 못한다 하였으니,
이것은 방편(權)을 지켜 진실(眞)을 거부하는 사람을 악인의 지혜라고 꾸짖는 것을 밝힌 것이다.
또 저 『밀엄경』에 말하기를
여래의 청정장이
세간의 아뢰야식이니
마치 금과 손가락지가

---

75 악인의 지혜(惡慧)란 악우惡友, 악지식惡知識이니 여기서는 범부凡夫, 소승小乘, 권교인權敎人이다.

전전히 차별이 없는 것과 같다 하였으며

『능가경』 가운데 진식眞識과[76] 현식現識이 마치 진흙 뭉치와 더불어 작은 티끌이 다르지도 않고 다르지 않지도 않는 것과 같나니 금과 장엄기구도 또한 다시 이와 같다 하였으니[77]

다 이 뜻이다.

또 저 『능가경』[78]에 말하기를 여래장이 무시겁래의 악습에 훈습한 바가 되는 것이 이름이 장식이다 하였으며

또 『입능가경』에 말하기를 여래장이 이름이 아뢰야식이니 무명과

---

76 『능가경』 가운데 진식이라 한 등은, 『잡화기』에 말하기를 4권 『능가경』 1권 11장을 증검하여 보니, 곧 바로 말하기를 비유하자면 마치 진흙 뭉치와 더불어 작은 티끌이 다르지도 않고 다르지 않지도 않는 것과 같나니 운운하고 여기에서 말한 진식, 현식이라는 네 글자는 없거늘, 지금에 소주가 뒤에 법합 가운데 세 가지 식이 있음을 보고 뜻으로써 첩석하여 거론한 것이다. 그러나 다만 두 가지 식(진식, 현식)만 거론한 것은 두 가지 비유(진흙 뭉치, 작은 티끌)를 따르고자 한 것이다 하였다.

여기에 세 가지 식이라고 한 것은 진식과 현식과 장식이다.

77 진식眞識 → 여래장如來藏 → 금金 → 미진微塵, 현식現識 → 아뢰야阿賴耶 → 장엄구莊嚴具 → 니단泥團.

78 원문에 피경彼經이란 『능가경楞伽經』이니, 일명一名 칠권七卷 『능가경』으로, 당唐나라 실차난타實叉難陀 번역이다.

『능가아발타라보경』은 일명一名 사권四卷 『능가경』으로, 송宋나라 구나발마 번역이다.

『입능가경入楞伽經』은 일명一名 십권十卷 『능가경』으로, 위魏나라 보리유지菩提流支가 번역하였다.

칠식으로 더불어 함께한다 하였으며
또 『기신론』에 말하기를 불생하고 불멸하는 마음이 생멸하는 마음으로 더불어 화합하여 하나도 아니고 다르지도 않는 것이 이름이 아뢰야식이다 하였으며
또 저 『달마경』[79]의 게송에 말하기를 무시시래의[80] 세계가 제법諸法 등의 의지가 된다 하였으니
『섭론』 등에는 초교(始敎)에 나아가 해석하여 말하기를 세계라고 한 것은 원인(因)의 뜻이니 곧 종자식이다 하였고
『보성론』에는 이 게송[81]을 번역하여 말하기를[82] 이 성性[83]은 무시시래에 평등하다 하였으며
저 『보성론』에는 실교實敎에 나아가 해석하여 말하기를 성性이라고 한 것은 말하자면 여래장의 자성이니,
성자聖者[84]가 『승만경』에서 말하기를 여래장을 의지하기에 그런

---

79 『달마경達磨經』이란 『아비달마섭대승경阿毘達磨攝大乘經』이니 此下 영인본 화엄 4책, p.683, 8행을 참고하라.

80 무시시래의 세계라고 한 등은, 『잡화기』에 『보성론』의 뜻이라면 곧 세계(時界) '가' 吐라 하고 『섭론』의 뜻이라면 곧 세계(時界)'며' 吐라 하였다. 나는 '가' 吐로 번역하였다.

81 이 게송(此頌)은 『달마경達磨經』 게송이다.

82 『보성론』에는 이 게송을 번역하여 말하였다고 한 것은, 『잡화기』에 말하기를 바로 계界 자로써 성性 자를 번역하고, 바로 아래 해석한 가운데 첩석하여 말하기를 성性이라고 한 것은이라 한 까닭이다 하였다.

83 이 성(此性)이란, 界 자로써 性 자를 해석한 것이다.

84 성자聖者는 승만 부인을 말한다.

까닭으로 생사가 있으며 여래장을 의지하기에 그런 까닭으로 열반이 있다고 한 것과 같나니,
이와 같은 등의 문장이 있는 까닭으로 법상종과 법성종의 두 종宗이 같지 아니한 줄 알 것이니 얕고 깊은 것을 가히 볼 수 있을 것이다.
또 유식론 등에도 역시 진여가 이 식의 실성이라고 설하였거늘, 다만 뒤에 해석한 사람이 결정코 불변不變이라고만 말하여 수연隨緣의 뜻을 잃었나니 그 허물이 후배에게 돌아가는 것이다.

鈔

四에 會相違者는 此門은 躡前而起니 謂若依上如來藏이 隨緣成立인댄 則違瑜伽等文이라할새 故今會之니라 先은 敘所違니 玄談已釋하니라 後에 答下는 會通이니 先은 相宗意요 後에 楞伽下는 申性宗意라 故密嚴下는 引證이니 初引密嚴에 自有二文하니 俱是第三卷微密品이라 兩頌相續이나 中間有釋일새 故著又言이라 此前에 更有一偈云호대 如來淸淨藏이 亦名無垢智니 常住無始終하야 離四句言說이라하고 次卽云호대 佛說如來藏等이라하니라 彼疏釋云호대 上半은 定賴耶體니 謂是如來藏이 與妄染合이 名阿賴耶요 更無別體니 此實教說일새 故引佛說이라 下半은 明會權敎니 謂守權者는 不能了如來藏이 作賴耶者니 當知하라 惡慧之言은 訶守權者하야 令歸實說이라 次頌은 卽如來淸淨藏等이니 彼疏釋云호대 此頌은 釋成前義니 上半은 法說牒擧요 下半은 約喩釋成이니 謂如以金으로 作於指環에 環相虛無나 金體露現일새 故云無差別이라하며 如來藏作賴耶에 賴耶相虛

나 藏性理現이라하며 亦可迷成阿賴耶요 悟成如來藏이나 體無有二일새 故云無差라하니라

네 번째 회가 서로 어긴다고 한 것이라 한 것은 이 문門은 앞의 말을 밟아 생기한 것이니,
말하자면 만약 위에[85] 여래장이 인연을 따라 성립한다고 함을 의지한다면 곧 『유가론』 등의 문장을 어긴다[86] 하였기에 그런 까닭으로 지금에 회석한 것이다.
먼저는 어기는 바를 서술한 것이니 『현담』에서 이미 해석하였다.
뒤에 답하겠다고 한 아래는 회통한 것이니 먼저는 상종의 뜻이요 뒤에 『능가경』이라고 한 아래는 성종의 뜻을 편 것이다.

그런 까닭으로 『밀엄경』에 말하기를이라고 한 아래는 인용하여 증거한 것[87]이니,
처음에 『밀엄경』을 인용함에 스스로 두 가지 경문이 있나니 모두 제삼권 미밀품微蜜品이다.
두 가지 게송[88]이 서로 이어져 있지만[89] 중간에 해석이 있기에[90] 그런

---

85 위(上)란, 영인본 화엄 4책, p.674, 3행이다.

86 『유가론』 등의 문장을 어긴다고 한 것은 『유가론』 등 가운데 이숙의 아뢰야가 업혹의 종자를 좇아 자체에 갖추어 생겨나고 여래장이 인연을 따라 이룬 바가 아니라고 한 문장을 어긴다는 것이다.

87 원문에 인증引證이란, 밀엄蜜嚴 등 모두 이경二經 삼론三論을 인용하여 증거하였다.

까닭으로 또(又)라는 말을 나타내었다.
이 게송 앞에 다시 한 게송이 있어 말하기를
여래의 청정장이
또한 이름이 때 없는 지혜이니
항상 머물러 시작도 끝도 없어서
사구四句의 언설을 떠났다 하고,

다음에 곧 말하기를 부처님께서
여래장이 아뢰야식이라고 설하였다 한 등이다.
저 『밀엄경』 소[91]에 해석하여 말하기를 위에 반 게송[92]은 결정코 아뢰야의 자체이니
말하자면 여래장이 망염妄染으로 더불어 화합하는 것이 이름이 아뢰

88 두 가지 게송(兩頌)이란, 『밀엄경』에서 인용한 두 게송이다.

89 원문에 양송상속兩頌相續이란, ① 불설여래장佛說如來藏이 이위아뢰야以爲阿賴耶어늘 악혜불능지惡慧不能知 장즉뢰야식藏卽賴耶識이라, ② 여래청정장如來淸淨藏이 세간아뢰야世間阿賴耶니 여금여지환如金與指環이 전전무차별展轉無差別이라 하여 이어져 있다는 말이다.

90 원문에 중간유석中間有釋이란, 前 영인본 화엄 4책, p.673, 8행에 이것은 방편을 지켜 진실을 거부하는 사람 운운한 것이다.

91 저 『밀엄경』 소라고 한 것은, 『잡화기』에 말하기를 다음 게송에 이르기 이상은 다 저 『밀엄경』 소문이니 그러한즉 지금 소문에 차명수권此明守權(영인본 화엄 4책, p.673, 8행) 운운이라고 해석한 것은 곧 청량스님의 말이다 하였다. 여기 사기에 다음 게송이라고 한 것은 영인본 화엄 4책, p.673, 9행 우피경又彼經이라 한 것이다.

92 원문에 上半은 불설여래장佛說如來藏이 이위아뢰야以爲阿賴耶이다.

야요 다시 다른 자체가 없나니,
이것은 실교의 말이기에 그런 까닭으로 불설佛說을 인용한 것이다.[93]
아래 반 게송[94]은 권교로 회통함을 밝힌 것이니,
말하자면 방편(權)을 지키는 사람은 능히 여래장이 아뢰야식을 짓는 줄 알지 못하는 사람이니
마땅히 알아라. 악인의 지혜라고 한 말은 방편을 지키는 사람을 꾸짖어 하여금 진실(實)에 돌아가게 하는 말이다.

다음 게송[95]은 곧 여래의 청정장이라 한 등이니,
저 『밀엄경』 소에 해석하여 말하기를 이 게송은 앞에 게송의 뜻을 해석하여 성립한 것이니,
위에 반 게송은 법설法說을 첩석하여 거론한 것이요
아래 반 게송은 유설喩說을 잡아 해석하여 성립한 것이니,
말하자면 마치 금으로 가락지를 만듦에 가락지의 모습(相)은 허무하지만 금의 체성(性)은 나타나기에 그런 까닭으로 말하기를 차별이 없다고 한 것과 같으며,
여래장이 아뢰야식을 지음에 아뢰야식의 모습(相)은 허무하지만

---

93 그런 까닭으로 불설佛說을 인용한 것이라고 한 것은 말하자면 『밀엄경』이 이 실교인 까닭으로 불설을 인용하여 저 악인의 지혜를 척파한다는 것이다. 역시 『잡화기』의 말이다.

94 원문에 下半은 악혜불능지惡慧不能知 장즉뢰야식藏卽賴耶識이다.

95 다음 게송이란, 영인본 화엄 4책, p.673, 9행, 우피경운又彼經云호대 여래청정장如來淸淨藏이 세간아뢰야世間阿賴耶 등이다.

여래장 체성의 진리는 나타난다 하였으며,
또한 가히 미혹하면[96] 아뢰야식을 이루고 깨달으면 여래장을 이루지만 체성은 둘이 없기에 그런 까닭으로 차별이 없다 하였다.

楞伽中에 眞識現識이 如泥團等者는 若具인댄 彼文에 亦爾下云호대 大慧야 若泥團微塵異者인댄 非彼所成이나 而實彼成이니 是故不異하며 若不異者인댄 泥團微塵이 應無差別하리라 如是轉識과 藏識眞相이 若異者인댄 藏識非因이며 若不異者인댄 轉識滅에 藏識亦應滅이나 而自眞相은 實不可滅이니 是故로 非自眞相滅이라하니라 賢首解云호대 此中眞相은 是如來藏이요 轉識은 是七識이요 藏識은 是賴耶라하니 此解甚當이라 但喩有二하고 而合有三하니 意少難見이라 此即第一經初에 先明識三相하고 次明三識이라 初云諸識이 有三種相하니 謂轉相業相眞相이라하니라 釋曰此三種相이 通於八識하니 謂起心名轉이니 八俱起故로 皆有生滅일새 故名轉相이요 動則是業이니 如三細中에 初業相하야 八識皆動일새 盡名業相이요 八之眞性은 盡名眞相이라 經云諸識이 有三種相이라하니 則知三相이 通八識矣니라 次經에 辨三識云호대 大慧야 略說컨댄 有三種識하고 廣說컨댄 有八種相하나니 何等爲三고 謂眞識現識과 分別事識이라하니라 釋曰

---

96 또한 가히 미혹하면 운운한 것은, 『잡화기』에 처음에는 손가락지의 모습이 없는 까닭으로 차별이 없다고 말한 것이니 차별이라는 글자가 손가락지의 모습을 가리키는 것이다. 지금에는 손가락지가 금으로 더불어 다름이 없는 까닭으로 차별이 없다고 말한 것이니 이것과 저것이 차별이 없음을 말하는 것이다 하였다.

約不與妄合하는 如來藏心하야 爲眞識하며 現卽第八이니 下經云호대 譬如明鏡이 現衆色像하야 現識處現도 亦復如是라하니 明是第八이라 餘七은 皆名分別事識이니 是則三識으로 別爲三類니 現唯第八이요 分別唯前七이요 眞相約佛인댄 是八出纏이요 約凡인댄 在第八中이며 亦兼在餘七이라 然泥團經文이 含前二段이니 意明三識이 而參三相之名이라 轉識은 卽轉相之名이나 意是分別事識이니 故唯識中엔 名七轉識이라하니라 藏識은 卽現識이니 此則可知니라 眞相은 卽是眞識이니 上二는 取識類別일새 故牒識名하고 眞相은 但取通八之眞일새 故牒相名이라 經文言호대 若異者인댄 藏識非因者는 謂三若異인댄 藏識이 卽應不同眞相과 及轉識爲因이나 旣以轉識熏故로 眞識隨緣하야 而成藏識일새 則知不異니 非以藏識으로 爲二識因이니라 故下는 重案定云호대 非自眞相滅하고 但業相滅이라하니 斯則三事備矣니라 謂喩中有三하니 一은 塵이요 二는 水요 三은 泥라 以水和塵하야사― 泥團方立하고 以業熏眞相하야사 藏識便生하나니 業以合水에 但水滅而塵在일새 故로 業亡而眞存하니라 若自眞相滅者인댄 藏識則滅者는 反顯藏識이 以眞妄和合而成이니 但其妄滅이나 而眞體不無일새 故下以水는 喩如來藏하고 波는 喩七識하고 合成動海는 卽爲藏識이니 但波相滅이나 濕性不壞가 卽斯義也니라 不異之義는 易知니라

『능가경』 가운데 진식과 현식이 마치 진흙 뭉치와 더불어 작은 티끌이 다르지도 않고 다르지 않지도 않는 것과 같다고 한 등은 만약 갖추어 말한다면 저 『능가경』 문장에 또한 그렇다고[97] 한 아래에

말하기를 대혜야, 만약 진흙 뭉치와 작은 티끌이 다르다고 한다면 저것이 이루어질 바가 아니지만[98] 그러나 진실로 저것이 이루어지나니, 이런 까닭으로 다르지 아니하며

만약 다르지 않다고 한다면 진흙 뭉치와 작은 티끌이 응당 차별이 없어야 할 것이다.

이와 같이 칠전식과 여래장식과 진상眞相이 만약 다르다고 한다면 여래장식은 원인이 없어야 할 것이며[99]

만약 다르지 않다고 한다면 칠전식이 사라짐에 여래장식도 응당 사라져야 할 것[100]이지만 자체의 진상은 진실로 가히 사라지지 않나니, 이런 까닭으로 자체의 진상은 사라지지 않는다[101] 하였다.

현수 법사가 해석하여 말하기를 이 가운데 진상은 이 여래장이요, 전식은 이 칠식이요,

---

97 원문에 역이亦爾란, 즉 經中에 역부여시亦復如是라는 말이니 영인본 화엄 4책, p.674, 1행에 있다. 『잡화기』는 다만 뜻으로 첩석한 까닭이다는 말을 더하였다.

98 원문에 비피소성非彼所成 운운은, 진흙은 미진을 이루고 미진은 진흙을 이룬다는 것이다.

99 원인이 없어야 한다고 한 것은, 저 『필삭기』에 말하기를 비非라고 한 것은 무無의 뜻이라 하였다. 이 말은 『잡화기』의 말이다.

100 여래장식도 응당 사라져야 한다고 한 것은, 저 『필삭기』에 다만 이분二分의 생기하고 사라지는 것이 없다 하니 저 『필삭기』 제2권 43장을 보라고 『잡화기』는 말한다.

101 원문에 비자진상멸非自眞相滅이란, 구체적으로 말하면 非自眞相滅이요, 但業相滅이라 할 것이다. 즉 자체自體의 진상眞相은 사라지지 않고 업상業相만 사라진다는 것이다. 아래 영인본 화엄 4책, p.679, 2행에 있다.

여래장식은 이 아뢰야식이다 하였으니
이 해석이 매우 합당하다 하겠다.
다만 비유에는 두 가지[102]만 있고 법합에는 세 가지[103]가 있나니,
그 뜻을 조금 알아보기가 어려울 것이다.[104]
이것은 곧 『능가경』 제일경 초두에[105] 먼저 식의 세 가지 상相을
밝히고 다음에 세 가지 식을 밝힌 것이다.
처음에 말하기를 모든 식이 세 가지 상이 있나니 말하자면 전상과
업상과 진상이다 하였다.
해석하여 말하면 이 세 가지 상이 팔식에 통하나니
말하자면 마음을 일으키는 것은 이름이 전轉이니, 팔식이 함께 일어
나는 까닭으로 다 생멸이 있기에 그런 까닭으로 이름이 전상이요
움직이는 것은 곧 업業이니, 삼세三細에 처음 업상과 같아서 팔식이
다 움직이기에 다 이름이 업상이요
팔식의 진성은 다 이름이 진상이다.
『능가경』에 말하기를 모든 식이 세 가지 상이 있다 하였으니
곧 세 가지 상이 팔식에 통하는 줄 알아야 할 것이다.

---

102 원문에 유이喩二는 니단泥團과 미진微塵이니 水를 더하면 三喩이다.

103 원문에 합삼合三은 진상眞相과 전식轉識과 장식藏識이다.

104 원문에 의소난견意少難見이란, 似不於喩中에 取水爲喩故라. 즉 비유 가운데 물을 취하여 비유를 삼지 않는 것과 같은 까닭이다.

105 원문에 차즉제일경초此卽第一經初 운운은 저 『능가경』의 삼상三相과 삼식三識의 문장을 인용引用하여 법과 비유 가운데 각각 삼사三事를 갖춘 것을 밝힌 것이다.

『능가경』이 다음 경에 세 가지 식을 분별하여 말하기를 대혜야,
간략하게 말하면 세 가지 식이 있고 널리 설하면 여덟 가지 상이 있나니
어떤 등이 세 가지가 되는가.
말하자면 진식과 현식과 분별사식이다 하였다.
해석하여 말하면 망으로 더불어 화합하지 않는 여래장심을 잡아서 진식을 삼았으며
현식은 곧 제팔식이니
『능가경』이 아래 경에 말하기를 비유하자면 밝은 거울이 수많은 색상을 나타내는 것과 같아서 현식이 곳곳에 나타내는 것도 또한 다시 이와 같다 하였으니
분명히 이 현식은 제팔식이다.
나머지 칠식은 다 이름이 분별사식이니
이것은 곧 삼식으로 따로 삼류를 삼은 것이니
현식은 오직 팔식뿐이요
분별사식은 오직 전칠식뿐이요
진상[106]은 부처를 잡는다면 팔식은 출전진여出纏眞如요
범부를 잡는다면[107] 제팔식 가운데 있으며[108]

---

106 진상眞相이라고 한 것은 『잡화기』와 『유망기』에 다 식識 자라 하였다. 『잡화기』는 혹 상相 자는 연衍이라고도 하였다. 그러나 아래 전개되는 현상을 보면 상相 자와 식識 자의 관계를 좀 더 신중하게 생각할 것이다. 바로 세 줄 아래 진상은 곧 진식이라 하였다.

107 범부를 잡는다면이라고 한 등은, 『잡화기』에 말하기를 이 위에는 법을

또한 나머지 칠식에도 겸하여 있다.

그러나 진흙 뭉치라 한 『능가경』 문이 앞에 두 단段을 포함하였으니[109]

그 뜻은 세 가지 식이 세 가지 상相의 이름에 섞여 있음[110]을 밝힌 것이다.

전식은 곧 전상의 이름이지만 뜻은 분별사식이니 그런 까닭으로

유식 가운데는 이름을 칠전식이라 하였다.

장식은 곧 현식이니

이것은 곧 가히 알 수가 있을 것이다.

진상은 곧 진식이니

위에 두 가지[111]는 식의 유형이 다름을 취하였기에 그런 까닭으로

식의 이름을 첩석하였고

잡아 자체를 가리킨 까닭으로 망으로 더불어 화합한다(네 줄 앞) 말하고, 지금에는 사람을 잡아 처소를 분별하는 까닭으로 제팔식 가운데 있다 하나니 비록 제팔식 가운데 있지만 응당 자성의 청정한 것이 독립해야 망으로 더불어 화합하지 않는다(역시 네 줄 앞)는 뜻이다 하였다.

108 원문에 재팔식중在八識中이란, 재전진여在纏眞如이다.

109 앞에 두 단을 포함하였다고 한 것은, 전식과 장식은 이 세 가지 식을 말한 단段의 뜻이니 별別의 뜻을 취한 까닭이요, 진상은 이 세 가지 상相을 말한 단의 뜻이니 통通의 뜻을 취한 까닭이다. 이상은 『잡화기』의 말이다. 앞에 두 단(二段)이란, 일단은 영인본 화엄 4책, p.627, 3행 제일경 초두라고 한 이하이고, 이단은 영인본 화엄 4책, p.677, 8행 『능가경』 이다음 경이라고 한 이하이다.

110 세 가지 상의 이름이 섞여 있다고 한 것은 전상轉相과 진상眞相이 이것이다고 『잡화기』는 말하였다.

111 위에 두 가지(上二)란, 장식藏識과 진상眞相이다.

진상은 다만 통팔식의 진상만 취하였기에[112] 그런 까닭으로 상의 이름을 첩석하였다.

『능가경』 문에 말하기를[113] 만약 다르다고 한다면 여래장식은 원인이 없어야 할 것이라고 한 것은 말하자면 세 가지[114]가 만약 다르다고 한다면 여래장식이 곧 응당 진상과 그리고 전식으로 원인을 삼는 것이 같지 않을 것이지만, 이미 전식이 훈습한 까닭으로 진식이 인연을 따라 여래장식을 이루는 것이기에 곧 다르지 않는 줄 알아야 할 것이니

여래장식으로써 두 가지 식[115]의 원인을 삼은 것이 아니다.[116]

이런 까닭이라고 한 아래는[117] 거듭 안찰하고[118] 결정하여 말하기를

---

112 진상은 다만 통팔식의 진상만 취한다고 한 등은, 『잡화기』에 만약 진식을 첩석한다면 진식은 망으로 더불어 화합하지 않는 까닭이다 하였다.

113 『능가경』 문에 말하였다고 한 아래는 초문鈔文의 말이니 영인본 화엄 4책, p.676, 말행末行이다.

114 세 가지란, 장식藏識과 전식轉識과 진식眞識이다.

115 두 가지 식(二識)이란, 진식眞識과 전식轉識이다.

116 두 가지 식의 원인을 삼은 것이 아니라고 한 것은 다른 해석(견해)을 가리는 것이니 가히 알 수 있을 것이라고 『잡화기』는 말한다.

117 원문에 고하故下 운운은 영인본 화엄 4책, p.677, 1행 초문鈔文이다.

118 거듭 안찰한다고 한 등은 『잡화기』에 말하기를 여기에 자체의 진상은 사라지지 않는다고 한 등의 이 단의 『능가경』이 다 저 가운데 만약 다르지 않다면이라고 한(영인본 화엄 4책, p.676, 10행에 인용한 『능가경』) 『능가경』 문을 해석한 것이다. 그러나 처음에는 순리대로 해석하고 아래는 반대로 해석하였다.

자체의 진상은 사라지지 않고 다만 업상만 사라진다 하였으니 이에 곧 삼사三事[119]가 갖추어졌다.

말하자면 비유 가운데 세 가지가 있나니

첫 번째는 티끌이요

두 번째는 물이요

세 번째는 진흙이다.

물로써 티끌을 화합하여야 진흙 뭉치가 바야흐로 이루어지고, 업으로써 진상을 훈습하여야 여래장식이 문득 생기나니,

업으로써 물을 화합함에 다만 물은 사라지지만 티끌은 존재하기에 그런 까닭으로 업상은 없어지지만 진상은 존재한다 한 것이다.

만약 자체의 진상이[120] 사라진다면 여래장식도 곧 사라진다고 한 것은 여래장식이 진과 망으로써 화합하여 이루어진 것을 반대로 나타낸 것이니,

다만 그 망妄은 사라지지만 진상의 자체는 없어지지 않기에 그런 까닭으로 아래에 물은 여래장에 비유하고 파도는 칠식에 비유하

지금에는 만약 다르다면이라고 한(영인본 화엄 4책, p.676, 9행에 인용한 『능가경』) 『능가경』 문을 해석하되 저 『능가경』을 이끌어 여기에 증거한 것은 다만 진상으로 원인을 삼고 장식으로 원인을 삼은 것이 아니라는 뜻을 증거한 것이니, 업상만 사라지고 진상은 사라지지 않기에 곧 진상은 원인이 되고 업상은 곧 칠식이 됨을 밝힌 것이다. 지금에는 칠식이 각각 움직이는 뜻이 있음을 취한 까닭이다 하였다.

119 삼사三事란, 법합法合 가운데 삼사三事로 진식眞識, 전식轉識, 장식藏識이다.

120 원문에 약자진상若自眞相 운운은 거듭 안찰한다고 한 문장(영인본 화엄 4책, p.679, 1행)을 의인意引한 것이다.

고 물과 파도가 합하여 이루어진 움직이는 바다는 곧 여래장식에 비유하나니,
다만 파도의 모습(相)은 사라지지만 물의 습성은 무너지지 않는다고 한 것이 곧 이 뜻이다.
다르지 않다고 한 뜻은 쉽게 알 수 있을 것이다.[121]

言皆此義者는 皆是如來藏이 隨緣成識義也니라 然云自眞相者는 十卷但云호대 自相이라하니 曉公釋云호대 本覺之心이 不藉妄緣하고 性自神解를 名自眞相이라하니 約不一義說이요 又隨無明風하야 作生滅時에 神解之性이 與本不異를 亦名自眞相이라하니 是依不異義說이라 又彼經云等者는 上辨與七和合이 爲藏識하고 今明無始無明이 爲因이라 故論下文中에 無明爲因하야 生三細하고 境界爲緣하야 生六麤라하니 此中엔 正取無明爲因하야 生於三細니라 三細가 旣屬賴耶인댄 已成識藏이니 卽第四經文이라 具云인댄 大慧야 如來藏은 是善不善因일새 能遍興造一切趣生호미 譬如伎兒가 變現諸趣하야 離我我所어늘 不覺彼故로 三緣和合하야 方便而生하나니 外道不覺하야 計著作者니라 爲無始虛僞惡習所熏이 名爲識藏이니 生無明住

121 다르지 않다고 한 뜻은 쉽게 알 수 있을 것이다고 한 것은, 상래에는 다만약 다르다면이라고 한 뜻을 해석한 것이니, 거듭 안찰한다(일곱 줄 앞에)고 한 이하는 곧 비록 만약 다르지 않다면이라고 한 가운데 경문이나 다만 만약 다르다면이라고 한 가운데 진상으로 원인을 삼는 뜻을 증거하여 성립한 것뿐인 까닭이다. 그러한즉 다르지 않다고 말한 것은 반대로 말한 것을 첩석하여 말한 것이다 하겠다. 이상은 역시 『잡화기』의 말이다.

地하야 與七識俱호미 如海浪生하야 常生不斷일새 離無常生過하며 離於我論等이라하니라 又入楞伽下는 前引楞伽는 與七識俱요 次引楞伽는 爲惡習熏이요 今則雙具일새 故復引之나 大意無異니라 言而與無明과 七識共俱者는 與無明俱는 卽前第二意요 與七識俱는 卽第一意라

다 이 뜻이라고 말한 것은 다 이것은 여래장이 인연을 따라 식을 이룬다는 뜻이다.
그러나 자체의 진상이라고 말한 것은 『능가경』 십권에 다만 말하기를 자상自相이라고만 하였으니,
원효스님이 해석하여 말하기를 본각의 마음이 허망한 인연을 의지하지 않고 자성이 스스로 신령하게 아는 것을 이름하여 자체의 진상이라 하였으니 하나가 아니라는 뜻을 잡아서 설한 것이요,
또 무명의 바람을 따라서 생멸함을 지을 때에 신령하게 아는 자성이 본각으로 더불어 다르지 않은 것을 또한 이름하여 자체의 진상이라 하였으니 이것은 다르지 않다는 뜻을 의지하여 설한 것이다.

또 저 『능가경』에 말하기를이라고 한 등은 이 위에서는 칠식으로 더불어 화합하는 것이 장식이 되는 것을 분별하였고, 지금에는 무시겁래에 무명이 원인이 되는 것을 밝힌 것이다.
그런 까닭으로 『기신론』 하문下文 가운데 무명이 원인이 되어 삼세가 생기고 경계가 조연이 되어 육추가 생긴다 하였으니,
이 가운데서는 바로 무명이 원인이 되어 삼세가 생긴다고 한 것을

취하였다.

삼세가 이미 아뢰야식에 속한다면 이미 식장識藏[122]을 이루었다는 것이니, 이 말은 곧『능가경』제사권의 경문이다.

갖추어 말한다면 대혜야, 여래장은 이 선과 불선의 원인이기에 능히 두루 일체 처소(趣)에 태어나게 함을 짓는 것이 비유하자면 광대가 모든 곳에 변신하여 나타나는[123] 것과 같아서 아我와 아소我所를 떠났거늘,[124] 저것을 깨닫지 못하는[125] 까닭으로 세 가지 인연을[126] 화합하여 방편으로 생기하나니 외도는 깨닫지 못하여 짓는 자에[127] 계교하여 집착하는 것이다.

무시겁래의 거짓 악습에 훈습한 바가 되는 것이 이름이 식장[128]이 되나니, 무명주지無明住地에서 생기하여[129] 칠식으로 더불어 함께하

---

122 식장識藏은 사전辭典에 여래장如來藏이라 하였다.

123 원문에 변현제취變現諸趣란, 여래장如來藏이 인연因緣 따라 변현變現하는 것이다.

124 아我와 아소我所를 떠났다고 한 것은『잡화기』에 이미 여래장이 변현한 까닭이다 하였다.

125 원문에 불각피不覺彼란, 不覺我我所故로 自他相立하야 父母己의 三緣이 和合而生이라. 즉 아와 아소를 깨닫지 못한 까닭으로 자타가 서로 성립하여 아버지와 어머니와 자기의 세 가지 인연이 화합하여 생기한다는 것이다.

126 세 가지 인연이란, 부父와 모母와 자기(己)이다.

127 외도는 깨닫지 못하여 운운한 것은 승론외도勝論外道가 아我로써 자체를 삼는 까닭이다. 짓는 자라고 한 것은『잡화기』에 승론외도가 아我로써 짓는 자를 삼는 까닭이다 하였다.

128 식장은 소문에 장식이라 하였다.

129 무명주지에서 생기하였다고 한 것은『잡화기』에 여래장이 능히 생기하는

는 것이 마치 바다에서 파도가 생기는 것과 같아서 항상 생겨나 끊어지지 않기에 항상 생겨난 적이 없다는 허물을 떠났으며[130] 아我와 아소我所라는 논리 등을 떠났다 하였다.

또 『입능가경』이라고 한 아래는 앞[131]에 인용한 『능가경』은 칠식으로 더불어 함께한다는 것이요
다음[132]에 인용한 『능가경』은 악습에 훈습한 바[133]가 된다는 것이요
지금에는 곧 둘 다 갖추었기에 그런 까닭으로 다시 인용하였지만 대의는 다름이 없다는 것이다.
무명과 칠식으로 더불어 함께한다고 말한 것은 무명과 더불어 함께한다고 한 것은 곧 앞의 제 두 번째 뜻[134]이요
칠식으로 더불어 함께한다고 한 것은 곧 제일 첫 번째 뜻[135]이다.

것을 말한 것이다 하였다.

130 항상 생겨난 적이 없다는 허물을 떠났다고 한 등은, 이것은 이미 진여가 인연을 따라 생기한다 한 까닭으로 저 진여가 생겨난 적이 없다는 허물을 떠나고 저 신아神我가 법을 생기한다는 허물을 떠났다는 것이니 이상은 다 『잡화기』의 말이다.

131 앞이란, 영인본 화엄 4책, p.673, 말행이다.

132 다음이란, 영인본 화엄 4책, p.674, 2행이다.

133 악습에 훈습한 바라고 한 것은, 『잡화기』에 곧 근본무명에 훈습한 바라 하였다.

134 원문에 第二意란, 여래장如來藏 등의 문장이다.

135 원문에 第一意란, 진식眞識 등의 문장이다.

又起信論下는 引於三論이라 初는 正引起信이니 卽二門之中에 生滅門初에 具云호대 心生滅者는 依如來藏故로 有生滅心이니 所謂不生不滅이 與生滅和合하야 非一非異가 名阿賴耶識이라하니라 釋曰初二句는 標요 所謂不生不滅下는 辯相이니 不生不滅者는 是上如來藏自性清淨心이 因無明風動하야 擧體隨緣하야 作生滅心하야 不相捨離일새 故云和合이언정 非謂別有生滅이 來與眞合이라 此心이 所以生滅者는 因無明生이니 此生滅心이 原從本覺而起일새 故有二義나 而無二體니라 故下論云호대 如大海水가 因風波動이나 水相風相은 不相捨離라하야 乃至廣說하니라 此中名動하야 爲風이니 水之動은 是風相이요 動之濕은 是水相이니 以水擧體가 動故로 水不離於風相하며 無動而非濕故로 動不離於水相하니라 心亦如是하야 不生滅心이 擧體動故로 心不離生滅相하며 生滅之相이 無非眞故로 生滅이 不離於心相하니 如是名爲和合이라 此是不生滅心이 與生滅合이니 以是隨緣門故요 非是生滅이 與不生滅合이니 以此不是向本하는 眞如門故니라 言非一非異者는 眞如全體動故로 心與生滅非異하며 而恒不變眞性故로 與生滅不一하니 此約三細하야 以爲生滅이니 則第八中에 已含動靜이라 若楞伽經云인댄 七識染法으로 爲生滅하고 以如來藏淨法으로 爲不生滅하고 以此二和合으로 爲阿賴耶識하니 以和合故로 非一非異라하니라 非一異者는 就麤顯說이라 然非一非異廣義는 如十忍品의 如幻忍明하고 又如來藏名은 初品已釋하니라 言不生滅等者는 旦公云호대 性該始終이나 體非起盡하고 體遍迷悟나 性非解惑일새 故云不生不滅이라하며 若不覺知인댄 能令生死로 不斷名生이라하며 始覺이 能滅生死일새 故名爲滅이라하니라

또『기신론』이라고 한 아래는 세 가지 논을 인용한 것이다.
처음에는 바로『기신론』을 인용한 것이니,
곧 이문二門 가운데 생멸문의 초두에 갖추어 말하기를 심생멸이라고 한 것은 여래장을 의지하는 까닭으로 생멸심이 있나니,
말하자면 불생하고 불멸하는 마음이 생멸하는 마음으로 더불어 화합하여 하나도 아니고 다르지도 않는 것이 이름이 아뢰야식이다 하였다.
해석하여 말하면 처음에 두 구절은 한꺼번에 표한 것이요
말하자면 불생하고 불멸하는 마음이라고 한 아래는 그 모습을 따로 분별한 것이니,
불생하고 불멸하는 마음이라고 한 것은 이것은 위에 여래장 자성의 청정한 마음이 무명풍의 움직임을 인하여 전체가 인연을 따라 생멸의 마음을 지어서 서로 버려 떠나지 않기에 그런 까닭으로 말하기를 화합이라고 하였을지언정 따로 생멸심이 와서 진여로 더불어 화합함이 있음을 말한 것은 아니다.
이 마음이 생멸하는 바는 무명을 인하여 생멸하나니,
이 생멸하는 마음이 원래 본각으로 좇아 생기하였기에 그런 까닭으로 두 가지 뜻[136]이 있지만 그러나 두 가지 자체가 없는 것이다.
그런 까닭으로 이 아래 논에 말하기를 마치 큰 바다물이 바람을 인하여 파도(波)가 일지만 수상(相)과 풍상(相)[137]은 서로 버려 떠나

---

136 두 가지 뜻은, 생멸生滅과 불생멸不生滅이다.

137 풍상風相은 무명無明이고, 수상水相은 여래장如來藏이고, 파상波相은 칠전식七轉識이다.

지 않는다 하여 내지 폭넓게 설하였다.
이 가운데 움직임을 이름하여 바람이라 하나니 물의 움직임은 풍상이요, 움직이는 습기는 수상이니 물의 전체가 움직이는 까닭으로 물이 풍상을 떠나지 아니하였으며, 움직임이 없으면 습기가 아닌 까닭으로 움직임은 수상을 떠나지 아니하였다.
마음도 또한 이와 같아서 불생하고 불멸하는 마음이 전체가 움직이는 까닭으로 마음이 생멸하는 상相을 떠나지 아니하였으며, 생멸하는 상이 진여가 아님이 없는 까닭으로 생멸이 심상心相을 떠나지 아니하였으니 이와 같은 것을 이름하여 화합이라 하는 것이다.
이것은 불생하고 불멸하는 마음이 생멸하는 마음으로 더불어 화합하는 것이니 이는 수연문인 까닭이요,
생멸하는 마음이 불생하고 불멸하는 마음으로 더불어 화합하는 것이 아니니 이는 본각을 향한 진여문이 아닌 까닭이다.

하나도 아니고 다르지도 않다고 말한 것은 진여의 전체가 움직이는 까닭으로 마음이 생멸로 더불어 다르지 아니하며
항상 불변하는 자성인 까닭으로 생멸로 더불어 하나가 아니니
이것은 삼세를 잡아서 생멸을 삼은 것이니
곧 제팔식 가운데 이미 동動과 정靜[138]을 포함하고 있는 것이다.[139]

---

138 동動은 생멸生滅이고, 정靜은 불생멸不生滅이다.

139 곧 제팔식 가운데 이미 동動과 정靜을 포함하고 있다고 한 것은, 이미 삼세三細로써 생멸을 삼았다면 곧 이것은 생멸 가운데 이미 동과 정을 포함하고 있다는 것을 말한 것이니, 제팔식은 진과 망을 갖추어 포함하고 있는 까닭이

만약 『능가경』에 말한 것이라면 칠식의 염법으로 생멸하는 법을 삼고 여래장의 정법으로 불생하고 불멸하는 법을 삼고
이 둘이 화합하는 것으로써 아뢰야식을 삼았으니
화합하는 까닭으로 하나도 아니고 다르지도 않다는 것이다.
하나도 아니고 다르지도 않다고 한 것은 추현麤顯[140]에 나아가 설한 것이다.
그러나 하나도 아니고 다르지도 않다고 한 넓은 뜻은 십인품의 여환인如幻忍에 밝힌 것과 같고, 또 여래장의 이름은 처음 세주묘엄품에 이미 해석한 것과 같다.
불생하고 불멸하는 등이라고 말한 것은 단공旦公[141]이 말하기를 자성은 시작과 끝에 갖추어 있지만 자체는 일어나거나 다한 적이 없고, 자체는 미혹하고 깨달음에 두루하지만 자성은 알거나 미혹함이 없기에 그런 까닭으로 말하기를 불생하고 불멸한다 하며,
만약 깨달아 알지 못하면 능히 생사로 하여금 끊어지게 못하기에

다. 만약 『능가경』에 칠식의 염법으로 생멸을 삼은 것이라면 곧 다만 동動의 한 가지 뜻뿐이니 제칠식은 오직 염법뿐인 까닭이다. 이상은 역시 『잡화기』의 말이다.

140 추현麤顯이라고 한 것은, 『잡화기』에 장식은 팔식을 갖추어 포함하거늘 지금에는 추현에 나아가 설한 까닭으로 칠식으로 더불어 함께한다고 말한 것이다 하였다.
추현麤顯이란, 위에 『기신론』은 제팔식 가운데 이미 생멸의 동動과 불생멸의 정靜을 포함하였거니와 지금에 『능가경』은 곧 칠전식의 생멸이 화합하는 것으로 여래장을 삼는 까닭으로 추현이라 하는 것이다.

141 단공旦公은 왕단王旦, 청단淸旦도 아니고 누구인지 알 수 없다.

이름을 생이라 하며,
시각始覺이 능히 생사를 소멸하기에 그런 까닭으로 이름을 멸이라 한다 하였다.

又如達磨經頌下는 先擧經偈라 而云達磨經頌者는 攝論第二에 釋所知依中云호대 此中最初에 且說所知依는 卽阿賴耶니 世尊이 何處에 說阿賴耶識하야 名阿賴耶고 謂薄伽梵이 於阿毘達磨大乘經中說이라하니라 釋曰此乃通指大乘經하야 爲對法經耳니라 文中엔 但擧上半어니와 下半云호대 由此有諸趣와 及涅槃證得이라하니라 攝論等下는 初卽法相宗이라 等者는 等取瑜伽雜集等이라 彼論釋云호대 無始者는 初際無故요 界者는 因義니 卽種子也라 是誰因種고 謂一切法이니 此唯雜染이요 非是淸淨이니라 彼一切法等所依者는 能任持故로 非因性義니 所依能依가 性各異故니라 若不爾者인댄 界聲已了니 無假依言하리라 故第三論云호대 此中聞熏習이 爲是阿賴耶識自性가 爲非阿賴耶識自性가 下論答云호대 此聞熏習이 隨在一種所依轉處하야 寄在異熟識中하야 與彼和合俱轉호미 猶如水乳하니라 然이나 非阿賴耶自性이니 是彼賴耶를 對治할 無分別智의 種子性故라하니라 下二句는 易了니 明知하라 賴耶가 但是生滅이요 非眞性成이니라

또 저 『달마경』의 게송에 말하기를이라고 한 아래는 먼저 경의 게송을 거론한 것이다.
그러나 『달마경』의 게송이라고 말한 것은 『섭론』 제이권에 소지所知

와 소의(依)[142]를 해석하는 가운데 말하기를 이 가운데 가장 처음에 또한 소지와 소의를 말한 것은 곧 아뢰야식이니,
세존이 어느 곳에서 아뢰야식을 설하여 아뢰야라 이름하였는가.
말하자면 박가범이 『아비달마대승경』 가운데서 설하였다 하였다.
해석하여 말하면 이것은 이에 대승경을 모두 가리켜 『대법경』[143]을 삼은 것이다.
소문 가운데는[144] 다만 위에 반 게송만 거론하였거니와, 아래 반 게송에 말하기를 이를 인유하여 모든 갈래와 그리고 열반을 증득함이 있다 하였다.

『섭론』 등이라고 한 아래는 처음에는 곧 법상종[145]이다.
등이라고 한 것은 『유가론』과 『잡집론』을 등취한 것이다.
저 논에 해석하여[146] 말하기를 무시라고[147] 한 것은 초제初際가 없는

---

142 소지所知와 소의라고 한 것은, 『잡화기』에 색법의 모든 법은 소지所知의 능의能依이고, 제팔식은 능지能知의 소의所依이니 유식에서 해석한 것을 설출한 것이다. 또 『회현기』에 말하기를 능의能依의 소지所知는 삼성三性의 종자이고, 식의 소의所依의 능지能知는 유식으로 더불어 같다 한다 하였다.

143 『대법경對法經』이란, 『아비달마섭대승경阿毘達磨攝大乘經』이니, 소문疏文에는 『달마경達磨經』이라 하였다.

144 원문에 문중文中이란, 소문중疏文中이니, 소문疏文 가운데에 인용한 『달마경達磨經』의 게송이다.

145 법상종이란, 여기는 법상종이고 이 아래 『보성론』은 곧 법성종法性宗이다.

146 원문에 피석彼釋이란, 『유식론唯識論』 제삼권의 말이다.

147 무시라고 운운한 것은, 『잡화기』에 『유식론』 제삼권에 말하기를 위에 반

까닭이요
세계라고 한 것은 원인(因)의 뜻이니 곧 종자인 것이다.
무엇이 원인의 종자인가.
말하자면 일체법이니 이것은 오직 잡염뿐이고 청정이 없다.

저 『달마경』에 일체법一切法 등의 의지하는 바[148]가 된다고 한 것은 능히 임지任持하는 까닭으로 인성因性의 뜻이 아니니,
소의所依와 능의能依가 자성이 각각 다른 까닭이다.
만약 그렇지 않다고 한다면[149] 세계(界)라는 말에 이미 설하여 마친

게송은 제팔식이 인연이 되는 작용을 나타낸 것이니 말하자면 계界라고 한 것은 인因의 뜻이니 곧 종자식이 무시시래에 전전히 상속하여 친히 모든 법을 생기하는 까닭으로 인이라 이름하는 것이요, 의지依한다고 한 것은 이 연緣의 뜻이니 곧 집지식執持識이 무시시래에 일체 현행 등의 법으로 더불어 의지하는 까닭이라 하며, 『회현기』 15권 5장에 말하기를 곧 유루의 삼성종자요 무루의 종자가 아니라 하며, 아래 구절을 해석하여 말하기를 소의所依라고 한 것은 곧 제팔식의 자증분自證分이니 무기무부無記無覆이고, 능의能依라고 한 것은 곧 삼성三性이고, 그 본래 있는 무루종자라고 한 것은 이숙식 가운데 의지하여 있다 하였으니 이 두 가지 학설을 의거한다면 곧 알아라. 계界의 뜻은 다만 유루 잡염의 종자만 되고 의依의 뜻은 염·정의 소의所依에 통하는 것이니, 정종자淨種子는 곧 다만 팔식 가운데만 의지하여 있을 뿐 팔식의 자체가 정종자가 되는 것은 아닌 까닭이다 하였다. 이 사기 초두에 위에 반 게송이라 한 것은 『달마경』 게송에 무시시래계無始時來界이다.

148 원문에 일체법등소의一切法等所依란, 『달마경達磨經』云호대 무시시래계無始時來界가 위제법등의爲諸法等依라 하였다.

것이니 의지한다(依)는 말을 가자 할 것이 없어야 할 것이다.
그런 까닭으로 『섭론』 제삼론에[150] 말하기를 이 가운데 듣고 훈습한 것이 이 아뢰야식의 자성이 되는가. 아뢰야식의 자성이 아님이 되는가.[151]
이 아래 논[152]에서 답하여 말하기를 이 듣고 훈습한 것이 한 가지[153] 의지하여 전할 바 처소가 있음을 따라서 이숙식 가운데 있음을 의지하여 저 이숙으로 더불어 화합하여 함께 전하는 것이 비유하자면 물과 우유와 같은 것이다.
그러나 아뢰야식의 자성이 아니니 이것은 저 아뢰야식을 대치할 무분별 지혜종자의 자성인 까닭이다 하였다.

---

149 만약 그렇지 않다고 한다면 운운한 것은 반대로 나타낸 것이니, 그 뜻에 말하기를 만약 또한 인因의 뜻을 의지한다면 위의 구절에 계界를 말함에 이미 인의 뜻을 성립하였거니, 하필 아래 구절에 거듭 의依라는 말을 가자하는가 하는 것이니 이상은 『잡화기』의 말이다.

150 그런 까닭으로 『섭론』 제삼론이라고 한 아래는 능성能性과 소성所性이 다름을 증거하되 다만 정법만 인용한 것은 그 능성과 소성의 다른 뜻이 정법에 있음을 쉽게 볼 수 있는 까닭이라는 것이다. 역시 『잡화기』의 말이다.

151 아뢰야식의 자성이 아님이 되는가 한 것은, 그 아래에 저 『섭론』의 제삼권에 말하기를 만약 이 아뢰야식의 자성이라면 어떻게 이 종자를 대치하며, 만약 이 아뢰야식의 자성이 아니라면 이 가운데 듣고 훈습한 종자는 의지하는 바가 무엇인가 하니, 『석론』에 말하기를 이것은 번복하여 묻고 꾸짖어 의지하는 바를 분별한 것이다 하였다. 역시 『잡화기』의 말이다.

152 아래 논(下論)이란, 바로 위에 인용한 『섭론攝論』 제삼第三에 질문한 아래 답한 논문이다.

153 한 가지(一種)란 팔식을 말한다.

아래에 두 구절[154]은 쉽게 알 수 있을 것이니, 분명히 알아라. 아뢰야식이 다만 생멸할 뿐 진실한 자성으로 이루어지는 것이 아니다.

寶性論翻下는 卽法性宗이라 疏中一句는 但是義引이니 彼論具云호대 無始時來性이 作諸法依止니 依性有諸道와 及證涅槃果라하니 卽第四論이라 彼論釋云호대 此偈明何義고 無始時來性者는 如經說言호대 諸佛如來가 依如來藏하야 說諸衆生의 無始本際를 不可得知故라하며 所言性者는 如聖者가 勝鬘經言호대 世尊이시여 如來說호대 如來藏者는 是法界藏이며 出世間法身藏이며 出世間上上藏이며 自性淸淨法身藏이며 自性淸淨如來藏故라하며 作諸法依止者는 如聖者가 勝鬘經言호대 是故如來藏은 是依며 是持며 是住持며 是建立等이라하니라 次論云호대 依性有諸道者는 如聖者가 勝鬘經言호대 世尊이시여 生死者는 依如來藏이니 世尊이시여 有如來藏일새 故說生死가 是名善說故라하며 及證涅槃果者는 如聖者가 勝鬘經言호대 世尊이시여 依如來藏일새 故有生死하고 依如來藏일새 故證涅槃하나니 世尊이시여 若無如來藏者인댄 不得厭苦하고 果求涅槃하며 不欲涅槃하며 不願涅槃故라하니 此明何義고 明如來藏이 究竟如來法身이며 不差別眞如體相이며 畢竟云호대 佛性體니라 於一切時와 一切衆生身中에 皆無餘盡니 應知하라하니라 以此等文下는 先正結이니 以上諸敎가 皆如來藏으로 而爲識體일새 故知心性이 卽如來藏이니 此外無法

154 아래에 두 구절(下二句)이라고 한 것은 유차유제취由此有諸趣와 급열반증득及涅槃證得이라 한 이구二句이다.

일새 故爲深也니라 又唯識下는 引唯識文하야 結同法性이라 故論云호대 此諸法勝義가 亦卽是眞如니 常如其性故로 卽唯識實性이라하니라 釋曰旣用眞如로 爲識實性인댄 明知天親이 亦用如來藏으로 而成識體어늘 但後釋論之人이 唯立不變일새 故云過歸後輩라하니라 況世親이 造佛性論에 廣用勝鬘이리요

『보성론』에 이 게송을 번역하여 말하였다고 한 아래는 곧 법성종이다.
소문 가운데 한 구절[155]은 다만 뜻으로 인용한 것이니,
저 『보성론』에 갖추어 말하기를 무시시래에 자성이 모든 법의 의지를 짓나니,
자성을 의지하여 모든 길(道)[156]과 열반의 과보를 증득함이 있다 하였으니
곧 제사론이다.
저 보성 제사론에 해석하여 말하기를 이 게송은 무슨 뜻을 밝혔는가. 무시시래에 자성이라고 한 것은 저 『달마경』에 설하여 말하기를 모든 부처님 여래가 여래장을 의지하여 모든 중생의 무시시래에 본제를 가히 알 수 없다고 하신 것과 같은 까닭이다 하였으며 말한 바 자성이라고 한 것은 저 성자가 『승만경』에서 말하기를 세존이시여, 여래가 말씀하시기를 여래장이라고 하는 것은 이 법계

155 원문에 소중일구疏中一句란, 차성무시시등此性無始時等이라 한 것이다.
156 제도諸道는 곧 제취諸趣로 通한다.

장이며 세간을 벗어난 법신장이며 세간을 벗어난 상상장이며 자성이 청정한 법신장이며 자성이 청정한 여래장이라 하신 것과 같은 까닭이다 하였으며,
모든 법의 의지를 짓는다고 한 것은 저 성자가『승만경』에서 말하기를 이런 까닭으로 여래장은 이 의지[157]이며 이 임지이며 이 주지이며 이 건립이다 하신 등이다 하였다.
이 다음 논[158]에 말하기를 자성을 의지하여 모든 길이 있다고 한 것은 저 성자가『승만경』에서 말하기를 세존이시여 생사라고 하는 것은 여래장을 의지하나니 세존이시여, 여래장이 있기에 그런 까닭으로 생사를 설하는 것이 이 이름이 선설이다 하신 것과 같은 까닭이다 하였으며
그리고 열반의 과보를 증득한다고 한 것은 저 성자가『승만경』에서 말하기를 세존이시여, 여래장을 의지하기에 그런 까닭으로 생사가 있고 여래장을 의지하기에 그런 까닭으로 열반을 증득하나니
세존이시여, 만약 여래장이 없다면 고통을 싫어하고 마침내[159] 열반을 구할 수도 없으며
열반하고자 할 수도 없으며
열반을 원할 수도 없다 하신 것과 같은 까닭이다 하였으니

---

157 원문에 시지是持는 이 제법諸法의 의지이다.

158 원문에 차론次論은『보성론寶性論』에 무시시래성無始時來性이 작제법의지作諸法依止라 한 다음 문장에 의성유제도依性有諸道와 급증열반과及證涅槃果라 한 가운데 앞에 구절이다.

159 果는 마침내 과 자이다.『금장경』에는 낙樂 자로 되어 있다.

이것은 무슨 뜻을 밝힌 것인가.[160]
여래장이 구경에 여래법신이며
차별이 없는 진여자체상이며
필경에 말하기를[161] 불성자체이다.
일체시와 일체중생의 몸 가운데 다 남김없이 다함을 밝힌 것이니 응당히 알아라 하였다.

이와 같은 등의 문장이라고 한 아래는 먼저는 바로 맺는 것이니, 이상에 모든 교[162]가 다 여래장으로써 식의 자체를 삼기에 그런 까닭으로 심성이 곧 여래장인줄 알 것이니, 이밖에 법이 없기에 그런 까닭으로 깊음이 되는 것이다.

또 유식 등이라고 한 아래는 『유식론』 문을 인용하여 모든 법의 자성이 같음을 맺는 것이다.
그런 까닭으로 유식론에 말하기를 이 모든 법의 수승한 뜻이 또한 곧 진여이니

---

160 이것은 무슨 뜻을 밝힌 것인가 한 것은, 『잡화기』에 말하기를 다만 뒤에 뜻을 잡아 묻고 밝힌 것이다 하였으니 뒤에 뜻이란 바로 뒤에 여래장이 구경에 운운한 것이다. 『잡화기』에 여래장'이' 법신'이며' 토라 하였다.

161 운云 자는 본론에는 정定 자라 하고, 『원각경』 초문에는 공空 자라 하였다. 여기서 본론이란, 『보성론』이다. 즉 『보성론』에서 『승만경』을 인용한 부분이다.

162 이상에 모든 교(諸教)란, 시교始教와 실교實教, 즉 법상종法相宗과 법성종法性宗이다.

항상 그 자성이 같은 까닭으로 곧 유식의 실성이다 하였다.
해석하여 말하면 이미 진여로써 유식의 실성을 삼았다면 분명히 알아라. 천친보살이 또한 여래장으로써 유식의 자체를 성립하였거늘, 다만 뒤에 『유식론』을 해석한 사람이 오직 불변不變만을 성립하였기에 그런 까닭으로 말하기를 허물이 후배에게 돌아가는 것이다 하였다.
하물며 세친보살이 『불성론』을 지음에[163] 널리 『승만경』을 인용한 것이겠는가.

163 원문에 황세친조불성론況世親造佛性論 운운은 그 뜻이 『승만경』은 문제가 없고, 세친世親이 『불성론佛性論』을 지으면서 『승만경』을 인용하여 해석함에 문제가 있다는 것이다. 즉 해석하는 사람의 문제라는 것이다. 세친世親은 천친天親이라고도 한다.

經

佛子야 心性是一거니

불자여, 심성은 하나이거니[164]

疏

五는 釋文이니 分三하리라 初佛子下는 立宗案定이니 謂心之性故니 是如來藏也요 又心卽性故니 是自性清淨心也라 又妄心之性은 無性之性이니 空如來藏也요 眞心之性은 實性之性이니 不空如來藏也라 皆平等無二일새 故云一也라하니라

다섯 번째는 경문을 해석하는 것이니
세 가지로 나누겠다.

---

164 심성시일心性是一이란,

心 ─ 性 ─ 清淨 ─ 理 ─ 佛敎
心 ─ 相 ─ 染汚 ─ 事 ─ 佛敎

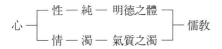

心 ─ 性 ─ 純 ─ 明德之體 ─ 儒敎
心 ─ 情 ─ 濁 ─ 氣質之濁 ─ 儒敎

성상性相과 성정性情이 모두 하나의 마음이다. 청량淸凉스님의 소문疏文과 비교하여 거리가 있는 듯하지만 심성시일心性是一의 뜻에는 차이가 없다 하겠다.

처음에 불자라고 한 아래는 종취를 세워 안찰하여 결정한 것이니
말하자면 마음의 자성[165]인 까닭이니
이것은 여래장이요
또 마음이 곧 자성[166]인 까닭이니
이것은 자성이 청정한 마음이다.
또 망심의 자성은 자성이 없는 자성이니
공여래장이요
진심의 자성은 실성의 자성이니
불공여래장이다.
모두 다 평등하여 둘이 없기에 그런 까닭으로 말하기를 하나라 한 것이다.

鈔

又妄心之性等者는 此下一對는 成上二義라 然有二意하니 一은 如次成上이니 謂妄心之性은 成心之性이니 以性相不同故요 眞心之性은 成上卽性이니 眞心卽性故라 二者는 通成이니 謂此之二性은 別名二藏이요 前之二性은 皆具二藏이니 但爲妄覆일새 名如來藏이요 直語藏體일새 卽自性心故니라 此自性淸淨眞心이 不與妄合일새 名爲空藏이요 具恒沙德일새 名不空藏이니 前明卽離하고 此明空有일새 故重出也니라 皆平等無二者는 上二는 卽離不同이니 由心之性故로 不

---

165 원문에 心之性은 의주석依主釋이다.

166 원문에 心卽性은 지업석持業釋이다.

卽이요 由心卽性故로 不離니 不卽不離가 爲心之性이라 後二는 卽空之實이 爲不空이요 卽實之空이 爲空藏이니 空有不二가 爲心之性이라 然이나 空有無二之性이 卽是不卽不離之性일새 故但云一也라하니라

또 망심의 자성이라고 한 등은 이 아래에 일대一對는 위에 두 가지 뜻[167]을 성립한 것이다.
그러나 두 가지 뜻이 있나니
첫 번째는 차례와 같이 위에 뜻을 성립한 것이니,
말하자면 망심의 자성은 위에 마음의 자성이라고 한 것을 성립한 것이니
자성과 모습이 같지 아니한 까닭이요
진심의 자성은 위에 마음이 곧 자성이라고 한 것을 성립한 것이니
진심이 곧 자성인 까닭이다.
두 번째는 한꺼번에 성립한 것이니
말하자면 여기에 두 가지 자성[168]은 따로 이장二藏을 밝힌 것이요
앞에 두 가지 자성[169]은 다 이장을 갖추고 있나니
다만 망심에 덮인 바가 되기에 이름을 여래장이라 하고
바로 여래장 자체를 말하기에 곧 자성심이라 하는 까닭이다.
이 자성의 청정한 진심이 망심으로 더불어 화합하지 않기에 이름을

167 원문에 上二義란, 여래장如來藏과 자성청정심自性淸淨心이다.
168 원문에 차지이성此之二性이란, 망심지성妄心之性과 진심지성眞心之性이다.
169 원문에 전지이성前之二性이란, 심지성心之性과 심즉성心卽性이다.

공여래장이라 하고,

항하사와 같은 공덕을 갖추고 있기에 이름을 불공여래장이라 하나니

앞에서는 즉하고 떠남을 밝혔고, 여기서는 공하고 있음을 밝히기에[170] 그런 까닭으로 거듭 설출한 것이다.

모두 다 평등하여 둘이 없다고 한 것은 이 위에 두 가지[171]는 즉하고 떠나는 것이 같지 않나니

마음의 자성을 인유한 까닭으로 즉하지 않고, 마음이 곧 자성임을 인유한 까닭으로 떠나지 않나니

즉하지도 않고 떠나지도 않는 것이 마음의 자성이 되는 것이다.

뒤에 두 가지[172]는 공에 즉한 진실이 불공여래장이 되고, 진실에 즉한 공이 공여래장이 되나니

공하고 있음이 둘이 아닌 것이 마음의 자성이 되는 것이다.

그러나 공하고 있음이[173] 둘이 없는 자성이 곧 즉하지도 않고 떠나지

170 원문에 전명즉리前明卽離는 앞의 二心에서 여래장如來藏과 자성심自性心이라 한 것이요, 차명공유此明空有는 여기 二心에서 공여래장空如來藏과 불공여래장不空如來藏이라 한 것이다.

여래장如來藏은 이離요, 자성심自性心은 즉卽이다. 공여래장空如來藏은 공空이요, 불공여래장不空如來藏은 유有이다.

171 원문에 上二란, 여래장如來藏과 자성自性이다.

172 원문에 後二란, 공여래장空如來藏과 불공여래장不空如來藏이다.

173 그러나 공하고 있음이라 한 등은, 『잡화기』에 이것은 또 공하고 있는 것으로써 떠나고 즉함을 상대하여 둘이 없음을 밝힌 것이니 곧 그 뜻이 이 소문의 뜻밖에 벗어난 것이라 하겠다 하였다.

도 않는 자성이기에 그런 까닭으로 다만 말하기를 하나라고만[174] 한 것이다.

174 원문에 단운일但云一이란, 심성시일心性是一이라 한 일一이다.

經

云何見有種種差別고

어떻게 가지가지 차별이 있음을 봅니까.

疏

第二는 設難이니 相違難이라 分二리니 初云何下는 總顯相違니 謂心性旣一인댄 云何而有五趣諸根과 總別報殊고할새 故云種種이라하니라

두 번째는 비난함을 세운 것이니
서로 어긴다고 비난하는 것이다.[175]
두 가지로 나누리니
처음에 어떻게라고 한 아래는 서로 어김을 한꺼번에 나타낸 것이니 말하자면 심성이 이미 하나라고 한다면 어떻게 오취와 육근과 총·별의 다른 업보[176]가 있는가 하기에 그런 까닭으로 말하기를 가지가지라

175 서로 어긴다고 비난한 것이라고 한 것은, 『잡화기』에 아래 맺어서 성립한 것을 기준한다면 곧 스스로 세 가지 뜻이 있나니, 여기에 뜻이 총의 뜻이 되는 까닭이다 하였다.
아래 맺어서 성립한다고 한 것은 영인본 화엄 4책, p.692, 9행에 제 세 번째는 앞에 비난을 맺어서 성립한 것이다 한 것이다.

176 총·별의 다른 업보란,
총업總業—인업引業—인신人身—성일性—이고,

한 것이다.

鈔

五趣等者는 如持五戒하야 招得人身은 是總報業이요 由於因中에 有瞋忍等하야 於人總報에 而有姸媸는 名別報業이라 唯識엔 亦名爲引滿業이니 能招第八하야 引異熟果일새 故名引業이요 能招第六하야 滿異熟果일새 名爲滿業이라하니라 俱舍亦云호대 一業引一生하고 多業能圓滿호미 猶如績像에 先圖形狀하고 後塡衆綵等이라하니라 然其引業이 能造之思는 要是第六意識의 所起요 若其滿業이 能造之思인댄 從五識起니라

오취와 육근이라고 한 등은 마치 오계를 가져[177] 사람의 몸을 초득招得함과 같은 것은 이 총보업[178]이요
원인 가운데 성내고 참는 등이 있어 사람의 몸을 받은 총보에 예쁘고 추함이 있는 것은 이름이 별보업이다.
『유식론』에는 또한 이름을 인업引業[179]과 만업滿業[180]이라 하였으니

별업別業－만업滿業－연치姸媸·미오美惡·선악善惡－종종차별種種差別이다.

177 원문에 여지오계如持五戒 운운은 오계五戒를 수지受持하면 인간계人間界에 태어나고, 십계十戒를 수지受持하면 천상계天上界에 태어난다.

178 총보업이라고 한 것은 아래 별보업과 인업과 만업과 더불어 그 해석은 『회현기』 29권, 4장, 하, 초행에 있다.

179 인업引業의 인引은 이끌어 낸다는 뜻이다.

180 만업滿業의 만滿은 원만圓滿케 한다는 뜻이다.

능히 제팔식을 초득하여 이숙과를 인발케 하기에 그런 까닭으로 이름을 인업이라 하고,
능히 제육식을 초득하여 이숙과를 원만케 하기에 이름을 만업이라 한다 하였다.
『구사론』에도 또한 말하기를 한 가지 업이 일생一生을 인발케 하고 수많은 업이 능히 원만케 하는 것[181]이 비유하자면 형상을 그림[182]에 먼저 형상을 도안하고 뒤에 수많은 채색[183]으로 메우는[184] 등과 같다고 한다 하였다.
그러나 그 인업引業이 능히 조작하는 생각은 이 제육의식의 생기할 바를 요망하는 것이요[185]
만약 그 만업滿業이 능히 조작하는 생각이라면 전오식의 생기할 바를 좇는 것이다.

---

181 원문에 일업一業(引業)은 제육식第六識이고, 일생一生은 제팔식第八識이고, 다업多業(滿業)은 전오식前五識이다.

182 繢는 그릴 회 자이다.

183 형상 도안은 인업引業이고, 수많은 채색은 만업滿業이다.

184 塡은 메울 전 자이다.

185 이 제육식의 생기할 바를 요망하는 것이라고 한 것은, 『잡화기』에 말하기를 만약 규거規矩의 주석이라면 곧 말하기를 제육의식이 홀로 능히 인업과 만업의 두 가지 업을 짓는다 하였으니, 여기의 뜻으로 더불어 조금 다른 것이다 하였다. 여기에 규거라고 한 것은 팔식규거이다.

經

所謂往善趣惡趣하며 諸根滿缺하며 受生同異하며 端正醜陋하며 苦樂不同하며

말하자면 선한 곳에도 악한 곳에도 가며
제근[186]이 원만하기도 모자라기도 하며
받아나는 것이 같기도 다르기도 하며
단정하기도 누추하기도 하며
괴롭기도 즐겁기도 한 것이 같지 아니하며

疏

二에 所謂下는 別示相違니 有十事五對라 約總報明인댄 趣有善惡하니 善謂人天이요 惡謂三塗라 下四對는 皆約別報라 諸根下는 於前善惡趣中에 各根有滿缺하니 謂眼等內根이라 受生下는 於滿缺中에 各生有同異하니 謂四生不同하며 勝劣處異라 端正下는 於上同異生處에 各貌有妍媸라 苦樂下는 於上妍媸에 各受有苦樂이라 上之五對에 前前은 皆具後後하고 後後는 必帶前前하야

186 제근諸根은 여기서는 육근六根에 국한하였지만 영인본 화엄 4책, p.739, 5행에 제근에 두 가지가 있나니 一은 안등眼等 제근이고 二는 신등信等(진進 염念 정定 혜慧)이라 하였다. 따라서 육근이라 번역하지 않고 제근이라 번역하였다.

展轉異同하야 成多差別일새 故云種種不同이라하니 心性是一은 其義安在고

두 번째 말하자면이라고 한 아래는 서로 어김을 따로 보인 것이니 십사十事에 오대五對가 있다.
총보업을 잡아 밝힌다면 모든 곳(諸趣)에 선한 곳(善趣)과 악한 곳(惡趣)이 있나니
선한 곳은 인간과 천상을 말하는 것이고, 악한 곳은 삼악도를 말하는 것이다.
아래에 사대四對는 다 별보업을 잡은 것이다.

제근이라고 한 아래는 앞의 선한 곳과 악한 곳 가운데 각각 제근이 원만하기도 하고 모자라기도[187] 함이 있나니,
말하자면 안근眼根 등 내근內根[188]이다.
받아 난다고 한 아래는 앞의 원만하기도 하고 모자라기도 한 가운데 각각 받아 나는 것이 같기도 하고 다르기도 함이 있나니,
말하자면 사생四生이 같지 아니하며 수승하고 하열한 곳이 다른 것이다.

단정하다고 한 아래는 위에 받아 나는 곳이 같기도 하고 다르기도 함에 각각 형상이 예쁘기도 하고 추하기도 함이 있다는 것이다.

---

187 원만한 것은 선취善趣이고, 모자라는 것은 악취惡趣이다.

188 내근內根은 내육근內六根, 외육근外六塵, 중육근中六識 가운데 내육근이다.

괴롭기도 즐겁기도 하다고 한 아래는 위에 예쁘기도 하고 추하기도 함에 각각 받아 나는 것이 괴롭기도 하고 추하기도 함이 있다는 것이다.

이상의 오대五對에 앞에 앞에 것은 다 뒤에 뒤에 것을 갖추고 있고, 뒤에 뒤에 것은 반드시 앞에 앞에 것을 띠고 있어 전전히 다르기도 하고 같기도 하여 수많은 차별을 이루기에 그런 까닭으로 말하기를 가지가지가 같지 않다[189] 하였으니,

심성이 하나라고 한 것은 그 뜻이 어디에 있는가.

鈔

展轉異同等者는 都有六十二句하니 謂初對에 是善惡爲二요 第二對에 開二成四니 兼前二成六이요 第三對에 開四成八이니 配前六成十四요 第四對에 開八成十六이니 兼前十四成三十이요 第五對에 開十六成三十二니 配前三十하야 成六十二라 此約以後添前일새 故成六十二어니와 剋實而言인댄 但有三十二니 以後開前하면 前更無體故니라 如開善惡趣하야 各成滿缺하면 但有其四耳니 謂一은 善趣根滿이요 二는 善趣根缺이요 三은 惡趣根滿이요 四는 惡趣根缺이니 此四之外에 更無有別善惡趣故니라 又若二二開之인댄 唯成三十二어니와 若更展其四生인댄 則復成多句니 謂第三對에 先以四生으로 乘上四句하면 四四成十六句요 更有勝劣하야 乘十六하면 已有三十二

189 그런 까닭으로 말하기를 가지가지가 같지 않다고 한 것은 경문을 뜻으로 인용한 것이다.

요 配六하면 已成三十八이요 後後開之하면 句數更多니라 第四對開하면 成六十四요 第五對開하면 成一百二十八이며 若從初善惡하야 開爲六趣하면 則句數更多니 並可思準이니라 故云後後는 必帶前前하야 展轉異同하야 成多差別이라하니라

전전히 다르기도 하고 같기도 하다고 한 등은 모두 예순두 구절이 있나니,
말하자면 초대初對에 선한 곳과 악한 곳이 둘이 되고
제이대에 둘을 열어 넷을 이루니 앞에 둘을 겸하여 여섯을 이루고
제삼대에 넷을 열어 여덟을 이루니 앞에 여섯을 배속하여 열넷을 이루고
제사대에 여덟을 열어 열여섯을 이루니 앞에 열 넷을 겸하여 서른을 이루고
제오대에 열여섯을 열어 서른둘을 이루니 앞에 서른을 배속하여 예순둘을 이루는 것이다.
이것은 뒤에 것으로써 앞에 것을 더하였기에 그런 까닭으로 예순두 구절을 이루었거니와, 진실에 나아가서 말한다면 다만 서른두 구절만 있을 뿐이니
뒤에 것으로써 앞에 것을 열면 앞에 것은 다시 실체가 없는 까닭이다.
마치 선한 곳과 악한 곳을 열어 각각 원만하기도 하고 모자라기도 함을 이루면 다만 넷만 있을 뿐인 것과 같나니
말하자면 첫 번째는 선한 곳에 제근이 원만하기도 하고
두 번째는 선한 곳에 제근이 모자라기도 하고

세 번째는 악한 곳에 제근이 원만하기도 하고
네 번째는 악한 곳에 제근이 모자라기도 한 것이니,
이 네 구절 밖에 다시 다른 선한 곳과 악한 곳이 없는 까닭이다.

또 만약 둘에 둘을 연다면[190] 오직 서른두 구절을 이룰 것이어니와
만약 다시 사생四生을 전전히 한다면 곧 다시 수많은 구절을 이룰 것이니,
말하자면 제삼대에 먼저 사생으로써 위에 네 구절을 곱(乘)[191]하면
사四×사四에 열여섯 구절을 이루고,
다시 수승하고 하열함이 있어 열여섯 구절을 곱하면 이미 서른두 구절이[192] 있게 되고,
앞에 여섯 구절을 배속하면 이미 서른여덟 구절을 이루고
뒤에 뒤에 것으로써 연다면 구절의 수가 다시 많을 것이다.
제사대에 연다면[193] 예순네 구절을 이룰 것이고,

---

190 또 만약 둘에 둘을 연다면이라고 한 등은 위에 뜻을 맺는 것이고, 다음 줄에 만약 다시라고 한 아래는 지금에 뜻을 바로 설출한 것이다고 『잡화기』는 말한다.

191 乘은 곱셈한다는 뜻이다.

192 원문에 三十二下에 配六已成三十八이라는 일곱(七) 글자는 없어야 한다고 『유망기』는 말한다. 그러나 『잡화기』는 배육配六이라 한 六은 곧 말한 바 앞의 六이니 원만하기도 하고 모자라기도 한 네 가지와 그리고 선과 악이 이것이다 하였다. 선악과 네 가지가 원만하기도 하고 모자라기도 한 것이니, 다섯 줄 앞에 있다.

193 원문에 제사대개第四對開 운운은 第四對에서 앞에 第三對의 三十二句 등을

제오대에 연다면 일백이십팔 구절을 이룰 것이며,
만약 초대에 선한 곳과 악한 곳을 좇아 열어 육취六趣를 삼는다면 곧 구절의 수가 다시 많을 것이니
아울러 가히 생각하여 기준할 것이다.
그런 까닭으로 말하기를 뒤에 뒤에 것은 반드시 앞에 앞에 것을 띠고 있어 전전히 다르기도 하고 같기도 하여 수많은 차별을 이룬다 하였다.

연다면 第四句 등이 되고, 第五對에서 앞에 第四對의 第四句 등을 연다면 一百二十八句 등이 된다는 것이다. 『잡화기』는 이것은 곧 앞에 六을 띠지 않고 다만 서른두 구절만 잡은 까닭이다 하였다.

經

業不知心하고 心不知業하며 受不知報하고 報不知受하며 心不知受하고 受不知心하며 因不知緣하고 緣不知因하며 智不知境하고 境不知智하니라

업은 마음을 알지 못하고 마음은 업을 알지 못하며
받는 것은 과보를 알지 못하고 과보는 받는 것을 알지 못하며
마음은 느낌(受)[194]을 알지 못하고 느낌은 마음을 알지 못하며
원인은 조연을 알지 못하고 조연은 원인을 알지 못하며
지혜는 경계를 알지 못하고 경계는 지혜를 알지 못합니다.

疏

第三은 結成前難이니 此文은 意稍難見일새 略爲二解하리라 一은 依古德하야 作遮救重難이니 如前第二의 問意中辨하니라 二는 直結成前難이니 且依此釋文인댄 自有三意하니 由前難意가 亦有三故니라 一은 直問所以니 故今結云호대 非但本性是一이라 我細推現事에 各不相知하나니 旣有種種인댄 何緣不相知하며 旣不相知

194 원문에 심부지수心不知受라 한 受는 느낌, 즉 감수이니 三受가 있다. 즉 고수苦受, 낙수樂受, 사수捨受이다. 사수捨受는 불고불락수不苦不樂受이다. 前의 보부지수報不知受라 한 受는 수보受報의 受로 과보를 받는다는 의미이니 차이가 있다.

인댄 誰敎種種고 若謂業令種種이라도 業不知心하며 若謂心令種種이라도 心不知業하나니 一一觀察에 未知種種之所由也니라 二者는 懷疑重難이니 故結云호대 旣不相知인댄 爲是一性가 爲是種種가하니라 三은 作相違難이니 結云호대 一性이 隨於種種인댄 卽失眞諦요 種種이 隨於一性인댄 卽失俗諦리라 今見種種에 又不相知하야 此二互乖어니 云何並立이리요하니라

제 세 번째는 앞의 비난을 맺어 성립한 것이니
이 문장은 뜻이 점점 알아보기 어렵기에 간략하게 두 가지로 해석하겠다.
첫 번째는 고덕을 의지하여 구원함을 막아 거듭 비난함을 짓는 것이니
앞의 제 두 번째 질문하는 뜻 가운데 분별한 것과 같다.
두 번째는 바로 앞의 비난을 맺어 성립한 것이니
우선 이것을 의지하여 경문을 해석한다면 스스로 세 가지 뜻[195]이 있나니 앞의 비난한 뜻이 또한 세 가지가 있음을 인유한 까닭이다.
첫 번째는 바로 그 까닭을 물은 것이니
그런 까닭으로 지금에 맺어 말하기를 다만 본래 심성이 하나일 뿐만 아니라 내[196]가 자세히 현상사를 추구하여 봄에 각각 서로가

195 원문에 삼의(三意: 세 가지 뜻)란, 一은 직문소이直問所以, 二는 회의중난懷疑重難, 三은 작상위난作相違難이다. 직문소이直問所以라 한 소이所以는 종종種種이라 한 소이所以이다. 직문直問 운운은 問이고, 금결今結 운운은 釋이다. 此下도 이와 같다.

알지 못하나니[197] 이미 가지가지가 있다면 무슨 인연으로 서로 알지 못하며,
이미 서로가 알지 못한다면 무엇이 하여금 가지가지를[198] 있게 하는가.
만약 말하기를 업이 하여금 가지가지를 있게 했다 할지라도 업은 마음을 알지 못하며
만약 말하기를 마음이 하여금 가지가지를 있게 했다 할지라도 마음은 업을 알지 못하나니
날날이 관찰함에 가지가지의 인유한 바를 알지 못하겠다 하였다.
두 번째는 의심을 품어 거듭 비난하는 것이니[199]
그런 까닭으로 맺어 말하기를 이미 서로가 알지 못한다면 이 심성은 하나가 되는가[200] 가지가지가 되는가 하였다.
세 번째는 서로 어긴다고 비난함을 짓는 것이니
맺어 말하기를 하나의 심성이 가지가지를 따른다면 곧 진제를 잃을

---

196 내(我)란, 문수보살文殊菩薩이다.

197 원문에 각불상지各不相知는 업부지심業不知心 등이다.

198 원문에 수교종종誰敎種種이란, 영인본 화엄 4책, p.740, 4행엔 하연종종何緣種種이라 하였다.

199 거듭 비난한 것이라고 한 것은, 『잡화기』에 말하기를 앞의 비난 가운데 말한 바 이 심성이 하나가 되는가 가지가지가 되는가 한 것이 이것이요, 여기에 맺는 것으로써 거듭 비난함을 삼은 것은 아니다 하였다.

200 이 심성은 하나가 되는가 한 등은, 『잡화기』에 말하기를 비록 소결所結을 인용한 것이나 그 뜻은 능결能結에 있나니, 서로 알지 못하는 것이 곧 이 일성一性인 까닭이다 하였다.

것이요,

가지가지가 하나의 심성을 따른다면 곧 속제를 잃을 것이다.

지금에 가지가지를 추구하여 봄에 또한 서로가 알지 못하여 이 둘[201]이 서로 어기거니 어떻게 아울러 성립하겠는가 하였다.

疏

二는 正釋本文이니 亦有十事五對라 略爲二解하리니 一通이요 二別이라 初通은 謂總觀前來의 總別二報라 業不下는 就先業因하야 約能所依以難이라 然有二意하니 一은 約本識이니 謂業是能依요 心是所依니 離所無能일새 故云業不知心이라하고 離能無所일새 故云心不知業이라하니라 以各無體用인댄 不能相成하며 旣各不相知인댄 誰生種種이리요 下並準之니라 二는 約第六識이니 業是所造요 心是能造니 並皆速滅하야 起時에도 不言我起하고 滅時에도 不言我滅거니 何能有體하야 而得相生하야 成種種耶아

두 번째는 본문을 해석한 것이니

또한 십사에 오대[202]가 있다.

---

201 이 둘(此二)이란, 종종種種과 성일性一이다.

202 십사에 오대라고 한 것은, 『잡화기』에 만약 자체에 나아가 말한다면 다만 이 육사六事뿐이니 문장을 안찰하면 가히 알 수 있을 것이다 하였다. 육사란 영인본 화엄 4책, p.704, 3행에 초初와 제사대는 오직 인중因中을 잡아 설한 것이다 한 것이다. 고본은 추자권 25장이다.

간략하게 두 가지로 해석하리니
첫 번째는 한꺼번에 해석한 것이요
두 번째는 따로 해석한 것이다.
처음에 한꺼번에 해석한다고 한 것은 말하자면 전래에 총보업과 별보업의 두 보업을 한꺼번에 관찰하는 것이다.
업은 마음을 알지 못한다고 한 아래는 먼저 업인에 나아가 능의와 소의를 잡아 비난한 것이다.
그러나 두 가지 뜻이 있나니
첫 번째는 본식本識을 잡은 것이니,
말하자면 업은 이 능의요 마음은 이 소의이니 소의를 떠나 능의가 없기에 그런 까닭으로 말하기를 업은 마음을 알지 못한다 하고, 능의를 떠나 소의가 없기에 그런 까닭으로 말하기를 마음은 업을 알지 못한다 하였다.
각각 자체와 작용이 없다면 능히 서로 성립할 수 없으며,
이미 각각 서로가 알지 못한다면 무엇이 가지가지를 생기하게 하는가.
이 아래는 모두 이것을 기준할 것이다.

두 번째는 제육식을 잡은 것이니,
업은 이 소조요 마음은 이 능조니 아울러 다 속히 사라져 일어날 때도 내가 일어난다고[203] 말하지 않고 사라질 때도 내가 사라진다고

203 내가 일어난다고 운운한 것은, 그 아我 자가 인법人法 가운데 두 가지 뜻을

말하지 않거니 어찌 능히 자체가 있어 서로 생기함을 얻어 가지가지를 이루겠는가.

鈔

一에 約本識者는 業是心所일새 故依於心이요 心是第八일새 爲根本依라 離所無能下는 釋不相知義니 以相待門釋이라 言離所無能者는 旣無所依心王인댄 亦無能依之業이어니와 今依心有業인댄 業從緣生일새 故無自性하야 不能知心이라 離能無所者는 離能依業인댄 則心非所依어니와 今由業成所依인댄 所依無性일새 故不能知業이라 以各下는 結이니 謂各從緣成일새 性空無體라하고 相依無力일새 故云無用이라하니라 覺首亦云호대 無體用故니 故不相知라하니라 二에 約第六識者는 卽以第六識名心이니 從於積集하야 通相說故니라 謂第六識은 人執無明이 迷眞實義와 異熟理故로 以善不善相應思로 造罪等三行하야 熏阿賴耶하야 能感五趣의 愛非愛等인 種種報相이라 但云六者는 謂五識無執하야 不能發潤일새 故非迷理하며 無推度故로 不能造業하며 雖造滿業이라도 亦非自能이니 但由意引하야사 方能作故니라

모두 가리키는 것이니, 초문 가운데 저 아我를 해석하여 말하기를 아공을 모두 나타낸다 하였으니 그 뜻은 반드시 두 가지 뜻을 모두 가리킨 까닭으로 모두(總)라 말한 것이다. 이상은 『잡화기』의 말이다. 그러나 조금은 어색하다. 영인본 화엄 4책, p.697, 1행을 참고하라.

첫 번째 본식을 잡았다고 한 것은 업은 이 심소心所이기에 그런 까닭으로 마음을 의지하고, 마음은 제팔식이기에 근본의根本依가 되는 것이다.

소의를 떠나 능의가 없다고 한 아래는 서로가 알지 못하는 뜻을 해석한 것이니 상대문[204]으로써 해석한 것이다.
소의를 떠나 능의[205]가 없다고 말한 것은 이미 소의의 심왕心王이 없다면 또한 능의의 업이 없어야 할 것이어니와 지금에 마음을 의지하여 업이 있다면 업은 인연을 좇아 생기하기에 그런 까닭으로 자성이 없어서 능히 마음을 알지 못하는 것이다.

능의를 떠나 소의가 없다고 한 것은 능의의 업을 떠난다면 곧 마음은 소의가 없어야 할 것이어니와 지금에 업을 인유하여 소의를 이룬다면 소의는 자성이 없기에 그런 까닭으로 능히 업을 알지 못하는 것이다.

각각 자체와 작용이 없다고 한 아래는 맺는 것이니
말하자면 각각 인연을 좇아 이루어졌기에 자성이 공하여 자체가 없다 하였고, 서로 의지하여 자력이 없기에 그런 까닭으로 말하기를 작용이 없다 하였다.

---

204 상대문相待門이란, 곧 업부지심業不知心하고 심부지업心不知業이라 한 등등이다.
205 능의能依는 업業이고, 소의所依는 심心이다.

각수보살도[206] 또한 말하기를 자체와 작용이 없는 까닭이니 그런 까닭으로 서로가 알지 못한다 하였다.

두 번째 제육식을 잡았다고 한 것은 곧 제육식을 마음이라 이름하나니 적집積集[207]의 뜻을 좇아 통상으로 설한 까닭이다.

말하자면 제육식은 인집人執 무명이 진실의 뜻과 이숙의 진리[208]를 미한 까닭으로 선과 불선이 상응하는 생각으로 죄罪 등 삼행三行[209]을 지어 아뢰야식을 훈습하여 능히 오취의 애愛와 불애不愛 등인 가지가지 업보의 모습을 감득하는 것이다.

다만 육식이라고만 말한 것은 말하자면 오식은 집착할 것이 없어 능히 일으켜 윤택하게 하지 못하기에 그런 까닭으로 진리에 미하지 아니하며,[210]

미루어 헤아릴 수 없는 까닭으로 능히 업을 짓지 못하며,

---

206 각수보살 운운은 영인본 화엄 4책, p.710, 3행이다.

207 적집積集은 집기集起로 마음을 해석하고자 한다면 홀로 제팔식을 가리키는 것이어니와 지금에는 적집積集으로 마음이라 하였으니 통팔식을 다 마음이라 이름하는 까닭으로 이 제육식도 마음이라는 이름을 받는 것이다. 이 추자권秋字卷 59장과 야자권夜字卷 상上 17장에 있다. 영인본은 4책, p.771에 있다.

208 진실의 뜻과 이숙의 진리라고 한 것은, 진실은 진여의 뜻이고 이숙은 팔식이다.

209 삼행三行은 죄罪, 복福, 부동不動이다.

210 진리에 미하지 않는다고 한 것은, 역으로 진리에 미하여 업을 짓는 것은 제육식第六識과 제칠식第七識이 하고 전오식前五識은 하지 않는다.

비록 수많은 업을 지었다 할지라도 또한 스스로의 능력이 아니니 다만 의식意識[211]이 인도함을 인유하여야 바야흐로 능히 짓는 까닭이다.

並皆速滅者는 明不相知니 通相而言인댄 皆約無體用故요 別相而言인댄 用門不同이라 此用二門이니 一은 無常門이니 故言並皆速滅이라하니라 淨名弟子品云호대 優波離야 一切法은 如幻如電하야 諸法不相待하며 乃至一念不住하나니 諸法皆妄見일새 故心業皆空이라하니라 下經云호대 衆報隨業生이 如夢不眞實하야 念念常滅壞하나니 如前後亦爾라하니 故由無常하야 不能相知니라 起時不言我起下는 卽無我門이니 約法無我하야 明不相知니라 故淨名問疾品云호대 又此病起는 皆由著我니 是故於我에 不應生著이라 旣知病本인댄 卽除我想과 及衆生想하고 當起法想하야 應作是念호대 但以衆法으로 合成此身이니 起唯法起하고 滅唯法滅이라하니라 釋曰上以法遣我니라 次經云호대 又此法者는 各不相知하야 起時에도 不言我起하며 滅時에도 不言我滅이라하니라 釋曰此總顯我空하야 明不相知니라 次經云호대 彼有疾菩薩이 爲滅法想하야 當作是念호대 此法想者도 亦是顚倒니라 顚倒者는 卽是大患이니 我應離之리라 云何爲離고 謂離我我所니라 云何離我我所고 謂離二法이니라 云何離二法고 謂不念內外諸法하고 行於平等이니라 云何平等고 謂我等涅槃等이니라 所以者何오 我及涅槃이 此二皆空이니라 以何爲空고 但以名字故空이니 如

---

211 의식意識은 제육식이다.

此二法이 無決定性이라하니라 釋曰此破法顯空이니 今但取我法이 不相知義일새 故略用二句니라 次下經云호대 得是平等하면 無有餘病하고 唯有空病이니 空病亦空이라하니라 釋曰此以空空破空이니 非今所要나 因便引來하야 成一段義畢耳니라

아울러 다 속히 사라진다[212]고 한 것은 서로가 알지 못하는 것을 밝힌 것이니
통상通相으로 말한다면 다 자체와 작용이 없음을 잡은 까닭이요
별상別相으로 말한다면 작용의 문이 같지 않는 것이다.
이 작용이 두 가지 문이 있나니
첫 번째는 무상문이니
그런 까닭으로 말하기를 아울러 다 속히 사라진다 하였다.
『정명경』 제자품[213]에 말하기를 우바리야, 일체법은[214] 환과 같고 번갯불과 같아서 그 모든 법은 서로 기다리지 아니하며
내지 한 생각도 머무르지 아니하나니
모든 법은 다 망념으로 나타나기에 그런 까닭으로 마음과 업도 다 공하다 하였다.

---

212 아울러 다 속히 사라진다고 한 것은, 여기 첩석한 초문이 오히려 생략되었나니 그 뜻의 진실인즉 곧 아래 두 구절을 모두 첩석하고 있다 할 것이다. 아래 두 구절이란 소문에 일어날 때도 내가 일어난다고 말하지 않고 사라질 때도 내가 사라진다고 말하지 않는다 한 것이다.

213 제자품弟子品은 제삼권第三卷이다.

214 일체법一切法 아래(下)에 생멸부주生滅不住라는 말이 있어야 옳다.

이 아래『화엄경』에[215] 말하기를
수많은 과보가 업을 따라 생기하는 것이
마치 꿈과 같아 진실이 아니어서
생각 생각에 항상 괴멸하나니
앞에서와 같이 뒤에도 또한 그러하다 하였으니,
그런 까닭으로 무상을 인유하여 능히 서로가 알지 못하는 것이다.

일어날 때도 내가 일어난다고 말하지 않는다고 한 아래는 곧 무아문[216]이니
법무아를 잡아 서로가 알지 못함을 밝힌 것이다.
그런 까닭으로『정명경』문질품[217]에 말하기를 또 이 병이 일어난 것은 다 아我에 집착함을 인유한 것이니,
이런 까닭으로 아我에 응당 집착함을 내지 말아야 할 것이다.
이미 병의 근본을 알았다면 곧 아상과 그리고 중생상을 제하고 마땅히 법상을 일으켜[218] 응당 이러한 생각을 짓되 다만 수많은 법으로써 이 몸을 합성하였으니 일어날 때도 오직 법이 일어나고 사라질 때도 오직 법이 사라진다 하였다.
해석하여 말하면 이상의 인용문도 법으로써 아我를 보내는 것이다.
이 다음『유마경』에 말하기를[219] 또 이 법이라는 것은 각각 서로가

---

215 이 아래『화엄경』운운은 영인본 화엄 4책, p.836, 3행이다.

216 무아문無我門은 제이무아문第二無我門이다.

217 문질품問疾品은 제오권第五卷이다.

218 당기當起라는 두 글자(二字)는『정명경淨名經』에는 안주安住로 되어 있다.

알지 못하여 일어날 때도 내가 일어난다고 말하지 않고, 사라질 때도 내가 사라진다고 말하지 않는다 하였다.

해석하여 말하면 이것은 모두 아공을 나타내어 서로가 알지 못하는 것을 밝힌 것이다.

이 다음 『유마경』에[220] 또 말하기를 저 병이 있는 보살이 법상을 소멸하기 위하여 마땅히 이러한 생각을 짓되 이 법상이라는 것도 역시 전도된 생각이다.

전도된 생각이라는 것은 곧 큰 근심이니

내가 응당 그것을 떠나겠다.

어떤 것이 떠나는 것인가.

말하자면 아我와 아소我所를 떠나는 것이다.

어떤 것이 아와 아소를 떠나는 것인가.

말하자면 두 가지 법을 떠나는 것이다.

어떤 것이 두 가지 법을 떠나는 것인가.

말하자면 안과 밖의 모든 법을 생각하지 않고 평등함을 행하는 것이다.

어떤 것이 평등한 것인가.

말하자면 아도 평등하고 열반도 평등한 것이다.

무슨 까닭인가.

아와 그리고 열반이 이 둘이 다 공한 때문이다.

---

219 원문에 차경운次經云이란, 바로 인용引用한 멸유법멸滅唯法滅 다음에 우차법자又此法者 운운한 것이다.

220 이 다음이란, 불언아멸不言我滅 다음 문장文章이다.

어떤 것이 공한 것인가.

다만 명자인 까닭으로[221] 공한 것이니 이와 같은 두 가지 법이 결정된 자성이 없다 하였다.

해석하여 말하면 이것은 법상을 깨뜨려 공을 나타내는 것이니, 지금에는 다만 아와 법이 서로가 알지 못하는 뜻만을 취하였기에 그런 까닭으로 간략하게 두 구절만 인용[222]하였다.

이 다음 아래 『유마경』에 말하기를[223] 이런 평등을 얻으면 나머지 병은 없고 오직 공空의 병만 있을 것이니,

공의 병도 또한 공하다 하였다.

해석하여 말하면 이것은 공한 것도 공하다는 것으로써 공의 병을 깨뜨린 것이니,

지금에 요구하는 바는 아니지만 편리함을 인하여 이끌어 와서 일단一段의 뜻을 성립하여 마쳤을 뿐이다.

---

221 원문에 단이명자但以名字 운운은 我及涅槃이 但有言說이언정 都無實體故로 空也라. 즉 아我와 그리고 열반이 다만 말만 있을지언정 도무지 실체가 없는 까닭으로 공空이라는 것이다.

222 원문에 약용이구略用二句란, 起時不言我起와 滅時不言我滅이라. 즉 일어날 때도 내가 일어난다고 말하지 않는 것과 사라질 때도 내가 사라진다고 말하지 않는 것이다.

223 원문에 차하경운此下經云이란, 위에서 인용한 무결정성無決定性 다음에 이어서 있는 문장이다.

疏

受不下는 約得報果時하야 難能所受라 謂受是報因이니 卽名言種이 爲業所引하야 受所受報니라 離報無受일새 故云受不知報라하고 離受無報일새 故云報不知受라하니 以並無體故니라 準前應知니라

받는 것은 과보를 알지 못한다고 한 아래는 과보 얻을 때를 잡아 능소의 받음(能受所受)을 비난한 것이다.
말하자면 받는 것은 과보의 원인이니 곧 명언종자가 업의 인기引起할 바가 되어 받을 바(所受) 과보를 받는 것이다.
과보를 떠나 받는 것이 없기에 그런 까닭으로 말하기를 받는 것은 과보를 알지 못한다 하였고, 받는 것을 떠나 과보가 없기에 그런 까닭으로 말하기를 과보는 받는 것을 알지 못한다 하였으니 아울러 자체가 없는 까닭이다.
앞의 제일대[224]를 기준하면 응당히 알 수가 있을 것이다.

鈔

第二對者는 此釋受不知報하고 報不知受니 受는 是能受之因이요 報는 是所受之報니 此上總明이라 謂受是報因下는 別釋이라 卽名言種者는 唯識第八云호대 復次生死相續은 由諸習氣라 然諸習氣가 總有

224 앞의 제일대 운운은 지금은 제이대第二對이다.

三種하니 一은 名言習氣요 二는 我執習氣요 三은 有支習氣라 名言習氣者는 謂有爲法의 各別親種이라 名言有二하니 一은 表義名言이니 卽能詮義의 音聲差別이요 二는 顯境名言이니 卽能了境의 心心所法이라 隨二名言의 所熏成種하야 作有爲法의 各別因緣이라하니라 釋曰言各別親種者는 三性種異故니라 能詮義音聲者는 揀無詮聲이니 彼非名故니라 名은 是聲上屈曲으로 唯無記性이니 不能熏成色心等種이나 然因名起種일새 名名言種이라 顯境名言은 卽七識見分等心이요 非相分心이니 相分心者는 不能顯境故니라 此見分等은 實非名言이나 如言說名하야 顯所詮義니 此心心所法이 能顯所了境호대 如似彼名이 能詮義故로 隨二名言이 皆熏成種이라 二에 我執習氣와 三에 有支習氣는 並如六地하니라 有支는 卽是今文의 爲業所引과 能引之業이라 故唯識云호대 三에 有支習氣는 謂招三界의 異熟業種이라 有支有二하니 一은 有漏善이니 卽是能招可愛果業이요 二는 諸不善이니 卽是能招非愛果業이라 隨二有支의 所熏成種하야 令異熟果로 善惡趣別이라하니라 故論頌云호대 由諸業習氣와 二取習氣俱하야 前異熟旣盡에 復生餘異熟이라하니 此能引業은 卽諸業習氣요 此名言種은 卽二取習氣니라

제이대에 받는 것은 과보를 알지 못한다고 한 것은 이것은 받는 것은 과보를 알지 못하고, 과보는 받는 것을 알지 못함을 해석한 것이니

받는다는 것은 능수能受의 원인이요, 과보라는 것은 소수所受의 과보이니 이 위에는 한꺼번에 밝힌 것이다.

말하자면 받는 것은 과보의 원인이라고 한 아래는 따로 해석한 것이다.

곧 명언종자라고 한 것은 『유식론』 제팔권에 말하기를 다시 생사가 상속하는 것은 모든 습기를 인유하는 것이다.

그러나 모든 습기가 모두 세 가지가 있나니

첫 번째는 명언습기요

두 번째는 아집습기요

세 번째는 유지습기이다.

명언습기라고 한 것은 말하자면 유위법의 각각 다른 친인종자親因種子이다.

명언에 두 가지가 있나니

첫 번째는 표의表義명언[225]이니

곧 능히 설명하는 뜻에 음성이 차별한 것이요

두 번째는 현경顯境명언[226]이니

곧 능히 요달하는 경계에 심心과 심소心所의 법이다.

두 가지 명언이 훈습하여 이룬 바 종자를 따라서 유위법의 각각 다른 인연을 짓는다 하였다.

해석하여 말하면 각각 다른 친인종자라고 말한 것은 삼성三性의

---

225 표의表義명언은 상분相分이니 저 목석木石 등 모든 법의 뜻을 언전言詮으로 나타내는 것이다.

226 현경顯境명언은 견분見分이니 비유를 잡아 설한 까닭으로 명언이라 말하는 것이니 초문에 나타나 있다. 다 『잡화기』의 말이다.

종자가 다른 까닭이다.

능히 설명하는 뜻에 음성이라고 한 것은 설명할 수 없는 음성[227]을 가린 것이니 저 음성은 명언이 아닌 까닭이다.

명名이라는 것은 음성 위에 굴곡으로, 오직 무기성無記性이니[228] 능히 색심 등을 훈습하여 이룬 종자가 아니지만 그러나 명名을 인하여 종자가 일어나기에 명언종자라 이름하는 것이다.

현경명언이라고 한 것은 곧 칠식 견분見分 등[229]의 마음이요 상분의 마음이 아니니,

상분의 마음은 능히 경계를 나타내지 못하는 까닭이다.

이 견분 등은 실로 명언이 아니지만 말과 같이 명名을 설하여 설명할 바 뜻을 나타내나니

이 심왕과 심소법이 능히 요달할 바 경계를 나타내되 마치 저 이름이 능히 설명하는 뜻과 같은 까닭으로 두 가지 명언이 다 훈습하여 이룬 종자를 따르는 것이다.

---

227 원문에 무전성無詮聲이란, 설명說明할 수 없는 소리, 즉 새소리·물소리·바람소리 등이다.

228 오직 무기성이라고 한 등은, 그 뜻에 말하기를 반드시 선과 악의 이성二性이라야 능히 색심 등을 훈습하여 이룬 종자를 얻는 것이니, 지금에 명언은 오직 무기성일 뿐 이 선·악이 아니기에 곧 능히 훈습하여 이룬 종자는 아니지만 다만 표하는 바에 스스로 선·악이 있어 저 선·악을 인하여 이에 훈습하는 까닭으로 명名을 인하여 종자가 일어난다 말한 것이다 하였다. 이상은 다 『잡화기』의 말이다.

229 등等이란, 심소心所를 말한다.

두 번째 아집습기와 세 번째 유지습기는 아울러 육지에서 말한 것과 같다.[230]

유지有支는 곧 지금의 경문에 업의 소인所引과 능인能引[231]의 업이 되는[232] 것이다.

그런 까닭으로 『유식론』에 말하기를 세 번째 유지습기는 말하자면 삼계의 이숙업의 종자를 초래하는 것이다.

유지에 두 가지가 있나니

첫 번째는 유루선이니

곧 능히 가히 좋아할 과보의 업을 초래하는 것이요

두 번째는 모든 불선이니

곧 능히 좋아하지 아니할 과보의 업을 초래하는 것이다.

두 가지 유지가 훈습하여 이룬 바 종자[233]를 따라서 이숙과로 하여금 선취·악취를 다르게 한다 하였다.

그런 까닭으로 『유식론』 게송에 말하기를

---

230 육지에서 말한 것과 같다고 한 것은 고본으로는 궐자권闕字卷 29장에 있다.

231 인引이란, 인기引起한다는 뜻이다.

232 곧 지금의 경문에 업의 소인과 능인의 업이 된다고 한 것은, 『잡화기』에 위업소인爲業所引이라는 네 글자는 곧 소문 가운데 말한 것을 가리킨 것이니 비록 소인도 겸하여 거론하고 있지만 그 뜻은 능인을 취하고 있나니, 이것은 업의 종자일 뿐 명언종자라 이름하지 않는 까닭이다 하였다.

233 훈습하여 이룬 바 종자라고 한 것은 『유식론』 제팔권에 말하기를 유지는 겨우 생겨남에 곧 사라지기에 그 뜻이 능히 당래에 이숙과를 초래할 수 없지만, 본식本識을 훈습하여 자기의 공능을 생기하기에 곧 이 공능을 훈습하여 이룬 바 종자라 말하는 것이다 하였다. 역시 『잡화기』의 말이다.

모든 업의 습기와
이취二取[234]의 습기가 함께함을 인유하여
앞에 이숙이 이미 다함에
다시 나머지 이숙이 생겨난다 하였으니,
이 능인업은 곧 모든 업의 습기요 이 명언종자는 곧 이취의 습기[235]이다.

言爲業所引者는 卽彼俱義니 親辦果體는 卽由名言이나 若無業種인댄 不招苦樂이니 如種無田인댄 終不生芽일새 故此名言이 由業引起하야 方受當來異熟之果와 苦樂之報니라 故六地云호대 業爲田이요 識爲種이라하니라 離報無受下는 釋不相知니 亦約相待空故니라

업의 소인이 된다고 말한 것은 저 『유식론』에 함께(俱)한다는 뜻이니 친히 과보의 자체를[236] 갖추는 것은 곧 명언名言을 인유하지만 만약 업의 종자가 없다면 괴로움도 즐거움도 초래하지 않을 것이니,

---

234 이취二取란, 아집취我執取와 명언취名言取이다.

235 곧 이취二取의 습기라고 한 것은, 이취二取는 지금에 제 두 번째 스님의 뜻을 인용한 것이니 저 스님은 아집취와 명언취로 이취를 삼는 까닭이다. 만약 첫 번째 스님의 뜻이라면 곧 상견相見과 명색名色과 심왕·심소와 근본·지말 등 네 가지로 이취를 삼는다 하니, 아래 초문 가운데 『유식론』을 인용하여 해석한 바가 이것이다. 아래 초문이란 영인본 화엄 4책, p.704, 6행에 있다.

236 원문에 과체果體 운운은 과체'가' 명언'이어니와' 吐라고 『잡화기』는 말한다. 나는 과체'는' 명언'이나' 토를 달았으니 그 뜻은 비슷하다 하겠다.

마치 종자가 밭이 없으면 끝내 싹을 내지 못하는 것과 같기에 그런 까닭으로 이 명언이 업의 종자를 인유하여 인기引起하여 바야흐로 당래에 이숙의 과보와 괴롭고 즐거움의 과보를 받는 것이다.
그런 까닭으로 육지六地에 말하기를 업은 밭이 되고 식은 종자가 된다 하였다.

과보를 떠나 받는 것이 없다고 한 아래는 서로가 알지 못함을 해석한 것이니
또한 상대相待[237]가 공함을 잡은 까닭이다.

疏

心不下는 約名言因하야 就能所依難이니 謂前能受報因이 依心無體일새 故無相知라 餘義同前하니라

마음은 느낌을 알지 못한다고 한 아래는 명언의 원인을 잡아 능의·소의에 나아가 비난한 것이니,
말하자면 앞에 능수能受·능보能報의 원인[238]이 마음을 의지하여 자체가 없기에 그런 까닭으로 서로가 알지 못하는 것이다.
나머지 뜻은 앞에서 말한 것과 같다.

---

237 상대相待란, 보報와 수受의 상대이다.

238 앞에 능수能受·능보能報의 원인이라고 한 것은 영인본 화엄 4책, p.698, 2행이다.

鈔

三에 約名言因等者는 標也라 卽將第二對中에 能受名言之因하야 對第一對中에 所依本識이니 前以業依識難이요 今以種依現行難이라 謂前能受報因下는 釋不相知니 但釋受不知心하고 不解心不知受일새 故結云호대 餘義同前이라하니라 若具應云인댄 所依心體는 若離能依면 亦無所依니 無所依故로 不能相知라하니라

제삼대에 명언의 원인을 잡았다고 한 등은 표標[239]한 것이다.
곧 제이대 가운데 능수能受할 명언의 원인을 가져 제일대 가운데 소의所依의 본식을 상대한 것이니,
앞에서는 업으로써 식을 의지하여 비난한 것이요
지금에는 종자로써 현행을 의지하여[240] 비난한 것이다.

말하자면 앞에 능수·능보의 원인이라고 한 아래는 서로가 알지 못함을 해석한 것이니,
다만 느낌은 마음을 알지 못한다고 한 것만 해석하고 마음은 느낌을 알지 못한다고 한 것은 해석하지 않았기에 그런 까닭으로 맺어

---

239 표標란, 타이틀을 표한 것이다. 즉 총표이다.

240 종자로써 현행을 의지한다고 한 것은, 현행이 곧 원인 가운데 본식이니 그런 까닭으로 마음이 의지하는 바가 되거니와, 만약 과보 가운데 현행을 잡는다면 마음이 도리어 능히 의지하는 것이 되나니, 명언종자를 의지하여 제팔식의 현행을 초래하는 까닭이다. 역시 『잡화기』의 말이다.

말하기를 나머지 뜻은 앞에서 말한 것과 같다 하였다.
만약 갖추어서 응당 말한다면 소의所依의 심체는 만약 능의能依를 떠나면 또한 소의所依도 없을 것이니,
소의가 없는 까닭으로 능히 서로가 알지 못한다 해야 할 것이다.

疏

因不下는 約因緣親疎相假難이니 謂所引名言은 爲因이요 能引業은 爲緣이라 相待相奪하야 各無自性이 如不自生等이니 準之니라

원인은 조연을 알지 못한다고 한 아래는 원인과 조연이 친하고 소원한 것이 서로 거짓임을 잡아 비난한 것이니,
말하자면 소인所引의 명언名言은 원인이 되고, 능인能引의 업은 조연이 되는 것이다.
서로가 기다리고 서로가 빼앗아 각각 자성이 없는 것이 마치 스스로 생겨나지 못한다고 한 등과 같나니 이것을 기준할 것이다.

鈔

四에 約因緣等者는 取前第二對中에 所引名言과 及能引業하야 相對以明이니 此卽標也라 謂所引下는 出體요 相待相奪下는 釋不相知라 言相待者는 業無識種이면 不親辦體요 識無業種이면 不招苦樂이니 旣互相待인댄 則各無自性이니라 言相奪者는 以業奪因이면 唯由業招일새 故因如虛空이요 以因奪緣이면 則唯心爲體일새 故業如虛空

이니 互奪獨立이라도 亦不能相知며 互奪兩亡이라도 無可相知니라 如不自生等者는 引例以釋이라 以緣奪因일새 故不自生이요 以因奪緣일새 故不他生이요 因緣合辨인댄 相待無性일새 故不共生이요 互奪雙亡인댄 無因豈生이리요 以此不生으로 類於不知인댄 居然易了리라 卽以因爲自요 以緣爲他요 合此爲共이요 離此爲無因이니 互有라도 尙不相知어늘 互無어니 豈能相知리요

제사대에 원인과 조연이 친하고 소원한 것이 서로 거짓임을 잡았다고 한 등은 앞의 제이대 가운데 소인의 명언과 그리고 능인의 업을 취하여 상대하여 밝힌 것이니,
이것은 곧 표한 것이다.

말하자면 소인의 명언이라고 한 아래는 인연의 자체를 설출한 것이요
서로 기다리고 서로 빼앗는다고 한 아래는 서로가 알지 못함을 해석한 것이다.

서로가 기다린다고 말한 것은 업은 식의 종자가 없으면 친히 자체를 갖출 수 없고, 식은 업의 종자가 없으면 괴롭거나 즐거움을 초래할 수 없나니
이미 서로 상대相待하였다면 곧 각각 자성이 없다는 것이다.
서로가 빼앗는다고 말한 것은 업으로써 원인을 빼앗는다면 오직 업만을 인유하여 초래하기에 그런 까닭으로 원인은 허공과 같고,

원인으로써 조연을 빼앗는다면 곧 오직 마음만으로 자체를 삼기에 그런 까닭으로 업은 허공과 같을 것이니
서로가 빼앗아 독립한다 할지라도 능히 서로가 알지 못하며,
서로가 빼앗아 둘을 다 잃는다 할지라도 가히 서로가 알지 못할 것이다.

스스로 생겨나지 못한다고 한 등과 같다고 한 것은 예를 인용하여 해석한 것이다.
조연으로써 원인을 빼앗기에 그런 까닭으로 스스로 생겨나지도 못하고,
원인으로써 조연을 빼앗기에 그런 까닭으로 다른 것으로 생겨나지도 못하고,
원인과 조연이 합한다고 말하면 서로가 기다려 자성이 없기에 그런 까닭으로 함께하여 생겨나지도 못하고,
서로가 빼앗아 둘을 다 잃는다면 원인이 없거니 어찌 생겨나겠는가.
이 생겨나지 못한다고 한 것으로써 알지 못한다고 한 것에 비류한다면 거연히 쉽게 알 수가 있을 것이다.
곧 원인으로써 스스로를 삼고, 조연으로써 다른 것을 삼고, 이 원인과 조연이 합함으로 함께(共)함을 삼고, 이 원인과 조연을 떠남으로써 원인이 없음을 삼나니
서로가 있다 할지라도 오히려 서로가 알지 못할 것이어늘, 서로가 없거니 어찌 능히 서로가 알겠는가.

疏

智不下는 約境智相對에 相見虛無難이니 謂境是心變이나 境不知心이요 心託境生이나 心不知境이니 以無境外心이 能取心外境일새 是故心境虛妄하야 不相知也니라

지혜는 경계를 알지 못한다고 한 아래는 경계와 지혜가 상대함에 상분과 견분이 허무함을 잡아서 비난한 것[241]이니,
말하자면 경계는 마음의 변화이지만 경계는 마음을 알지 못하고, 마음은 경계를 의탁하여 생기지만 마음은 경계를 알지 못하나니 경계 밖에 마음이 능히 마음 밖에 경계를 취할 수 없기에 이런 까닭으로 마음과 경계가 허무하여 서로가 알지 못하는 것이다.

鈔

五에 約境智等者는 相卽相分이요 見卽見分이니 諸心心所가 略有二分하고 廣說有四하니 如下當辨하니라 謂境是心變下는 明不相知義니 先約唯識의 能所變釋이요 後以無境外下는 約於當經의 互融以說

241 상분과 견분이 허무함을 잡아서 비난한 것이라고 한 것은, 이 가운데 경계와 지혜는 비록 진심과 망심에 통하지만 다만 앞에 사대四對가 다 허망한 법으로써 각각 자체와 작용이 없음을 나타내는 까닭으로 여기 경계와 지혜의 상대 가운데도 또한 망심으로써 주主를 삼나니, 이로써 총표와 결론에 다 단적으로 망심의 경계만 거론하여 말하였을 뿐이다. 이상은 다 『잡화기』의 말이다.

이니 故下經云호대 無有智外如가 爲智所入하며 亦無如外智가 能證於如하며 無有少法도 與法同住라하니라 以擧心攝境에 則無心外之境하고 擧境攝心에 則無境外之心하니 以性無二하야 相卽性故며 相隨性融하야 隨一皆攝하나니 上約眞心이라 後에 心境虛妄下는 約其妄心이니 眞則互融이요 妄俱無體니라 故下答中云호대 能緣所緣力으로 種種法出生일새 速滅不暫停하나니 念念悉如是라하니 卽顯妄無性일새 故不相知也니라 然上五對에 初及第四는 唯約因中이요 第二一對는 因果對辨이요 第三一對는 心含因果요 第五一對는 義通因果니 修因二取는 卽名言等이라 故唯識論의 釋二取中에 總有四義하니 一者는 相見이요 二者는 名色이요 三者는 王所요 四者는 本末이라 末卽六識異熟이요 本卽第八異熟이니 四種二取가 皆能熏發하야 親能生彼本識上功能이 名二取習氣요 所變心境은 卽通因果也라 又能變之心은 是因이요 所變之境은 是果요 心託境生은 俱通因果니라

제오대에 경계와 지혜가 상대함에 상분과 견분이 허무함을 잡아서 비난한 것이라고 한 등은 상相은 곧 상분이요 견見은 곧 견분이니, 모든 심과 심소가 간략하게는 이분二分[242]이 있고, 넓게 설하면 사분四分[243]이 있나니 아래에[244] 마땅히 분별한 것과 같다.

---

242 이분二分은 견분과 상분이다.

243 사분四分은 견분見分과 상분相分과 자증분自證分과 증자증분證自證分이니 호법護法의 말이다.

244 아래라고 한 것은 영인본 화엄 4책, p.837이다.

말하자면 경계는 마음의 변화라고 한 아래는 서로가 알지 못하는 뜻을 밝힌 것이니
먼저는 유식의 능변과 소변을 잡아서 해석한 것이요,
뒤에 경계 밖에 마음이 능히 마음 밖에 경계를 취할 수 없다고 한 아래는 『화엄경』의 서로 융합함을 잡아서 설한 것이니
그런 까닭으로 이 아래 『화엄경』에[245] 말하기를 지혜 밖에 진여가 지혜의 들어갈 바가 될 수 없으며,
또 진여 밖에 지혜가 능히 진여를 증득할 수 없으며
조그마한 법도 법으로 더불어 같이 머물 수 없다 하였다.
마음을 들어 경계를 섭수함에 곧 마음 밖에 경계가 없고, 경계를 들어 마음을 섭수함에 곧 경계 밖에 마음이 없나니
자성은 둘이 없어서 모습이 곧 자성인 까닭이며,
모습은 자성을 따라 융합하여 하나를 따라 다 섭수하나니
이상은 진심을 잡은 것이다.

뒤에 마음과 경계가 허망하다고 한 아래는 그 망심妄心을 잡은 것이니
진심은 곧 서로 융합하는 것이요, 망심은 함께 자체가 없는 것이다.
그런 까닭으로 아래에 답하는 가운데 말하기를[246]

---

245 아래 『화엄경』이란, 십회향품이다. 수진 연주 『현담』 1권, p.154, 5행과 수진 연주 『현담』 5권, p.208, 1행에도 이미 나온 바가 있다.

246 아래에 답하는 가운데 운운은 영인본 화엄 4책, p.850, 1행에 재수財首보살의 게송이다.

능연能緣과 소연所緣의 힘으로
가지가지 법을 출생하기에
속히 사라지고 잠시도 머물지 아니하나니
생각 생각이 다 이와 같다 하였으니,
곧 망심은 자성이 없기에 그런 까닭으로 서로가 알지 못함을 나타낸 것이다.
그러나 이상의 오대에 초대와 그리고 제사대는 오직 원인 가운데만 잡아서 설하였고
제이의 일대는 원인과 결과를 상대하고 분별하였고
제삼에 일대는 마음이 원인과 결과를 포함하고 있음[247]을 설하였고
제오에 일대는 뜻이 원인과 결과에 통함을 설하였으니
원인을 수행하는[248] 이취二取[249]는 곧 명언종자 등[250]이다.

---

247 마음이 원인과 결과를 포함하고 있다고 한 것은, 저 유식 가운데는 비록 원인이 되는 뜻을 잡아 의지하는 바를 삼았으나 그 이치는 실로 이 마음이 만약 능히 의지하는 것이 된다면 또한 저 결과(과보)에도 통하는 까닭으로 지금에는 모두 그 진실에 나아가 마음이 원인과 결과를 포함하고 있다고 말한 것이다. 역시 『잡화기』의 말이다.

248 원문에 수인修因이라고 한 수修 자는 『잡화기』에는 수受 자의 잘못이라 하고, 『유망기』도 수受 자라 하고 제삼대 가운데 수인이취受因二라 했다고 하였다. 그러나 나는 수修 자를 그대로 두고 수인修因은 인시因時이니 수修 자가 옳다고 보고, 만약 수과受果라고 한다면 과보시果報時이니 수受 자가 옳다 하겠다. 수인受因이라고 한다면 과보를 받을 원인이니 즉 과보를 받을 이취二取라는 뜻이라 하겠다. 혹은 닦을 원인, 받을 과보라고도 해석할 수 있다.

249 이취二取는 견분見分과 상분相分이니 취取는 수취隨取로써 그 견분의 이해를

그런 까닭으로 『유식론』에[251] 이취를 해석하는 가운데[252] 모두 네 가지 뜻이 있나니

첫 번째는 상분과 견분이요

두 번째는 명과 색이요

세 번째는 심왕과 심소요

네 번째는 근본과 지말이다.

지말은 곧 육식의 이숙이요,

근본은 곧 제팔식의 이숙이니

네 가지 이취二取가 다 능히 훈습으로 발기하여 친히 능히 저 본식상에 공능을 생기하는 것이 이름이 이취습기요

소변所變의 마음[253]과 경계는 곧 결과(果)에 통하는 것이다.

또 능변能變의 마음[254]은 원인이요

따라서 그 상분의 모습을 취하는 것이다. 영인본 화엄 4책, p.822와 p.836, 9행에 설출하였다.

250 명언종자 등이라고 한 등 자는 비록 아집을 등취한 것이지만 이 가운데는 다만 명언종자만 인용하였을 뿐이니, 표의명언은 이 상분이고 현경명언은 이 견분인 까닭이다. 다만 이미 이취二取라고만 말한 까닭으로 등이라는 글자를 두었을 뿐이라고 『잡화기』는 말하였다.

251 그런 까닭으로 『유식론』이라고 한 등은 제 이사二師의 뜻이니, 비록 네 가지 뜻을 모두 인용하였으나 그 뜻은 첫 번째 상분과 견분만 취한 것이다.

252 원문에 이중二中이라 한 이二 자는 연자衍字이다.

253 소변의 마음이라고 한 등은, 『잡화기』에 말하기를 이 위에는 곧 마음과 경계가 원인에 통하는 뜻이고, 여기는 이 마음과 경계가 결과에 통하는 뜻이다 하였다.

254 또 능변能變의 마음이라고 한 아래는 처음에는 마음은 원인이고 경계는

소변所變의 경계는 결과요
마음이 경계를 의탁하여 생겨나는 것은 함께 원인과 결과에 통하는 것이다.

疏

第二別觀者는 以初二對로 結趣善惡이니 趣善惡者는 正由業熏하야 受總報故니라

제 두 번째는 따로 관찰[255]하는 것은 처음에 이대二對로써 앞[256]의 선취·악취를 맺는 것이니
선취·악취라고 한 것은 바로 업의 훈습을 인유하여 총보總報를 받는 까닭이다.

鈔

第二別觀者는 上云通觀은 五對之中에 一一通前善惡趣等五對本難이요 今卽以斯五對로 別對前五호대 而前後鉤鎖하야 但有四重하

결과임을 말하고 있다. 그리고 마음이 경계를 의탁하여 생겨났다고 한 구절은 경계는 원인이고 마음은 결과임을 말하는 것이니, 그런 까닭으로 맺어 말하기를 원인과 결과에 통하는 것이다 하였으니 역시 『잡화기』의 말이다.

255 원문에 二에 별관別觀은, 즉 별석別釋에 별관別觀이다. 첫 번째는 통석通釋에 총관總觀이었다.

256 앞이란, 영인본 화엄 4책, p.690, 3행이다.

니 細尋可見이라 以初二對로 結趣善惡者는 標也라 趣善惡者는 正由業熏은 是第一對에 業不知心하고 心不知業이니 此對爲因이라 次云受總報故는 卽第二對에 受不知報하고 報不知受니 初對爲因하야 受第二對報니라 總報는 卽是趣善惡故니라

제 두 번째 따로 관찰한다고 한 것은 위에서 말하기를 한꺼번에 관찰한다고 한 것은 오대五對 가운데 낱낱이 앞[257]의 선취·악취 등 오대의 본래 비난을 한꺼번에 해석한 것이고, 지금에는 이 오대로써 앞의 오대를 따로 상대하되 앞과 뒤를 구쇄鉤鎖[258]하여 다만 사중四重만 있나니
자세히 찾아보면 가히 볼 수가 있을 것이다.

처음에 이대로써 선취·악취를 맺는다고 한 것은 표標한 것이다. 선취·악취라고 한 것은 바로 업의 훈습을 인유한다고 한 것은 이것은 제일대에 업은 마음을 알지 못하고 마음은 업을 알지 못한다고 한 것이니
이 대對는 원인이 되는 것이다.

다음에 말하기를 총보를 받는 까닭이라고 한 것은 곧 제이대에 받는 것은 과보를 알지 못하고 과보는 받는 것을 알지 못한다고

257 앞이란, 역시 영인본 화엄 4책, p.690, 3행이다.

258 구쇄鉤鎖는 전후前後를 사슬 매듯 연속하는 것을 말한다.

한 것이니
초대로 원인을 삼아 제이대에 과보를 받는 것이다.
총보라고 한 것은 곧 이것은 선취·악취인 까닭이다.

疏

二는 復以第二와 及第三對로 結受生同異니 初對는 以名言種으로 對所生處요 次對는 以名言種으로 對能依本識이라

두 번째는 다시 제이대와 그리고 제삼대로써 앞[259]의 받아나는 것이 같기도 다르기도 함을 맺는 것이니
초대初對는 명언종자로써 소생所生의 처소[260]를 상대한 것이요
차대次對는 명언종자로써 능의能依의 본식을 상대한 것이다.

鈔

二에 復以第二와 及第三對等者는 鉤取前二對中第二對니 卽重明受不知報하고 報不知受라 受卽名言種일새 故云初對는 以名言種로 對所生處라하니 謂亦由識種하야 往所生處라 故初地云호대 於三界田中에 復生苦芽라하니라 次對는 以名言種等者는 卽心不知受하고

259 앞이란, 영인본 화엄 4책, p.690, 3행이다.

260 소생의 처소라고 한 것은, 『잡화기』에 말하기를 곧 제이대 가운데 보報자(과보)이지만, 그러나 지금에는 오직 의보만 취한 까닭으로 곧 소생의 처소라 말한다고 하였다.

受不知心이라 受卽名言種이요 心卽能依本識者이 依名言種하야 招現行識故니라 識爲能依면 則此心言은 通因及果니 上約因中本識일새 故爲所依요 今約果中일새 故爲能依니라

두 번째 다시 제이대와 그리고 제삼대로써라고 한 등은 구쇄鉤鎖하여 앞의 이대 가운데 제이대를 취한 것이니,
곧 받는 것은 과보를 알지 못하고 과보는 받는 것을 알지 못함을 거듭 밝힌 것이다.
받는다는 것은 곧 명언종자이기에 그런 까닭으로 말하기를 초대는 명언종자로써 소생의 처소를 상대한다 하였으니
말하자면 또한 식의 종자를 인유하여 소생의 처소에 가는 것이다.
그런 까닭으로 초지에 말하기를 삼계의 밭 가운데 다시 괴로움의 싹이 생겨난다[261] 하였다.

차대는 명언종자로써라고 한 등은 곧 마음은 느낌을 알지 못하고 느낌은 마음을 알지 못하는 것이다.
느낌이라는 것은 곧 명언종자요
마음이라는 것은 곧 능의能依의 본식[262]이 명언종자를 의지하여 현행現行의 식을 초래하는 까닭이다.

---

261 다시 괴로움의 싹이 생겨난다고 한 것은, 『잡화기』에 비록 괴로움의 과보를 인용한 것이지만 그 뜻은 식의 종자를 인유하여 소생의 처소에 가는 것을 증거한 것이니, 그 싹은 반드시 종자를 따르는 까닭이다 하였다.

262 본식자本識者라 한 자者 자는 없는 것이 좋다.

식이 능의가 되면 곧 이 마음이라는 말은 원인(因)과 그리고 과보(果)에 통하나니
위[263]에서는 원인 가운데 본식을 잡았기에 그런 까닭으로 소의所依가 되고
지금[264]에는 과보 가운데 본식을 잡았기에 그런 까닭으로 능의能依가 되는 것이다.

疏

三은 復以第三과 及第四對로 結苦樂不同과 及端正醜陋니 初對는 觀現受時요 次對는 觀苦樂因과 及彼姸媸가 皆由緣令異니 謂損益因으로 成苦樂果하고 以瞋忍因으로 成姸媸果니라

세 번째는 다시 제삼대와 그리고 제사대로써 괴롭기도 즐겁기도 함이 같지 않는 것과 그리고 단정하기도 누추하기도 함을 맺는 것이니
초대[265]는 현재 받는 때를 관찰하는 것이요[266]
차대次對[267]는 괴롭기도 즐겁기도[268] 한 인연과 그리고 저 예쁘기도

263 위(上)란, 초대初對를 말하는 것이니 영인본 화엄 4책, p.705, 6행에 차대此對는 위인爲因이라 하였다.
264 지금(今)이란, 제이대第二對이다.
265 여기서 초대初對는 제삼대第三對이다.
266 초대는 현재 받는 때를 관찰한다고 한 것은, 『잡화기』에 현금에 과보를 받는 때를 잡아 말한 것이다 하였다.

추하기도 한 것이 다 인연을 인유하여[269] 하여금 다르게 됨을 관찰하는 것이니,
말하자면 손해되기도 이익 되기도 한 인연으로써 괴롭기도 즐겁기도 한 과보를 이루고,
성내기도 참기도 한 인연으로써 예쁘기도 추하기도 한 과보를 이루는 것이다.

鈔

三에 復以第三과 及第四對等者는 卽通以此二對로 雙結前二對라 初對觀現受時者는 卽心不知受하고 受不知心이니 謂亦由受因하야 受苦樂體와 及姸媸故라 若無識種本識인댄 此二亦無所依니라 次對는 觀苦樂因等者는 卽因不知緣하고 緣不知因이라 謂損益下는 別示二對之相이니 由損他業하야 感於苦報하고 由益他業하야 感於樂報

---

267 여기서 차대次對는 제사대第四對이다.

268 차대는 괴롭기도 즐겁기도 운운한 것은, 아직 과보를 받지 아니할 때를 잡아 말한 것이니 원인이 과보를 바라보고 말한 것이다. 그 가운데 처음에는 두 가지 원인을 함께 표한 것이니 처음에는 괴로움과 즐거움의 원인이요, 그리고 저 예쁘기도 추하기도 하다고한 아래는 예쁘고 추한 원인이라고 『잡화기』는 말한다.

269 다 인연을 인유한다고 말한 것은 예쁜 것과 더불어 추한 것을 거론한 까닭이다. 이 가운데 괴롭기도 하고 즐겁기도 한다 한 그 인因 자는 다 업을 가리켜 말한 것이고, 명언으로 원인을 삼고 업으로 조연을 삼는 것을 말한 것이 아니니, 그런 까닭으로 초문에 말하기를 조연을 이름하여 원인이라 한 것이다고 『잡화기』는 말한다.

하며 以嗔恚業으로 感於醜陋하고 由忍辱業하야 感於端正하나니 此中言因은 名緣爲因이요 此中言果는 是別報果니라

세 번째 다시 제삼대와 그리고 제사대로써라고 한 등은 곧 이 이대二對로써 앞의 이대二對를 함께 맺는 것을 통석한 것이다.
초대는 현재 받는 때를 관찰하는 것이라고 한 것은 곧 마음은 느낌을 알지 못하고 느낌은 마음을 알지 못한다고 한 것이니,
말하자면 또한 받아들이는 느낌의 원인을 인유하여 괴롭기도 즐겁기도 한 자체와 그리고 예쁘기도 추하기도 함을 받는 까닭이다.
만약 식의 종자인 본식[270]이 없다면 이 둘도[271] 또한 의지할 바가 없을 것이다.

차대는 괴롭기도 즐겁기도 한 인연과 그리고 저 예쁘기도 추하기도 한 것이 다 인연을 인유하여 하여금 다르게 됨을 관찰하는 것이라고 한 등은 곧 원인은 조연을 알지 못하고 조연은 원인을 알지 못한다고 한 것이다.

말하자면 손해되기도 이익 되기도 한 인연이라고 한 아래는 이대二對의 모습을 따로 보인 것이니,

---

270 원문에 식종본식識種本識이란, 아뢰야식이다.

271 차이此二 운운은 고苦·락樂, 연姸·치媸가 개의심수皆依心受하야 이소유고而所有故라. 즉 괴롭기도 즐겁기도 하고 예쁘기도 추하기도 한 것이 다 마음의 느낌을 의지하여 있는 까닭이다. 이 말은 『잡화기』의 말이다.

다른 이를 손해케 한 업을 인유하여 괴로움의 과보를 감수하고 다른 이를 이익케 한 업을 인유하여 즐거움의 과보를 감수하며 성낸 업으로써 누추함을 감수하고 참은 업을 인유하여 단정함을 감수하나니,
이 가운데 원인이라고 말한 것은 인연을 이름하여 원인이라 한 것이고 이 가운데 과보라고 말한 것은 이것은 별보別報의 과보인 것이다.

疏

四는 復以第四와 及第五對로 結諸根滿缺이니 亦有滿業因緣하야 有損他益他之異일새 故成內六處의 滿缺之果니라 又由內根이 有滿缺故로 於分別位에 了境不同하니 並皆無性하야 各不相知니라 旣不相知인댄 誰令種種이리요

네 번째는 다시 제사대와 그리고 제오대로써 제근이 원만하기도 모자라기도[272] 함을 맺은 것이니
또한 만업滿業[273]의 인연을 인유하여 다른 이를 손해케 하고 다른 이를 이익케 하는 다름이 있기에 그런 까닭으로 안에 육근(六處)이 원만하기도 하고 모자라기도 한 과보를 이루는 것이다.

---

272 원문에 제근만결諸根滿缺이란, 영인본 화엄 4책, p.690, 3행 경문이다.
273 만업滿業이란, 영인본 화엄 4책, p.689, 8행에 인업引業과 만업滿業이 나왔다. 인업引業은 총보업總報業이고, 만업滿業은 별보업別報業이다.

또 안에 육근[274]이[275] 원만하기도 하고 모자라기도 함이 있음을 인유한 까닭으로 저 분별위分別位에 경계를 요달하는 것이 같지 않나니 아울러 다 자성이 없어서 각각 서로가 알지 못하는 것이다.

이미 서로가 알지 못한다면 무엇이 하여금 가지가지를 있게 하겠는가.[276]

鈔

四에 復以第四와 及第五對等者는 此上總明이요 亦由滿業下는 別說其相이라 滿業은 卽第四對에 因不知緣하고 緣不知因이니 緣卽是業이나 唯取滿業이니 由損他眼耳하야 成盲聾等하며 由益他六根等하야 成六處滿足이라 又由內根이 有滿缺故等者는 卽第五對에 智不知境하고 境不知智니 謂智於境에 有信進念定慧之滿足하면 則受果中

---

274 안에 육근(內六根)이란, 외육진外六塵, 중육식中六識 가운데 내육근이다.

275 또 안에 육근이라고 한 등은, 『잡화기』에 이 위에서는 제근諸根이라는 글자(두 줄 앞에 있다)로써 밖에 육진의 안眼 등 근根을 삼아 여기 제사대를 가져 상대하고, 지금에는 제근이라는 글자로써 안에 오진의 신信 등 근根을 삼아 여기 제오대를 가져 상대한 것이다. 그 가운데 처음에는 능히 상대하는 것을 거론한 것이니 이것은 원인이 되고, 바로 아래 저 분별위라고 한 아래는 상대할 바에 귀결하는 것이니 이것은 과보가 되는 것이다 분별위라고 한 것은 분별할 바 경계를 가리키는 것이고, 바로 아래 경계를 요달하는 것이 같지 않다고 한 것은 능히 분별하는 지혜가 혹 밝고 영리하거나 혹 모자라고 하열함을 말하는 까닭이다 하였다.

276 이미 서로가 운운한 것은 영인본 화엄 4책, p.693, 3행엔 기불상지旣不相知인댄 수교종종誰教種種이라 하여 영令 자가 교教 자로 되어 있다.

에도 亦具五根거나 明利勝上거니와 若智於境에 信等隨闕거나 或非深厚하면 則得果時에도 五根隨缺거나 或成下品하리라 並皆無性下는 上別釋中엔 但出能對所對의 二種法體어니와 今則總明不相知義니 在文易了니라 意云호대 並各相依하야 從緣無性거니 何有能所熏等하야 而能相知리요 旣不相知者는 此但約第一에 直問意結이니 亦應帶疑云호대 爲是種種가 爲是一性가하리며 結成難云호대 一性이 隨於種種인댄 則失眞諦요 種種이 隨於一性인댄 則失俗諦라하리며 一性은 卽不相知니 亦應結云호대 種種이 隨不相知인댄 則失俗諦요 不相知가 隨於種種인댄 則失眞諦라하리라

네 번째 다시 제사대와 그리고 제오대로써라고 한 등은 이 위에는 한꺼번에 밝힌 것이요
또한 만업의 인연을 인유하였다고 한 아래는 그 모습을 따로 설한 것이다.
만업이라고 한 것은 곧 제사대에 원인은 조연을 알지 못하고 조연은 원인을 알지 못한다고 한 것이니
조연은 곧 업이지만 오직 만업만을[277] 취한 것이니
다른 이를 손해케 하는 눈과 귀를 인유하여 봉사와 귀머거리를 이루는 등이며
다른 이를 이익케 하는 육근 등을 인유하여 육처六處가 만족함을

277 업業에는 인업引業과 만업滿業이 있다. 『잡화기』에 말하기를 육근으로 하여금 만족케 하고 모자라게 하는 것은 바로 이 만업이고 인업이 아닌 까닭이다 하였다.

이루는 것이다.

또 안에 육근이 원만하기도 하고 모자라기도 함이 있음을 인유한 까닭이라고 한 등은 곧 제오대에 지혜는 경계를 알지 못하고 경계는 지혜를 알지 못한다고 한 것이니
말하자면 지혜가 저 경계에 신·진·염·정·혜의 만족이 있으면 곧 과보를 받는 가운데도 또한 오근을 다 구족하거나 현명하고 영리하고 뛰어나고 훌륭할(上) 것이어니와, 만약 지혜가 저 경계에 신信 등이 따라 빠지거나 혹 깊고 두텁지 아니하면 곧 과보를 얻을 때에도 오근이 따라 빠지거나 혹은 하품下品[278]을 이룰 것이다.

아울러 다 자성이 없다고 한 아래는 이 위에 따로 해석하는 가운데는 다만 능대와 소대의 두 가지 법체만을 설출하였거니와, 지금[279]에는 곧 서로가 알지 못하는 뜻을 한꺼번에 밝힌 것이니
문장을 살펴보면 쉽게 알 수가 있을 것이다.
그 뜻에 말하기를 아울러 각각 서로가 의지하여 인연을 좇아 자성이 없거니 어찌 능훈·소훈 등이 있어 능히 서로가 알겠는가.

이미 서로가 알지 못한다고 한 것은 이것은 다만 제일에 바로 물은 뜻[280]을 잡아 맺는 것이니

---

278 하품下品이란, 위에 明·利·勝·上은 상품上品이다.

279 지금이란, 보개무성普皆無性 이하를 말함이다.

280 원문에 제일第一에 직문의直問意란, 심성시일心性是一거니 운하견유종종차별

또한 응당 의심을 띠어 말하기를 가지가지가 되는가, 하나의 심성이 되는가 해야 할 것이며,

비난함을 맺어 성립[281]하여[282] 말하기를 하나의 심성이 가지가지를 따른다면 곧 진제를 잃을 것이요 가지가지가 하나의 성품을 따른다면 곧 속제를 잃을 것이다 해야 할 것이며

하나의 성품은 곧 서로가 알지 못하는 것이니,

또한 응당 맺어 말하기를 가지가지가 서로가 알지 못하는 것을 따른다면 곧 속제를 잃을 것이요 서로가 알지 못하는 것이 가지가지를 따른다면 곧 진제를 잃을 것이다 해야 할 것이다.

云何見有種種差別고 한 뜻이다. 영인본 화엄 4책, p.687, 7행과 p.689, 3행 경문이다.

281 원문에 결성結成이라는 두 글자는 위에 상위相違라고 한 것을 가리킨다. 영인본 화엄 4책, p.689, 4행이다.

282 비난함을 맺어 성립한다고 한 것은,『잡화기』에 말하기를 곧 제 세 번째 서로 어긴다고 비난함을 맺어 성립한 것이다. 그러나 그 가운데 하나의 심성이 가지가지를 따른다고 한 등은 오히려 이것은 맺은 바 본래의 비난이고, 두 줄 뒤에 또한 응당 맺어 말한다고 한 아래는 바로 이것은 능히 맺는 것이다 하였다.

經

時에 覺首菩薩이 以頌答曰호대

仁今問是義는　　爲曉悟群蒙이니다
我如其性答호리니 惟仁應諦聽이리다

그때에 각수보살이 게송으로써 답하여 말하기를

인자[283]께서 지금에 이 뜻[284]을 물은 것은
중생의 미몽을 깨닫게 하기 위한 것입니다.
저가 그 심성과 같이 답할 것이니
오직 인자께서는 응당 자세히 들어야 합니다.

疏

第二는 答이라 於中分二리니 初에 時覺首下는 讚問許說이라 上半은 讚問이니 謂文殊가 自究深旨하야 一向爲他하야 仁心弘益也요 次句는 許說分齊니 稱性說故요 後句는 勸聽이니 言同意別일새 故令諦受니라

283 인자仁者는 문수보살文殊菩薩이다.

284 이 뜻(是義)은 심성心性이다.

두 번째는 답한 것이다.

그 가운데 두 가지로 나누리니

처음에 그때에 각수보살이라고 한 아래는 물은 것을 찬탄하고 설하기를 허락한 것이다.

위에 반 게송은 물은 것을 찬탄한 것이니

말하자면 문수가 스스로 깊은 뜻을 궁구하여 한결같이 저 중생을 위하여 어진 마음으로 널리 이익케 하는 것이요

다음 구절은 설하기를 허락한 분제分齊이니

심성에 칭합하여 설하는 까닭이요

뒤에 구절은 듣기를 권하는 것이니

말은 같지만 뜻은 다르기에[285] 그런 까닭으로 하여금 자세히 받아

---

285 원문에 言同意別이란, 問云호대 旣有種種인댄 何緣不相知고할새 答云호대 特從緣種種故로 不相知也라하며 問云호대 旣不相知인댄 誰敎種種고할새 答云호대 只由不相知하야 方有種種이라하니 此是言同意別이니 後二難도 亦然하니라. 즉 말은 같지만 뜻은 다르다고 한 것은, 『잡화기』에 말하기를 만약 물어 말하기를 이미 가지가지가 있다고 하였다면 무슨 인연으로 서로 알지 못하는가 하기에, 답하여 말하기를 다만 인연을 좇아 가지가지가 있는 까닭으로 서로 알지 못한다 하며, 다시 물어 말하기를 이미 서로 알지 못한다고 하였다면 무엇이 하여금 가지가지를 있게 하는가 하기에, 답하여 말하기를 다만 서로 알지 못함을 인유하여 바야흐로 가지가지를 있게 하는 것이다 하니 이것이 말은 같지만 뜻은 다르다는 것이니 뒤에 두 가지 비난도 또한 그러하다 하였다. 뒤에 두 가지 비난은 영인본 화엄 4책, p.693, 5행과 6행에 있고, 여기 문답은 영인본 화엄 4책, p.693, 3행에 이미 나와 있으니 참고할 것이다. 혹 묻는 말과 답한 말이 서로 이치에 어긋나지 않는 까닭으로 말이 같다는 것이요, 앞의 경문에 문수의 묻는 뜻은 중생의 미몽을 깨닫게

지니게 하는 것이다.

하기 위한 것이라고 하고, 각수의 답한 뜻은 저가 그 심성과 같이 답할 것이다 하였기에 그런 까닭으로 뜻이 다르다 말한 것이라 하나 여의치 않다 하겠다.

經

諸法無作用이며 亦無有體性일새
是故彼一切는 各各不相知니이다

모든 법은 작용이 없으며
또한 체성도 없기에
이런 까닭으로 저 일체는
각각 서로가 알지 못하는 것입니다.

疏

二는 正答이니 答勢縱橫하야 具答前來의 三重問意라 分爲二리니 前五는 答前結成之中에 以何因緣으로 而不相知니 用此釋成前難故로 首而明之요 後五는 正答前難이라 今初分二리니 先一은 法說이요 後四는 喩況이라 今初意云호대 特由從緣種種故로 不相知也라하니라

두 번째는 바로 답한 것이니
답하는 문세를 종과 횡으로 하여[286] 전래에 삼중으로 물은 뜻을

286 답하는 문세를 종과 횡으로 하였다고 한 것은, 『잡화기』에 말하기를 저 과목에 말하되 앞에 다섯 게송은 앞의 맺어서 성립하는 가운데 무슨 인연으로 서로 알지 못하는가 한 것을 답하고, 뒤에 다섯 게송은 앞의 비난을 바로 답한 것이라고 한 것은 곧 종의 문세를 잡은 것이니 차례를 쓴 까닭이요,

갖추어 답하였다.

나누어서 두 가지로 하리니

앞에 다섯 게송은 앞의 맺어서[287] 성립하는 가운데 무슨 인연으로써 서로가 알지 못하는가 한 것을 답한 것이니

이 말을 써서 앞의 비난을 해석하여 성립[288]하는[289] 까닭으로 먼저 밝히고 뒤에 다섯 게송은 앞의 비난을 바로 답하였다.

지금은 처음으로 두 가지로 나누리니

먼저 한 게송은 법으로 설한 것이요

뒤에 네 게송은 비유로 설한 것이다.

지금은 처음으로 답하는 뜻에 말하기를[290] 다만 인연을 좇아 가지가지가 있음을 인유한 까닭으로 서로가 알지 못하는 것이다 하였다.

저 과목에 말하기를 앞의 다섯 게송 가운데 법과 비유에 각각 세 가지 뜻이 있어서 삼중으로 비난하여 물은 뜻을 갖추어 답하였다고 한 것은 곧 횡의 문세를 잡은 것이니 차례를 쓰지 아니한 까닭이다. 그러한즉 종은 바른 답이고 횡은 겸하여 답한 것이다 하였다.

287 앞의 맺어서 운운은 영인본 화엄 4책, p.693, 3행이다.

288 원문에 석성답釋成答이라 한 答 자는 衍이다.

289 이 말을 써서 앞의 비난을 해석하여 성립한다고 운운한 것은, 『잡화기』에 말하기를 여기 묻는 가운데 무슨 인연으로 서로 알지 못하는가 한 말을 써서 그 뜻을 해석하여 성립한 연후에 바야흐로 본래의 비난을 답하는 것이다 하였다.

290 원문에 今初意云下는 疏文有三하니 初는 總顯偈意요 二에 卽此偈下는 別示義理요 三에 言諸法下는 委釋經文이라 二中亦三이니 初는 以因明立量示요 二는 緣起相由요 三은 結示緣起深旨라.

疏

卽此偈上半은 出因이요 下半은 結歸本宗이요 後四는 卽爲同喩라 量云호대 眼等은 是有法이요 定不相知故는 是宗法이라하며 因云호대 從緣無體用故라하며 同喩云호대 如河中水라하니 河水無體用일새 河水不相知하고 眼等無體用일새 眼等不相知니라 若以緣起相由門釋者인댄 初句는 因緣相假일새 互皆無力이요 次句는 果法含虛일새 故無體性이니 至下喩中하야 別當釋之리라 是故로 虛妄緣起가 略有三義하니 一은 由互相依하야 各無體用일새 故不相知요 二는 由依此無知無性하야 方有緣起요 三은 由此妄法이 各無所有일새 故令無性眞理로 恒常顯現이니 現文은 但有初後二意니라

곧 이 게송에[291] 위에 반 게송은 원인을 설출한 것이요
아래 반 게송은 본종에 귀결한 것이요
뒤에 네 게송은 곧 동유同喩[292]가 되는 것이다.
입량立量[293]에 말하기를 눈 등은 이 유법有法이요,

---

291 원문에 즉차게卽此偈라고 한 아래는, 즉 차례로 인명론因明論의 인因·종宗·유喩를 말하고 있다.

292 동유同喩는 이유異喩의 반대이니, 인명론因明論에서 유喩가 종宗과 인因의 동유同喩인 경우를 말한다.

293 입량立量은 인명론因明論에서 입론자立論者의 주장에 논법論法을 세워 그 입론자立論者를 파破하는 것이다.

결정코 서로가 알지 못하는 까닭이라고 한 것은 이 종법宗法이라 하며
인因에 말하기를 인연으로 좇아 자체와 작용이 없는 까닭이라 하며,
동유同喩에 말하기를 강 가운데 물과 같다 하니 강과 물이 자체와 작용이 없기에 강과 물이 서로가 알지 못하고 눈 등이 자체와 작용이 없기에 눈 등이 서로가 알지 못하는 것이다.

만약 연기상유문緣起相由門으로써 해석한다면 처음 구절은 원인과 조연이 서로 가자하기에 서로가 다 힘이 없는 것이요
다음 구절은 과법果法이 허망함을 포함하기에 그런 까닭으로 체성이 없는 것이니
아래 비유 가운데[294] 이르러 따로 마땅히 해석하겠다.
이런 까닭으로 허망한 연기가 간략하게 세 가지 뜻이 있나니,
첫 번째는 서로서로 의지하여 각각 자체와 작용이 없음을 인유하기에 그런 까닭으로 서로가 알지 못하는 것이요
두 번째는 이 알 수도 없고 자체성도 없음을 의지함을 인유하여 바야흐로 연기가 있는 것이요
세 번째는 이 허망한 법이 각각 있는 바가 없음을 인유하기에 그런 까닭으로 체성이 없는 진리로 하여금 항상 밝게 나타나게 하는 것이니
문장에 나타난 것은 다만 처음과 뒤의 두 가지 뜻[295]만 있을 뿐이다.

---

294 원문에 하유중下喩中이란, 아래 구유중九喩中을 말한다.

鈔

初는 因明立量이니 懸指後四하야 以爲同喩인댄 則此偈中엔 但有宗因이라 二는 緣起相由라 然이나 緣起相由가 具力無力과 及有體無體어니와 今顯不相知理일새 但明無力無體니라 又因中에도 亦有無體義로대 今取義便하야 因緣相假로 但明無力이니 謂因假緣일새 故因無力이요 緣假因일새 故緣無力이라 果上에도 亦有無力義로대 今取義顯하야 但明無體니 謂全攬因成이라 緣成無性일새 故云含虛無體라하며 下四喩中에 皆有無體用義일새 故指下明하니라 三은 結示緣起深旨라 然此正結緣起相由하고 兼結上因明立量이니 以立量中에도 亦說不相知하야 爲宗故니 卽三義中初義니라 現文은 但有初後二意者는 全取一偈인댄 卽是初意요 唯取不相知言인댄 卽是後意라 其第二意는 至後五偈에 答本難中하야 方用斯義니라

처음에는 인명因明의 입량立量이니
멀리 뒤에 네 게송을 가리켜 동유同喩를 삼는다면 곧 이 게송 가운데는 다만 종宗과 인因만 있을 뿐이다.
두 번째는[296] 연기의 상유이다.
그러나 연기의 상유가 힘이 있고 힘이 없는 것과 그리고 체성이 있고 체성이 없는 것을 갖추었거니와 지금에는 서로가 알지 못하는

---

295 원문에 初後의 二意란, 삼의三義 중 초의初意와 후의後意이다.

296 두 번째 운운은 다른 본에는 소문에 만약 연기상유문으로 운운이 제 두 번째라 하였다.

이치를 나타내기에 다만 힘이 없고 체성이 없는 것만을 밝혔을 뿐이다.

또 인因 가운데도 또한 체성이 없다는 뜻이 있지만, 지금에는 뜻이 편리함을 취하여[297] 인과 연이 서로 가자함으로 다만 힘이 없다는 뜻만 밝혔을 뿐이니

말하자면 원인은 조연을 가자하기에 그런 까닭으로 원인은 힘이 없고

조연은 원인을 가자하기에 그런 까닭으로 조연은 힘이 없는 것이다.

과果의 분상에도 또한 힘이 없다는 뜻이 있지만 지금에는 뜻이 나타남을 취하여 다만 체성이 없다는 뜻만 밝혔을 뿐이니,

말하자면 온전히 인因을 잡아 성립한 것이다.

인연으로 이루어지는 것은 체성이 없기에 그런 까닭으로 말하기를 허망함을 포함하여 체성이 없는 것이다 하였으며,

아래 네 가지 비유[298] 가운데 다 자체와 작용이 없다는 뜻이 있기에 그런 까닭으로 아래 비유 가운데서 밝히겠다고 가리킨 뜻이다.

세 번째는[299] 연기의 깊은 뜻을 맺어 보인 것이다.

---

297 지금에는 뜻이 편리함을 취한다고 한 것은, 『잡화기』에 말하기를 경문의 뜻이 편리함을 말한 것이 아니라 대개 원인 가운데 힘이 없다는 뜻이 편리하고, 과보 가운데 체성이 없다는 뜻이 편리한 까닭으로 이에 경문에 처음 구절로써 원인을 삼고 다음 구절로 과보를 삼은 것이다 하였다. 경문에 처음 구절은 모든 법은 작용이 없다한 것이고, 다음 구절은 또한 체성이 없다 한 것이니 영인본 화엄 4책, p.710, 3행에 있고, 고본으로는 추자권 28장 하, 3행에 있다. 쉽게는 직전의 게송이라 하겠다.

298 네 가지 비유란, 영인본 화엄 4책, p.714 이하 사유四喩이다.

그러나 이것은 바로 연기의 상유문을 맺고 겸하여 이 위에 인명의 입량을 맺는 것이니,
입량立量 가운데도 또한 서로가 알지 못한다고 함을 설하여[300] 종宗을 삼은 까닭이니
곧 세 가지 뜻 가운데[301] 처음의 뜻이다.

문장에 나타난 것은 다만 처음과 뒤의 두 가지 뜻[302]만 있을 뿐이라고 한 것은 온전히 한 게송을 취한다면 곧 이것은 처음의 뜻이요 오직 서로가 알지 못한다는 말만을 취한다면 곧 이것은 뒤의 뜻이다.
그 제 두 번째 뜻[303]은[304] 뒤의 다섯 게송에서 본래 비난한[305] 것을

---

299 세 번째 운운은 다른 본에는 소문에 이런 까닭으로 허망한 연기 운운이 제 세 번째라 하였다.

300 원문에 입량중역설立量中亦說 운운은 第一立量中에 결정코 서로가 알지 못하는 까닭이라고 한 것은 이 종법이라 하였다.

301 원문에 즉삼의중卽三義中이란, 一은 인명입량因明立量, 二는 연기상유緣起相由, 三은 결시연기심지結示緣起深旨이다.

302 처음과 뒤의 두 가지 뜻이란, 허망한 연기의 세 가지 뜻 가운데 第一義와 第三義이다.

303 그 제 두 번째 뜻이란, 영인본 화엄 4책, p.711, 5행에 유의차무지무성由依此無知無性하야 방유연기方有緣起라 하였다.

304 그 제 두 번째 뜻이라고 운운한 것은 이것은 종의 문세의 바른 답을 잡아 말한 것이어니와 만약 횡의 문세의 겸하여 답한 것을 잡아 말한다면 앞의 다섯 게송 가운데도 또한 여기 제 두 번째 뜻이 있나니 그런 까닭으로 아래 강 가운데 물의 비유에 처음 뜻 가운데 소문에 알 수도 없고 자체성도 없음을 인유하여 바야흐로 흐른 적이 없이 흐른다 말하였다. 이상은 『잡화

답하는 가운데 이르러 바야흐로 이 뜻을 쓴 것이다.

疏

言諸法者는 非唯擧前十事五對라 亦該一切有爲法也니라 果從因生일새 果無體性이요 因由果立일새 因無體性이라 因無體性거니 何有感果之用하며 果無體性거니 豈有酬因之能이리요 又互相待일새 故無力也요 以他爲自일새 故無體也니라 下半結中에 是故者는 是前體用이 俱無故니 故彼一切法이 各各不相知也니라

모든 법이라고 말한 것은 오직 앞의 십사十事에 오대五對만 거론한 것이 아니라 또한 일체 유위의 법을 갖추어 말하고 있는 것이다.
과보는 원인을 좇아 생겨나기에 그 과보는 체성이 없고
원인은 과보를 인유하여 성립하기에 그 원인은 체성이 없다.
원인이 체성이 없거니 어찌 과보를 감득할 작용이 있으며[306]
과보가 체성이 없거니 어찌 원인에 답할 능력이 있겠는가.
또 서로서로 기다리기에 그런 까닭으로 자력이 없는 것이고

기』의 말이다. 아래 강 가운데 물의 비유는 바로 다음 게송이니 영인본 화엄 4책, p.714, 2행에 있고 고본은 추자권 30장 하 2행에 있다. 소문에 말하였다고 한 것은 영인본 화엄 4책, p.715, 말행에 있고 고본은 31장 상 말행에 있다.

305 원문에 본난本難이란, 심성시일心性是一거니 운하견유종종차별云何見有種種差別고 한 것이다.

306 하이何以라 한 이以 자는 소본疏本에는 유有 자이다.

다른 것으로 자체를 삼기에 그런 까닭으로 자체가 없는 것이다.

아래 반 게송에 맺는 가운데 이런 까닭이라고 한 것은 이것은 앞[307]에 자체와 작용이 함께 없다 한 까닭이니,
이런 까닭으로 저 일체법이 각각 서로가 알지 못하는 것이다.

鈔

果從因生等者는 上取義便하야 但因無力이요 說果無體어니와 今欲盡理일새 故具擧之니 則上句諸法이 通於因果라 先以因緣門으로 明因果俱無體하고 因無體性下는 以上無體로 釋成因果無用이니 體尙不立거니 用安得存이리요 又互相待下는 以相待門으로 明無體用이니 先明因果無用일새 故云無力이라하니라 以他爲自下는 明因果無體니 旣全攬他일새 故無自體라하니라

과보는 원인을 좇아 생겨난다고 한 등은 위에서는 뜻이 편리함을 취하여[308] 다만 인因 가운데는 힘이 없고 과果의 분상에는 체성이 없다고만 설하였거니와[309]
지금에는 그 이치를 다하고자 하기에 그런 까닭으로 인과를 갖추어

---

307 앞(前)이란, 위에 반송半頌을 말한다.

308 원문에 상취의편上取義便이란, 영인본 화엄 4책, p.711, 말행과 p.712, 2행을 보면 알 수 있다.

309 원문에 설과說果라 한 說 자는 바로 앞의 但 자 아래에 있어야 옳다.

거론하였으니

곧 위의 구절에 모든 법이라고 한 것이 인·과에 통하는 것이다.

먼저는 인연문으로써 인과가 함께 체성이 없음을 밝힌 것이고

원인은 체성이 없다고 한 아래는 위에 체성이 없다는 뜻으로써

인과가 작용이 없음을 해석하여 성립한 것이니,

자체도 오히려 성립하지 않거니 작용이 어찌 존재함을 얻겠는가.

또 서로서로 기다린다고 한 아래는 상대문으로써 자체와 작용이

없음을 밝힌 것이니,

먼저는 인과가 작용이 없음을 밝히기에 그런 까닭으로 말하기를

자력이 없다고 한 것이다.

다른 것으로써 자체를 삼는다고 한 아래는 인과가 자체가 없음을

밝힌 것이니,

이미 온전히 다른 것을 잡았기에 그런 까닭으로 자체가 없다고

한 것이다.

經

譬如河中水가 湍流競奔逝나
各各不相知인달하야 諸法亦如是하니다

비유하자면 강 가운데 물이
급류[310]가 되어 다투어 분주하게 흘러가지만
각각 서로가 알지 못하는 것과 같아서
모든 법도 또한 이와 같습니다.

疏

第二는 喩況이니 略有二意라 一은 以此四喩로 通釋諸法不相知言이요 二는 別對前文諸不相知하고 兼通前設難이라 今初는 以四大爲喩니 然이나 各上三句는 喩況이요 下句는 法合이라 然此四喩가 各顯一義니 一은 依水有流注요 二는 依火焰起滅이요 三은 依風有動作이요 四는 依地有任持라 法中四者는 一은 依眞妄相續이요 二는 依眞妄起滅이요 三은 妄用依眞起요 四는 妄爲眞所持라 然此法喩가 一一各有三義하니 一은 唯就能依요 二는 依所依요 三은 唯所依라 今初喩中에 唯就能依者는 流也라 然此流注가 有十義不相知하야 而成流注니 一은 前流不自流라 由後流排故로 流니 則前流無自性일새 故不知後라 二는 後流雖排前이나 而不到於

310 단류湍流란, 급류急流이다. 湍은 소용돌이 단, 빠를 단 자이다.

前流일새 故亦不相知라 三은 後流不自流라 由前流引故로 流니 則後流無自性일새 故不能知前이라 四는 前流雖引後나 而不至後일새 故亦不相知라 五는 能排與所引이 無二일새 故不相知라 六은 能引與所排가 無二일새 故不相知라 七은 能排與所排도 亦無二일새 故不相知라 八은 能引與所引도 亦無二일새 故不相知라 九는 能排與能引이 不得俱일새 故不相知라 十은 所排與所引도 亦不得俱일새 故不相知라 是則前後가 互不相至하야 各無自性하니 只由如此無知無性하야 方有流注니 則不流而流也니라 肇公云호대 江河競注而不流라하니 卽其義也니라 然上云前後者는 通於二義니 一은 生滅前後니 謂前滅後生하야 互相引排요 二는 此彼前後니 卽前波後波라 小乘亦說호대 當處生滅이언정 無容從此하야 轉至餘方이라하나 而不知無性緣起之義耳니라

제 두 번째는 비유로 설한 것이니
간략하게 두 가지 뜻이 있다.
첫 번째는 이 네 가지 비유로써 모든 법이 서로가 알지 못한다는 말을 한꺼번에 해석한 것이요
두 번째는 앞의 문장에서 모든 법이 서로가 알지 못한다고 한 것을 따로 상대하고 앞에 비난을 세운 것을 겸하여 한꺼번에 해석한 것이다.[311]

---

311 앞에 비난을 세운 것을 겸하여 한꺼번에 해석한 것이라고 한 것은 곧 세 가지 비난 가운데 첫 번째 바로 그 문수가 가지가지 차별을 물은 것이다.

지금은 처음으로 사대四大로써 비유를 삼았으니 그러나 각각 위에 세 구절은 비유로 설한 것이요
아래 구절은 비유와 법을 합하여 설한 것이다.

그러나 이 네 가지 비유가 각각 하나의 뜻을 나타내고 있나니
첫 번째는 물을 의지하여 흘러감이 있는 것이요
두 번째는 불을 의지하여 불꽃이 일어났다가 사라지는 것이요
세 번째는 바람을 의지하여 움직임이 있는 것이요
네 번째는 땅을 의지하여 임지任持함이 있는 것이다.
법으로 설한 가운데 네 가지는 첫 번째는 진심을 의지하여 허망한 법이 상속하는 것이요
두 번째는 진심을 의지하여 허망한 법이 일어났다가 사라지는 것

겸하였다고 말한 것은 대개 그 문수가 가지가지 차별을 물은 가운데 무슨 인연으로 서로 알지 못하며, 무엇이 하여금 가지가지가 있게 하는가 하는 두 가지 뜻이 있으되 一에 통틀어 과목한 것은 곧 바른 뜻을 잡아서 다만 무슨 인연으로 서로 알지 못하는가 한 말만 답하고, 二에 따로 과목한 것은 곧 겸한 뜻을 잡아서 바로 그 문수가 물은 가지가지 차별의 한 가지 물음을 통틀어 답한 것이니 그 가운데 두 가지 뜻으로 나눈 것이 아닌 까닭이다. 또 통틀어 과목했다고 한 것은 바로 그 문수가 가지가지 차별을 물은 가운데 능히 맺는 것을 답한 것이니 이것은 바른 뜻이고, 따로 과목한 것은 바로 그 문수의 가지가지 차별의 물음에 본래에 비난하여 물은 것을 답한 것이니 이것은 겸한 뜻인 까닭이다. 이상은 『잡화기』의 말이다. 이 내용은 영인본 화엄 4책, p.693, 2행에 있다. 즉 앞의 비난하는 뜻이 세 가지가 있는 까닭이니 一은 직문소이直問所以니 여기서는 직이문直爾問이라 하였다. 二는 회의중난懷疑重難이고, 三은 작상위난作相違難이다.

이요
세 번째는 허망한 법의 작용이 진심을 의지하여 일어나는 것이요
네 번째는 허망한 법은 진심의 임지하는 바가 되는 것이다.
그러나 법과 비유가 낱낱이 각각 세 가지 뜻이 있나니
첫 번째는 오직 능의能依에만 나아간 것이요
두 번째는 능의와 소의에 나아간 것이요
세 번째는 오직 소의所依에만 나아간 것이다.
지금은 처음으로 비유 가운데 오직 능의에만 나아간다고 한 것은 흐르는 것이다.

그러나 이 흐르는 것이 서로가 알지 못하는 열 가지 뜻이 있어서 흐름을 이루나니
첫 번째는 앞에 흐르는 것이 스스로 흐르는 것이 아니라 뒤에 흐르는 것이 밀침을 인유한 까닭으로 흐르는 것이니,
곧 앞에 흐르는 것이 자성이 없기에 그런 까닭으로 뒤에 흐름을 알지 못하는 것이다.
두 번째는 뒤에 흐르는 것이 비록 앞에 흐르는 것을 밀치지만 앞에 흐르는 것에 이르지는 못하기에 그런 까닭으로 또한 서로가 알지 못하는 것이다.
세 번째는 뒤에 흐르는 것이 스스로 흐르는 것이 아니라 앞에 흐르는 것이 이끌어줌을 인유한 까닭으로 흐르는 것이니,
곧 뒤에 흐르는 것이 자성이 없기에 그런 까닭으로 능히 앞에 흐르는 것을 알지 못하는 것이다.

네 번째는 앞에 흐르는 것이 비록 뒤에 흐르는 것을 이끌지만 뒤에 이르지는 않기에 그런 까닭으로 또한 서로가 알지 못하는 것이다.

다섯 번째는 능히 밀치는(後流) 것과 더불어 이끄는 바(前流)가 둘이 없기에 그런 까닭으로 서로가 알지 못하는 것이다.

여섯 번째는 능히 이끄는 것과 더불어 밀치는 바가 둘이 없기에 그런 까닭으로 서로가 알지 못하는 것이다.

일곱 번째는 능히 밀치는 것과 더불어 밀치는 바도 또한 둘이 없기에 그런 까닭으로 서로가 알지 못하는 것이다.

여덟 번째는 능히 이끄는 것과 더불어 이끄는 바도 또한 둘이 없기에 그런 까닭으로 서로가 알지 못하는 것이다.

아홉 번째는 능히 밀치는 것과 더불어 능히 이끄는 것이 함께함을 얻을 수 없기에 그런 까닭으로 서로가 알지 못하는 것이다.

열 번째는 밀치는 바와 더불어 이끄는 바도 함께함을 얻을 수 없기에 그런 까닭으로 서로가 알지 못하는 것이다.

이것은 곧 앞과 뒤가 서로서로 이르지 못하여[312] 각각 자체성이 없는 것이니

다만 이와 같이[313] 알 수도 없고 자체성도 없음을 인유하여 바야흐로 흐름이 있는 것이니

곧 흐른 적이 없이 흐르는 것이다.

승조 법사가 말하기를 강물이 다투어 흐르지만 흐른 적이 없다

312 서로서로 이르지 못하였다고 한 것은 곧 두 번째와 네 번째의 두 문門이고 각각 자체성이 없다고 한 것은 곧 나머지 여덟 문이다.

313 다만 이와 같이라고 한 등은 첫 번째와 두 번째 문이다.

하였으니 곧 그 뜻이다.

그러나 위에서 말하기를 앞과 뒤라고 한 것은 두 가지 뜻에 통하나니
첫 번째는 생겨나고 사라짐의 앞과 뒤이니,
말하자면 앞에 흐르는 것이 사라지면 뒤에 흐르는 것이 생겨나
서로서로 이끌고 밀치는 것이요
두 번째는 이것과 저것의 앞과 뒤이니
곧 앞의 파도와 뒤의 파도이다.
소승에도 또한 말하기를 당처에서 생겨나고 사라질지언정 이곳을 좇아 전전히 나머지 방소에 이른다고 함을 용납할 수 없다 하였으나
그러나 무성연기無性緣起[314]의 뜻을 안 것은 아니다.

鈔

然此流注下는 第二에 別示不相知니 謂欲顯不相知理일새 故寄前後流異하야 成其十門이라 若不說前後之流인댄 將何不相知耶아 一河之水가 不出前後인댄 則千里九曲이 皆悉無性하야 不相知矣리라 然雖十義나 本唯二流가 成兩重能所니 前流는 望引爲能이요 望排爲所며 後流는 望排爲能이요 望引爲所라 以斯四義로 相參成十이니 初及第三은 以爲所故로 無性無知라 二四兩門은 約不相到라 五六二門은 約無二體니 以後流는 是能排니 卽所引故며 前流는 是所排니 卽能引故라 七八은 約緣成故로 無二니 謂七中能排는 是後요 所排는

314 무성연기無性緣起란, 대승大乘을 의미한다.

是前이요 亦無二者는 要有所排하야사 方有能排니 此二相成일새 故亦無二요 八은 約能引도 亦然하니라 九十은 約不俱故로 無知者라 然其能排는 是後요 能引은 是前이라 不得俱者는 後爲能排인댄 前須爲所排요 不得卽此인댄 名爲能引이니 義門別故로 名爲不俱니라 第十例此인댄 前流가 爲所排時에 後流가 須爲能排요 不得爲所引일새 故云不俱라하니라

그러나 이 흐르는 것이라고 한 아래는 두 번째 서로가 알지 못하는 것을 따로 보인 것이니,
말하자면 서로가 알지 못하는 이치를 나타내고자 하였기에 그런 까닭으로 앞에 흐르는 것과 뒤에 흐르는 것이 다름을 의지하여 그 열 가지 문을 성립하였다.
만약 앞에 흐르는 것과 뒤에 흐르는 것을 설하지 아니하였다면 무엇을 가져 서로가 알지 못한다고 하겠는가.
한 강의 물이 앞에 흐르는 것과 뒤에 흐르는 것을 벗어나지 않는다면 곧 천리와 구곡九曲[315]이 다 자체성이 없어서 서로가 알 수 없을 것이다.
그러나 비록 열 가지 뜻이 있지만 근본은 오직 이류二流[316]가 양중兩重의 능·소를 이룰 뿐이니
앞에 흐르는 것이라고 한 것은 이끄는 것을 바라본다면 능能이

315 천리千里는 통지제하通指諸河요, 구곡九曲은 별지기하別指其河라. 즉 천리는 모든 강을 통틀어 가리킨 것이고, 구곡은 그 강을 따로 가리킨 것이다.
316 이류二流는 전류前流와 후류後流이다.

되고 밀치는 것을 바라본다면 소所가 되며
뒤에 흐르는 것이라고 한 것은 밀치는 것을 바라본다면 능이 되고 이끄는 것을 바라본다면 소가 되는 것이다.
이 네 가지 뜻으로써 서로 모아 열 가지 뜻을 이루나니,
처음과 그리고 제 세 번째는 소所가 되는 까닭으로 자체성도 없고 알 수도 없다는 것이다.
두 번째와 네 번째의 두 문門은 서로가 이르지 못함을 잡은 것이다.
다섯 번째와 여섯 번째의 두 문은 두 가지 체성이 없음을 잡은 것이니,
뒤에 흐르는 것이라고 한 것은 이것은 능히 밀치는 것이니 이끄는 바에 즉한 까닭이며
앞에 흐르는 것이라고 한 것은 이것은 밀치는 바이니 능히 이끄는 것에 즉한 까닭이다.
일곱 번째와 여덟 번째는 인연으로 이뤄진 까닭으로 둘이 없음을 잡은 것이니,
말하자면 일곱 번째 가운데 능히 밀친다고 한 것은 이것은 뒤에 흐르는 것이요
밀치는 바라고 한 것은 이것은 앞에 흐르는 것이요
또한 둘이 없다고 한 것은 반드시 밀치는 바가 있어야 바야흐로 능히 밀치는 것이 있나니,
이 둘은 서로 성립하기에 그런 까닭으로 또한 둘이 없다는 것이요
여덟 번째는 능히 이끄는 것을 잡은 것도 또한 그러한 것이다.
아홉 번째와 열 번째는 함께할 수 없는 까닭으로 알 수 없는 것을

잡은 것이다.
그러나 능히 밀친다고 한 것은 이것은 뒤에 흐르는 것이요
능히 이끈다고 한 것은 이것은 앞에 흐르는 것이다.
함께함을 얻을 수 없다고 한 것은 뒤에 흐르는 것이 능히 밀치는 것이 된다면 앞에 흐르는 것이 반드시 밀치는 바가 되는 것이요 여기에 즉함을 얻을 수 없다면 이름이 능히 이끄는 것이 되는 것이니 의문義門이 다른 까닭으로 이름이 함께할 수 없는 것이 되는 것이다.
제 열 번째도 여기에 비례한다면 앞에서 흐르는 것이 밀치는 바가 될 때에 뒤에서 흐르는 것이 반드시 능히 밀치는 것이 되는 것이요 이끄는 바가 됨을 얻을 수 없기에 그런 까닭으로 말하기를 함께할 수 없다 하였다.

肇公下는 第四에 引他證成이니 則物不遷論이라 然其相連하야 總有四句하니 論云호대 旣無往返之微眹인댄 有何物而可動乎아 然則旋嵐이 偃岳而常靜하고 江河가 競注而不流하며 野馬가 飄鼓而不動하고 日月이 歷天而不周하니 復何怪哉아하니라 今四喩中에 但用水風하니 彼無火地니라 然上云前後下는 五에 別釋前後二字라 一에 生滅前後者는 此卽竪說이니 如壯與老라 謂此流水가 刹那生滅호대 前刹那滅하고 後刹那生이라 二에 此彼前後者는 猶如二人이 同行狹徑에 後人排前하고 前人引後하나니 此卽橫說이라 分分之水가 皆有前後하고 乃至毫滴도 亦有前毫後毫일새 故聚衆多하야 皆成流注니 則無性矣니라

승조 법사라고 한 아래는 네 번째 다른 문장을 인용하여 증거하여 성립한 것이니
곧 『조론』의 물불천론이다.
그러나 서로 이어서 모두 네 구절[317]이 있나니
『조론』에 말하기를 이미 왕반往返[318]하는 작은 조짐[319]이 없다면 무슨 사물이 있어 가히 움직이겠는가.
그렇다면 곧 돌개바람[320]이 산악을 무너뜨리지만[321] 항상 고요하고
강물이 다투어 흘러가지만 흐른 적이 없으며
아지랑이가 나부껴 치고 올라가지만 움직인 적이 없고
해와 달이 하늘을 지나가지만 두루 지나 간 적이 없나니
다시 무엇을 의심하겠는가 하였다.
지금에는 네 가지 비유 가운데 다만 물의 비유와 바람의 비유만 인용하였나니,
저 『조론』에는 불의 비유와 땅의 비유는 없다.

그러나 위에서 말하기를 앞과 뒤라고 한 것이라 한 아래는 다섯

---

317 네 구절(四句)은 此下 『조론』의 四喩이다.

318 왕반往返은 왕복往復, 왕래往來이다.

319 眹은 조짐 짐 자이다.

320 선람旋嵐은 비람毗嵐이니 신맹풍迅猛風이라 번역한다. 우주괴겁시宇宙壞劫時에 부는 바람이니 이 바람 때문에 수미산須彌山이 무너진다고 하였다. 此下 p.729, 3행엔 수람隨嵐이라 하였다. 『불교사전佛教辭典』에는 비람풍毗嵐風이라 하였으니, 『불교사전』, 운허 저, p.342를 참고하라.

321 偃은 무너뜨릴 언 자이다.

번째 앞과 뒤라는 두 글자를 따로 해석한 것이다.
첫 번째 생겨나고 사라짐의 앞과 뒤라고 한 것은 이것은 곧 수豎로 설한 것이니
마치 젊은이와 더불어 늙은이가 같은 것이다.
말하자면 이 흐르는 물이 찰나에 생겨나고 사라지되 앞에 흐르는 물이 찰나에 사라지고 뒤에 흐르는 물이 찰나에 생겨나는 것이다.
두 번째 이것과 저것의 앞과 뒤라고 한 것은 비유하자면 두 사람이 좁은 길을 동행함에 뒤에 사람은 앞에 사람을 밀고 앞에 사람은 뒤에 사람을 이끄는 것과 같나니
이것은 곧 횡橫으로 설한 것이다.
한 가닥 한 가닥의 물이 다 앞의 물과 뒤의 물이 있고 내지 작은 물방울도 또한 앞의 물방울과 뒤의 물방울이 있기에 그런 까닭으로 수많은 물이 모여서 다 흐름을 이루나니 곧 자체성이 없는 것이다.

小乘亦說下는 六에 揀定不相知理니 先擧小乘이요 後而不知下는 擧大異小라 小乘은 卽俱舍論의 業品中釋호대 身表許別形하고 非行動爲體니 以諸有爲法이 有刹那盡故라하니 論文初句는 論主가 標有宗義요 下三句는 破正量部니 以正量部는 謂以動身으로 爲身表體일새 故論破之니라 然正量部의 心心所法은 則有刹那나 此之動色은 無有刹那라하얏거늘 今論主가 明諸有爲法이 皆有刹那라하니 何以知有고 後有盡故니라 旣後有盡인댄 知前有滅이라 故論云호대 若此處生인댄 卽此處滅이요 無容從此하야 轉至餘方이라하니라 釋曰此生此滅하고 不至餘方인댄 同不遷義나 而有法體가 是生是滅일새 故非

大乘이라 大乘之法은 緣生無性하야 生卽不生이요 滅卽不滅이라 故遷卽不遷이니 則其理懸隔하니라 然肇公論은 則含二意나 顯文所明은 多同前義니라 故云호대 傷夫라 人情之惑久矣여 目對眞而莫覺이로다 旣知往物之不來나 而謂今物而可往하나니 往物旣不來인댄 今物何所往이리요 何則고하면 求向物於向이라도 於向未嘗無하고 責向物於今이라도 於今未嘗有니라 於今未嘗有인댄 以明物不來요 於向未嘗無인댄 以明物不去니라 覆而求今이라도 今亦不往이니 是謂昔物自在昔하고 不從今以至昔이며 今物自在今하고 不從昔以至今이라 故仲尼曰호대 回也見新하면 交臂非故라하니 如此則物의 不相往來가 明矣니라 旣無往返之微眹인댄 有何物而可動乎아하고 卽云然則旋嵐等이라하니라 下文又云호대 若古不至今하고 今亦不至古인댄 事各性住어니 何物而可去來리요하니라 釋曰觀肇公意하니 旣以物各性住로 而爲不遷일새 則濫小乘의 無容從此하야 轉至餘方하니라 下論云호대 故談眞에 有不遷之稱하고 導物에 有流動之說이라하니 則以眞諦爲不遷이나 而不顯眞諦之相이니라 若但用於物各性住하야 爲眞諦相인댄 寧非性空이 無可遷也리요 不眞空義로 方顯性空이니 義約俗諦하야 爲不遷耳니라

소승에도 또한 말하였다고 한 아래는 여섯 번째 결정코 서로가 알지 못하는 이치를 가린 것이니,
먼저는 소승을 거론한 것이요
뒤에 그러나[322] 무성연기의 뜻을 알지 못한 것이라고 한 아래는 대승은 소승과 다름을 거론한 것이다.

소승의 법은 곧『구사론』업품 가운데 해석하기를 몸을 표시하는(身表)[323] 것은[324] 다른 모습을 허락하고

행동으로 자체를 삼지는 않나니[325,326]

모든 유위법이

찰나에 다함이 있는 까닭이다 하였으니

『구사론』문에 처음 구절은 논주가 유종有宗[327]의 뜻을 표한 것이요

아래 세 구절은 정량부正量部[328]를 깨뜨리는 것이니

---

322 이而 자 위에 후後 자가 있는 것이 좋다.

323 身表는 動身表示니 動時요 用이며 非行動은 靜時요 體라. 身表者는 言形爲身表니 如合掌等은 是善刑이요 敲朴等은 是惡形이니 卽是表라. 表者는 是善惡故라.

324 몸을 표시하는 것이라고 한 등은 말과 형상으로 몸의 표시를 삼나니, 합장하는 것과 같은 등은 이것은 좋은 형상이고 내려치는 것과 같은 등은 이것은 나쁜 형상이니 형상은 곧 이 표시이다. 표시한다고 한 것은 좋고 나쁜 것을 표시하는 까닭이다. 이상은『잡화기』의 말이다.

325 非行動은 靜時요 體라.

326 행동으로 자체를 삼지 않는다고 한 등은, 행동은 곧 이 유위이니 이미 이 유위라고 하였다면 곧 이 법은 찰나에 다 사라지는 법이다. 이 사라지는 법은 다시 원인을 기다리지 않거니와 몸을 표시하는 것은 이 과보이다. 과보는 반드시 원인을 기다린다 하였으니 야자권夜字卷 31장 하, 말행에 설출되어 있다. 역시『잡화기』의 말이다.

327 유종有宗은 구사종俱舍宗이며, 유식종唯識宗도 유종有宗이라 한다. 그러나 여기서는 정량부正量部를 유종有宗이라 한다. 구사종은 삼세三世 물심物心의 본체本體가 실재實在한다고 하고, 유식종은 제팔식第八識으로 만유가 있다고 주장한다.

328 정량부正量部는 소승 20부파의 하나이다.

정량부는 말하자면 움직이는 몸으로써 몸을 표시하는 자체를 삼기에 그런 까닭으로 논주가 그 정량부를 깨뜨린 것이다.
그러나 정량부의 심心과 심소心所 법은 곧 찰나에 있지만 이 움직이는 색은 찰나에 없다 하였거늘, 지금에 논주가 유위법이 다 찰나에 있다고 밝혔으니
무슨 까닭으로 있는 줄 아는가.
뒤에 다함이 있는 까닭이다.
이미 뒤에 다함이 있다면 앞에 사라짐이 있는 줄 알 것이다.
그런 까닭으로 논에 말하기를 만약 이곳에서 생겨났다고 한다면 곧 이곳에서 사라질 것이요,
이곳을 좇아 전전히 나머지 방소에 이른다고 함을 용납할 수 없다 하였다.
해석하여 말하면 이곳에서 생겨나 이곳에서 사라지고 나머지 방소에 이르지 않는다면 천류하지 않는다는 뜻과 같지만, 그러나 법의 자체가 생겨나고 사라짐이 있기에 그런 까닭으로 대승이 아닌 것이다.
대승의 법은 인연으로 생겨나 자성이 없어서 생겨나도 곧 생겨난 적이 없고 사라져도 곧 사라진 적이 없다.
그런 까닭으로 천류하여도 곧 천류한 적이 없는 것이니
곧 그 이치가 현격한 것이다.
그러나 승조 법사의 논리는 곧 두 가지 뜻[329]을 포함하고 있지만

---

329 두 가지 뜻(二意)이란, 대승大乘과 소승小乘이다.

문장에 밝힌 바는 다분히 앞의 뜻[330]과 같음을 나타내었다.[331]
그런 까닭으로 말하기를 슬프다, 사람의 마음 미혹한 것이[332] 오래됨이여. 목전에 진상을 상대하고도 깨닫지 못하도다.
이미 지나간 사물이 오지 않는 줄 알았지만 그러나 지금에 사물이 가히 지나간다고 말하나니,
지나간 사물이 이미 오지 않는다면 지금의 사물이 어찌 가히 지나가겠는가.
왜냐하면 향전向前에 사물[333]을 향전에 구하여 보아도 향전에 일찍이 없어진 적이 없고, 향전에 사물을 지금에 구하여[334] 보아도 지금에 일찍이 있은 적이 없다.
지금에 일찍이 있은 적이 없다면 사물이 온 적이 없는 것이 분명하고, 향전에 일찍이 없어진 적이 없다면 사물이 간 적이 없는 것이

---

330 앞의 뜻(前義)이란, 소승小乘이다.

331 다분히 앞의 뜻과 같음을 나타내었다고 한 것은 소승의 뜻이니, 대개 저 승조의 논리는 이 대승의 뜻을 근본으로 하지만 그러나 이미 소승의 뜻도 포함하고 있기에 곧 그 문장에 나타낸 것을 간찰하면 다분히 소승의 뜻과 같다. 강사가 말하기를 앞에 뜻이라고 한 것은 대승의 뜻을 가리키는 것이다 하니, 응당 그 문장에 나타낸 말이 아닐까 염려한다. 이상은 역시 『잡화기』의 말이다.

332 원문에 상부인정지혹傷夫人情之惑 운운은 위에 영인본 화엄 4책, p.717, 말행에 기무왕반지미짐旣無往返之微朕이라 한 논문論文 前에 있는 말이다. 역시 물불천론物不遷論의 말이다.

333 향물向物은 왕물往物과 같다.

334 責은 구할 책 자이다.

분명하다.

돌이켜서 지금에 사물을 지금에 구하여 보아도 지금에 또한 간적이 없나니,

이것은 옛날에 사물은 스스로 옛날에 있고 지금으로 좇아 옛날에 이른 것이 아니며,

지금에 사물은 스스로 지금에 있고 옛날로 좇아 지금에 이른 것이 아님을 말하는 것이다.

그런 까닭으로 공자가 말하기를 안회야, 새로운 사람을 보면 서로 팔을 잡고[335] 있을지라도 옛날의 모습이 아니다 하였으니

---

335 원문에 견신교비見新交臂 운운은 『장자莊子』 외편外篇의 전자방편田子方篇에 나온다.

孔子謂顔回曰호대 '吾終身與汝로 交一臂而失之하니 可不哀與아' 하였으니 交臂를 元康法師가 해석하되 少選一掉臂之間에 已失前人이요 二臂相執也니 孔子顔回가 交臂相執하야 皆令勿遷이라 然已遷去하니 豈能留之아 交一臂之項에 已失前人이라 하였다.

즉 새로운 사람을 보면 서로 팔을 잡고 운운은, 『장자』 외편의 전자방편田子方篇에 있는 말이다. 즉 공자가 안회에게 일러 말하기를 내가 종신토록 그대와 더불어 서로 한 팔을 잡고 있을 것이지만 그러나 그대를 잃을 것이니 가히 슬프지 않겠는가 한 것이다. 서로 팔을 잡고 있다는 말을 원강元康 법사가 해석하기를 잠시 한 팔을 잡는 사이에 이미 앞에 사람을 잃는다는 것이고 두 팔을 잡음에 서로 집착한다는 것이니 공자와 안회가 서로 팔을 잡고 서로 집착하여 다 하여금 천거하지 않게 하는 것이다. 그러나 이미 다 천거하였으니 어찌 능히 머물겠는가. 서로 한 팔을 잡는 지경에 이미 앞에 사람을 잃는 것이다 하였다.

『잡화기』에는 안회가 그 새롭고 좋은 사람을 보면 곧 반드시 그에게 나아가는

이와 같다면 곧 사물이 서로 왕래하지 않는 것이 분명한 것이다. 이미 왕반하려는 작은 조짐이 없다면 또한 무슨 사물이 가히 움직이겠는가 하고, 곧 말하기를 그렇다면 곧 돌개바람이 산악을 무너뜨리지만 항상 고요하다 한 등이라 하였다.

아래 문장[336]에 또 말하기를 만약 옛날이 지금에 이르지 않았고 지금도 또한 옛날에 이르지 않았다면 사물이 각각 자성에 머문 것이어니 무슨 사물이 가히 가고 오겠는가 하였다.

해석하여 말하면 승조 법사의 뜻을 관찰하니 이미 사물이 각각 자성에 머무는 것으로써 천류하지 아니함을 삼았기에 곧 소승의 이로 좇아 전전히 나머지 방소에 이른다고 함을 용납할 수 없다고 한 것을 넘는 것이다.[337]

아래 논에 말하기를[338] 그런 까닭으로 진리를 담론함에 천류하지

까닭으로 잠깐 사이에 그 옛날의 모습이 아님을 말하는 것이니 옛날에 본 사람을 굳게 지키지 않는 까닭이다. 서로 팔을 잡는다고 한 것은 서로 팔을 잡고 곧 푸는 사이이니 오래지 않음을 말한 것이다. 대개 지금의 사물은 스스로 지금에 있고 옛날로 좇아 이른 것이 아니다 한 뜻과 같은 까닭으로 인용한 것이다 하였다.

336 아래 문장(下文)이란, 물불천론 위에 인용한 문장 한참 뒤에 나온다.

337 濫이란, 위에 文勢가 含小乘故云也니 즉 위에 문세가 소승을 포함한 까닭으로 그렇게 말한 것이다 하겠다.

338 아래 논에 말하였다고 한 등은, 그 뜻에 말하기를 위에 사물이 각각 자성에 머문다고 한 말을 잠깐 본즉 소승의 말을 넘는 것 같으나, 여기에 결문(아래 논 운운)을 본즉 위에 사물이 각각 자성에 머문다고 한 말은 그 뜻이 반드시 진제로써 천류하지 아니함을 삼았다는 것을 족히 알 수 있을 것이다 한 것이다. 이상은 역시 『잡화기』의 말이다.

않는다는 지칭이 있고, 사물을 인도함에 유동한다는 말이 있다 하였으니

곧 진제로써 천류하지 아니함을 삼았지만 그러나 진제의 모습[339]을 나타낸 것은 아니다.

만약 다만[340] 사물이 각각 자성에 머무는 것만 인용하여 진제의 모습을 삼는다면 어찌 성공性空[341]이 아닌데 가히 천류함이 없겠는가.

진공이 아닌[342] 뜻으로써 바야흐로 성공을 나타낸 것이니

그 뜻은 속제를 잡아[343] 천류하지 아니함을 삼았을 뿐이다.

疏

二에 依所依者는 謂前流後流가 各皆依水하야 悉無自體일새 不能相知니라 然이나 不壞流相일새 故說水流니라

---

339 진제의 모습(眞諦相)은 곧 속제俗諦이다.

340 원문에 약단若但 운운은, 사물事物이 각각 자성自性에 머무는 까닭으로 진제성공眞諦性空의 뜻이 되는 것을 밝힌 것이다. 다음 줄에 불진공의不眞空義 운운은 진제성공眞諦性空의 뜻이 되는 까닭을 說出한 것이니
대개 性空이 다만 空이라고만 한다면 가히 성립할 수 없고, 반드시 俗諦를 빌려야 바야흐로 性空을 나타낼 수 있는 까닭이다.
眞空이라는 것은 一向에 空을 말하는 것일 뿐 有에 卽한 空을 말하는 것은 아니다. 역시 『잡화기』의 말이다.

341 성공性空은 진제성공眞諦性空의 뜻이다.

342 원문에 불진공不眞空은 속제俗諦이다.

343 원문에 의약속제등義約俗諦等은 물불천物不遷의 뜻을 잘 나타내고 있다 하겠다.

두 번째 능의와 소의에 나아간 것이라고 한 것은 말하자면 앞에 흐르고 뒤에 흐르는 것이 각각 다 물을 의지하여 다 자체가 없기에 능히 서로가 알지 못하는 것이다.
그러나 흐르는 모습을 무너뜨리지 않기에 그런 까닭으로 물이 흘러간다 말하는 것이다.

疏

三에 唯所依者는 流旣總無인댄 但唯是水니 前水後水가 無二性故로 無可相知니 是則本無有流나 而說流也니라

세 번째 오직 소의에만 나아간 것이라고 한 것은 흐르는 것이 이미 다 없다면 다만 오직 이 물뿐이니
앞에 물과 뒤에 물이 두 가지 체성이 없는 까닭으로 가히 서로가 알지 못하는 것이니
이것은 곧 본래 흐른 적이 없지만 그러나 흐른다고 말한 것일 뿐이다.

疏

二法中에 三義者는 一에 流는 喩能依妄法이요 二는 妄依眞立이요 三은 妄盡唯眞이라 初中에 妄緣起法이 似互相藉이나 各不能相到하야 悉無自性일새 故無相知니 是則有而非有也요 二에 依所依者는 謂此妄法은 各各自虛하야 含眞方立거니 何有體用이 能相知相成이리요 卽由此無知無成이 含眞故有니 是則非有나 而爲有也요

三에 唯所依者는 謂能依妄法은 逈無體用하고 唯有眞心이 挺然顯現하니 旣無彼此인댄 何有相知리요 正由此義하야 妄法有나 卽非有니 以非有로 爲有요 復說호대 眞性隱이나 卽非隱이니 以非隱으로 爲隱이라

두 번째 법 가운데 세 가지 뜻이 있다고 한 것은
첫 번째 흐른다는 것[344]은 능의能依의 허망한 법에 비유한 것이요
두 번째는 허망한 법은 진심을 의지하여 성립함에 비유한 것이요
세 번째는 허망한 법이 다함에 오직 진심뿐임에 비유한 것이다.
처음 가운데 허망한 연기의 법이 서로서로 의지하는 것 같지만 각각 능히 서로가 이르지 아니하여 다 자성이 없기에 그런 까닭으로 서로가 알지 못하는 것이니,
이것은 곧 있는 것 같지만 있는 것이 아니요
두 번째[345] 능의와 소의에 나아간다고 한 것은 말하자면 이 허망한 법은 각각 자체가 비어서 진심을 품어야 바야흐로 성립하거니 어찌 자체와 작용이 능히 서로가 알고 서로가 성립함이 있겠는가.
곧 이 알 수도 없고 성립할 수도 없는[346] 것이 진심을 품음을 인유한 까닭으로 있나니
이것은 곧 있지 않는 것 같지만 있는 것이요

344 원문에 일류一流란, 영인본 화엄 4책, p.714, 말행 초유중初喩中에 유취능의자唯就能依者는 유야流也라 하였다.

345 두 번째 운운은 영인본 화엄 4책, p.714, 9행이다.

346 원문에 무지무성無知無成은 곧 망妄이다.

세 번째[347] 오직 소의에만 나아간다고 한 것은[348] 말하자면 능의能依의 허망한 법은 멀리 자체와 작용이 없고 오직 진심만이 정연挺然[349]히 밝게 나타나 있나니

이미 피차가 없다면 어찌 서로가 알 수 있겠는가.

바로 이 뜻을 인유하여 허망한 법은 있는 것 같지만 곧 있는 것이 아니니

있지 않는 것으로써 있는 것을 삼고[350]

다시 말하기를 진성은 숨은 것 같지만 곧 숨은 것이 아니니

숨지 않은 것으로써 숨은 것을 삼는 것이다.

鈔

妄法有卽非有는 是初義요 隱卽非隱은 是第二義니 以正爲事隱之

---

347 세 번째 운운은 영인본 화엄 4책, p.714, 말행이다.

348 세 번째 오직 소의에만 나아간다고 한 등은, 이 가운데 세 가지 뜻이 비록 처음에 뜻은 오직 망법만 잡아 말하고, 다음에는 진심과 망법을 함께 잡아 말하고, 뒤에는 오직 진심만 잡아 말한 것이나 그 뜻은 다 망법을 가리켜 서로 알지 못한다 한 것이니, 묻는 가운데 이미 망법을 잡아 서로 알지 못한다고 비난한 까닭이다. 역시 『잡화기』의 말이다.

349 정연挺然은 빼어난 모양이다.

350 있지 않는 것으로써 있는 것을 삼는다고 한 것은 제 두 번째 가운데 능히 의지하는 것을 맺는 것이고 바로 아래 숨은 것 같지만, 곧 숨은 것이 아니라고 한 것은 제 두 번째 가운데 의지하는 바를 맺는 것이어늘, 초문 가운데 다만 의지하는 바만 첩석한 것은 능히 의지하는 것은 가히 볼 수 있는 까닭이다. 역시 『잡화기』의 말이다.

時에 而有所依故니라 以非隱爲隱은 卽第三義니 理常現故니라

허망한 법은 있는 것 같지만 곧 있는 것이 아니라고 한 것은 이것은 처음의 뜻이요
숨은 것 같지만 곧 숨은 것이 아니라[351]고 한 것은 이것은 제 두 번째 뜻이니
바로 사물이 숨을 때에 의지하는 바가 있는 까닭이다.
숨지 않는 것으로써 숨은 것을 삼는다[352]고 한 것은 곧 제 세 번째 뜻이니
진리는 항상 나타나 있는 까닭이다.

疏

此上三意가 卽三種答이니 答上三種問이라 思之니라

이 위에 세 가지 뜻이 곧 세 가지 답이니
위에 세 가지 물음에 답한 것이다.
생각해 보면 알 수가 있을 것이다.

351 숨은 것 같지만 곧 숨은 것이 아니라고 한 것은 숨은 것으로써 주를 삼는 것이다.

352 숨지 않는 것으로 숨은 것을 삼는다고 한 것은 숨지 않는 것으로써 주를 삼는 것이다. 역시 『잡화기』의 말이다.

鈔

思之者는 以易見故라 若具說者인댄 第一에 妄法은 有而非有는 答前直問에 旣有種種인댄 何緣不相知니 謂種種은 是妄有요 體卽非有일새 故不相知니라 二는 答懷疑에 爲是種種가 爲不相知니 故今答云호대 能依妄法은 依所依眞이니 妄常種種이요 眞常無知故니라 三은 答結成難者는 卽妄卽眞일새 故種種이 不乖不相知也니라

생각해 보면 알 수가 있다고 한 것은 쉽게 볼 수 있는 까닭이다 만약 갖추어서[353] 설한다면 제일에 허망한 법은 있는 것 같지만 있는 것이 아니라고 한 것은 앞의 바로 묻는[354] 가운데 이미 가지가지가 있다면 무슨 인연으로 서로가 알지 못하는가 한 것을 답한 것이니, 말하자면 가지가지라고 한 것은 허망한 법이 있다는 것이요, 체성은 곧 있지 않다는 것이기에 그런 까닭으로 서로가 알지 못하는 것이다. 두 번째는 의심을 품어[355] 거듭 비난하는 가운데 이 심성은 가지가지가 되는가. 서로가 알지 못함이 되는가 한 것을 답한 것이니 그런 까닭으로 지금에 답하여 말하기를 능의能依의 허망한 법은 소의所依의 진심을 의지하나니 허망한 법은 항상 가지가지요 진심은

353 其 자는 具 자이다.

354 원문에 직문直問은 직문소이直問所以이니 영인본 화엄 4책, p.693, 2행과 3행에 있다.

355 원문에 회의懷疑란, 제이第二에 회의중난懷疑重難이다. 具云하면 기불상지旣不相知인댄 위시일성爲是一性가 위시종종爲是種種가 한 것이다. 영인본 화엄 4책, p.693, 6행이다.

항상 알 수 없는 까닭이다.

세 번째는 비난을 맺어 성립함을 답한[356] 것은 곧 허망한 법이 곧 진심이기에 그런 까닭으로 가지가지가 서로 알지 못한다[357]고 함에 어기지 않는 것이다.

疏

何故로 以水喩眞心者고 以水有十義하야 同眞性故니 一은 水體澄清으로 喩自性清淨心이요 二는 得泥成濁으로 喩淨心不染而染이요 三은 雖濁不失淨性으로 喩淨心染而不染이요 四는 若澄泥淨現으로 喩眞心惑盡性現이요 五는 遇冷成氷하야 而有硬用으로 喩如來藏이 與無明合하야 成本識用이요 六은 雖成硬用이나 而不失軟性으로 喩卽事恒眞이요 七은 煖融成軟으로 喩本識還淨이요 八은 隨風波動이나 不改靜性으로 喩如來藏이 隨無明風하야 波浪起滅이나 而不變自不生滅性이요 九는 隨地高下하야 排引流注나 而不動自性으로 喩眞心隨緣流注나 而性常湛然이요 十은 隨器方圓이 而不失自性으로 喩眞如性이 普遍諸有爲法이나 而不失自性이라 略辨十義가 少分似眞일새 故多以水로 爲喩니 此義見文에 雖似不具나 而大通衆經이라

356 원문에 답결성난答結成難은 앞의 第三問에 答한 것이니 영인본 화엄 4책, p.693을 참고할 것이다.

357 원문에 불상지不相知란 일성一性과 종종種種이니, 일성一性은 진제眞諦이고 종종種種은 속제俗諦이다.

무슨 까닭으로 물로써 진심에 비유하는가.
물에 열 가지 뜻이 있어서 진성과 같은 까닭이니
첫 번째는 물의 자체가 청정함으로 자성의 청정한 마음에 비유한 것이요
두 번째는 진흙이 들어가면[358] 물이 탁함을 이룸으로 청정한 마음이 물들지 않지만 물듦에 비유한 것이요
세 번째는 비록 탁하지만 물의 청정한 자성을 잃지 아니함으로 청정한 마음이 물들지만 물들지 아니함에 비유한 것이요
네 번째는 만약 진흙물이 맑아지면 청정함이 나타남으로 진심이 미혹이 다함에 자성이 나타남에 비유한 것이요
다섯 번째는 찬 것을 만나면 얼음을 이루어 단단한 작용이 있음으로 여래장이 무명으로 더불어 화합하여 본식의 작용을 이룸에 비유한 것이요
여섯 번째는 비록 단단한 작용을 이루었지만 부드러운 자성을 잃지 아니함으로 사실에 즉하지만 항상 진성임에 비유한 것이요
일곱 번째는 따뜻함이 융합하여 부드러움을 이룸으로 본식이 도리어 청정함에 비유한 것이요
여덟 번째는 바람을 따라 파도가 일지만 고요한 자성을 고치지 아니함으로 여래장이 무명의 바람을 따라서 물결이 일어났다가 사라지지만 스스로 생멸하지 않는 자성은 변하지 아니함에 비유한 것이요

358 득得 자는 득입得入의 뜻이다.

아홉 번째는 땅의 높고 낮음을 따라 줄지어[359] 흐르지만 자성을 움직이지 아니함으로 진심이 인연을 따라 흐르지만 자성은 항상 담연함에 비유한 것이요

열 번째는 그릇의 모나고 둥긂을 따르지만 자성을 잃지 아니함으로 진여의 자성이 널리 모든 유위의 법에 두루하지만 자성을 잃지 아니함에 비유한 것이다.

간략하게 열 가지 뜻으로 분별한 것이 조금 진심과 같기에 그런 까닭으로 다분히 물로써 비유를 삼았으니,

이 뜻[360]은 현재 경문에 비록 갖추지 못한 것 같지만 그러나 크게는 수많은 경에 통하는 것이다.

359 원문에 배인排引이란, 앞에서는 밀치고 이끈다고 해석하였으나, 여기서는 인引은 줄 인 자, 배排는 줄 배 자로 늘어선 줄로 본 것이다. 따라서 줄지어라고 해석하였다.

360 원문에 차의此義란, 십의十義이다.

經

亦如大火聚가　猛焰同時發이나
各各不相知인달하야 諸法亦如是하니다

또한 큰 불 뭉치가
맹렬한 불꽃을 동시에 일으키지만
각각 서로가 알지 못하는 것과 같아서
모든 법도 또한 이와 같습니다.

疏

第二는 依火焰起滅喻라 於中三義는 同前이라 初唯焰者는 謂焰起滅이 有其二義하니 一은 前焰謝滅에 引起後焰일새 後焰無體하야 而不能知前焰하며 前焰已滅하야 復無所知일새 是故各各皆不相知니라 二는 前焰若未滅이라도 亦依前引無體일새 故無能知하며 後焰未生일새 故無所知하니 是故彼亦各不相知니라 妄法亦爾하야 刹那生滅하야 不能自立하니 謂已滅未生에 無物可知요 生已則滅에 無體可知니 是故로 皆無所有也니라 斯則流金爍石이라도 而不熱也니라

제 두 번째[361]는 불을 의지하여 불꽃이 일어났다가 사라지는 비유이다.

---

361 三은 二 자의 잘못이다.

그 가운데 세 가지 뜻[362]은 앞에서와 같다.

처음에 오직 불꽃이라고 한 것은 말하자면 불꽃이 일어났다가 사라지는 것이 그 두 가지 뜻이 있나니

첫 번째는 앞의 불꽃이 끊어져[363] 사라짐에 뒤의 불꽃[364]을 이끌어 일으키기에 뒤의 불꽃이 자체가 없어 능히 앞의 불꽃을 알지 못하며 앞의 불꽃이 이미 사라져[365] 다시 알 바가 없어졌기에 이런 까닭으로 각각 다 서로가 알지 못하는[366] 것이다.

두 번째는 앞의 불꽃이 만약 사라지지 아니했다 할지라도 또한 앞을 의지하여 뒤의 불꽃을 이끌어 일으켜 그 자체가 없기에 그런 까닭으로 능히 알 수가 없으며

뒤의 불꽃이 아직 생기지 아니하였기에 그런 까닭으로 알 바도 없나니

이런 까닭으로 저도 또한 각각 서로가 알지 못하는 것이다.

허망한 법도 또한 그러하여 찰나에 생겨나고 사라져서 능히 스스로

---

362 원문에 삼의三義는 영인본 화엄 4책, p.714, 9행에 나왔다. 즉 一은 유취능의唯就能依, 二는 의소의依所依, 三은 유소의唯所依이다.

363 謝는 절絶 자의 뜻이다.

364 원문에 전염前焰은 소지所知요, 후염後焰은 능지能知이다. 『잡화기』의 뜻도 이와 같다.

365 원문에 전염이멸前焰已滅 운운은, 이 위에는 능히 알 자체가 없고 즉 能知無體요, 여기는 알 바 사물이 없나니 즉 卽知無物이다. 이것을 뒤의 불꽃이 앞의 불꽃을 알지 못한다고 하는 것이다.

366 원문에 각각개불상지各各皆不相知란, 능지能知와 소지所知가 각각 서로 알지 못한다는 것이다.

성립하지 못하나니
말하자면 이미 사라지고 아직 생겨나지 아니함에[367] 한 물건[368]도 가히 알 수가 없고
생겨나 마치고 곧 사라짐에 그 자체를 가히 알 수가 없나니
이런 까닭으로 다 있는 바가 없는 것이다.
이것은 곧 금을 녹여 흐르게 하고 돌을 녹여[369] 흐르게 할지라도 태우지 못한다는 것과 같은 것이다.

鈔

第二에 依火等者의 下之三喩는 文勢稍略일새 隨其三義하야 便以法合이라 今初에 唯焰喩中에 二義니 一은 明後不知前이요 二는 明前不知後라 二는 合이니 先은 總이요 後에 謂已滅下는 別이라 然法喩가 俱用生滅門釋이나 而有小異하니 喩中엔 用前念滅에 後念生釋하고 今法合中에도 亦用前滅後生으로 正合前焰後焰이나 兼三時門이라 今初에 已滅者는 前念也요 未生者는 後念也니 故此二念이 一向無物이라 生已則滅者는 前後二念이 皆卽生卽滅호대 並皆緣生일새 故

367 이미 사라지고 생겨나지 아니함에 운운한 것은 두 가지 뜻 가운데 소지所知를 함께 법합한 까닭으로 한 물건도 가히 알 수가 없다고 말하고, 생겨나 마치고 곧 사라짐에 운운한 것은 두 가지 뜻 가운데 능지能知를 함께 법합한 까닭으로 그 자체를 가히 알 수 없다고 말한 것이다. 역시 『잡화기』의 말이다.
368 일물지물一物之物은 법法이니 제법諸法이다. 此中에는 諸法中에 一物이다.
369 원문에 유금삭석流金爍石이란, 금金·석石을 녹여 흐르게 한다는 뜻으로 뜨거움에 비유한 것이다. 爍은 태울 삭, 녹일 삭 자이다.

言無體라하니 體無實故니라 兼三時門者는 謂一念之上에 卽有三時하니 已滅은 爲已生이요 未生은 爲未生이요 生已卽滅은 是生時라 故淨名云호대 若過去生인댄 過去生은 已滅이요 若未來生인댄 未來生은 未至요 若現在生인댄 現在生은 無住라 佛云호대 比丘여 汝今卽時에 亦生亦老亦滅이라하니 故三時無體하야 無可相知也니라 斯則流金者는 卽莊子意니 說於至人에 大水稽天而不溺하며 大旱金石流하며 土山燋而不熱이라하니라 然其本意는 非是水不能溺하며 火不能燒니라 意云호대 乘時處順하야 不以水火로 而爲患也며 亦不橫으로 爲其所燒溺也니라 正同今意에 燒而不燒나 但彼約順時요 此約無性이니 理懸隔矣니라

제 두 번째 불을 의지하여 불꽃이 일어나고 사라진다고 한 등의 아래에 세 가지 비유는 문세가 점점 생략되었기에 그 세 가지 뜻을 따라서 문득 법합法合하였다.

지금은 처음으로 오직 불꽃 비유 가운데 두 가지 뜻이 있나니

첫 번째는 뒤의 불꽃이 앞의 불꽃을 알지 못함을 밝힌 것이요

두 번째는 앞의 불꽃이 뒤의 불꽃을 알지 못함을 밝힌 것이다.

두 번째는 법합이니

먼저는 한꺼번에 밝힌 것이요

뒤에 말하자면 이미 사라졌다고 한 아래는 따로 밝힌 것이다.

그러나 법과 비유가 함께 생멸문으로써 해석하였지만 그러나 조금 다름이 있나니

비유 가운데는 앞의 생각이 사라짐에 뒤의 생각[370]이 생겨남으로써

해석하였고

지금의 법합 가운데도 또한 앞의 생각이 사라짐에 뒤의 생각이 생겨남으로써 앞의 불꽃과 뒤의 불꽃에 바로 법합하였지만 삼시三時의 문門을 겸하였다.

지금은 처음[371]으로 이미 사라졌다고 한 것은 앞의 생각이요

아직 생겨나지 아니하였다고 한 것은 뒤의 생각이니

그런 까닭으로 이 두 가지 생각이 한결같이 한 물건도 없는 것이다.

생겨나 마치고 곧 사라진다고 한 것은 앞과 뒤의 두 생각이 다 곧 생겨났다가 곧 사라지되 아울러 다 인연으로 생겨났다가 사라지기에 그런 까닭으로 말하기를 자체가 없다 하였으니,

그 자체는 실체가 없는 까닭이다.

삼시의 문을 겸하였다고 한 것은 말하자면 한 생각 위에 곧 삼시三時가 있나니

이미 사라진 것은 이생시已生時가 되고

아직 생겨나지 아니한 것은 미생시未生時가 되고

생겨나 마치고 곧 사라지는 것은 시생시是生時가 되는 것이다.

그런 까닭으로 『정명경』에[372] 말하기를 만약 과거에 생겨났다고

---

370 여기에 두 念 자는 焰의 誤字이다. 『잡화기』의 말이다. 그러나 혹자는 지금에 비유 가운데 법을 잡아 말한 까닭으로 말하기를 염念이라 한다 하였다.

371 원문에 今初라는 二字는 衍字라 하나 그대로 두고 번역하였다.

372 정명淨名 운운은 제사第四 보살품菩薩品 중에 미륵보살장彌勒菩薩章이니 보살품菩薩品 첫 장이다.

한다면 과거에 생겨난 것은 이미 사라졌고,
만약 미래에 생겨날 것이라고 한다면 미래에 생겨날 것은 아직 이르지 않았고,
만약 현재에 생겨난다고 한다면 현재에 생겨나는 것은 머물지 않는다.
부처님이 말씀하시기를[373] 비구들이여, 그대들이 지금 즉시 또한 태어났고 또한 늙고 또한 죽는다 하였으니
그런 까닭으로 삼시가 자체가 없어서 가히 서로가 알 수 없는 것이다.

이것은 곧 금을 녹여 흐르게 한다고 한 것은 곧 장자의 뜻이니 도가 지극히 높은 사람을 말함에 큰물이 하늘에 이를지라도 빠뜨리지 못하며
큰 가뭄이 올지라도 금석金石이 흐르며
토산土山이 탈지라도 태우지 못한다 하였다.
그러나 그 근본 뜻은 물이 능히 빠뜨리지 못하며
불이 능히 태우지 못한다는 것이 아니다.
그 뜻에 말하기를 시간과 처소가 순함을 타서[374] 물과 불로써 근심하지 아니하며

---

373 원문에 불운佛云은 『정명경淨名經』에서 부처님의 말씀을 인용한 것으로, 『정명경』엔 여불소설如佛所說이라 하였다.

374 시간과 처소가 순함을 탄다고 한 것은 저 『장자』에 말하기를 적당한 때에 오심이여, 공자의 시간이요, 적당한 때에 가심이여, 공자가 순順하는 것이다 한 말이다. 역시 『잡화기』의 말이다.

또한 횡橫으로 타거나 빠지는 바가 되지 않는다는 것이다.
바로 지금의 뜻에 태우지만 타지 않는다는 것과 같지만, 다만 저 장자의 뜻은 시간에 순함을 잡은 것이요
여기는 자성이 없음을 잡은 것이니
이치가 현격히 다른 것이다.

疏

二에 依所依者는 謂彼火焰이 卽由於此無體無用하야 不相知故로 而有起滅虛妄之相하니 是則攬非有하야 而爲有也니라 妄法亦爾하야 依此無所依之眞理일새 方是妄法이니 是亦非有로 爲有也니라

두 번째 능의와 소의에 나아간 것이라고 한 것은 말하자면 저 불꽃이 곧 이 자체도 없고 작용도 없음을 인유하여 서로가 알지 못하는 까닭으로 일어났다가 사라지는 허망한 모습이 있나니,
이것은 곧 있지 아니함을 잡아서 있음을 삼은 것이다.
허망한 법도 또한 그러하여 이 의지할 바 없는 진리를 의지하기에 바야흐로 허망한 법이 있나니
이것도 또한 있지 아니함으로 있음을 삼은 것이다.

鈔

二에 依所依者는 亦先喩後合이라 然與水喩로 釋有影略하니 水喩는

以水爲所依어니와 今以焰無體用으로 而爲所依니라 若例前流가 依於水者인댄 應以火爲所依리라 火是熱性이니 身所觸故요 焰是色動이니 有形顯故니라 若依此釋인댄 應云前焰後焰이 皆依於火하야 以無自性일새 故無相知라하리니 是則依水依火하야 明二空所顯인 不空眞理로 以爲所依요 若無體用으로 爲所依者인댄 則顯依他無性이 卽是圓成인 二空眞理로 以爲所依니 顯義無方일새 故有影略하니라 下唯所依도 亦準斯釋이라 又若例後風喩에 風依物動인댄 則火依薪有니 薪爲可燃이요 火是能燃이니 故以燃因可燃일새 則燃無體요 可燃因燃일새 則可燃無體니 則以無性可燃으로 而爲所依니라

두 번째 능의와 소의에 나아간 것이라고 한 것은 또한 먼저는 비유요 뒤에는 법합이다.
그러나 물의 비유로 더불어 해석함에 영략影略된 것이 있나니 물의 비유는 물로써 소의를 삼았거니와 지금에는 불꽃이 자체와 작용이 없음으로써 소의를 삼았다.
만약 앞[375]에서 흐르는 것이 물을 의지한다고 한 것을 비례한다면 응당 불로써 소의를 삼아야[376] 할 것이다.
불은 이 더운 성질이니[377] 몸이 부딪칠 바인 까닭이요

375 앞(前)이란, 영인본 화엄 4책, p.721, 5행에 전류후류前流後流가 각개의수各皆依水라 한 것이니, 즉 앞에 흐르는 것과 뒤에 흐르는 것이 각각 다 물을 의지한다는 것이다.

376 원문에 以火爲所依者는 以火爲焰之所依也라. 즉 불로써 소의를 삼아야 한다고 한 것은 불로써 불꽃의 소의를 삼는다는 것이다.

불꽃은 색이 움직이는 것이니 형상이 있어 나타나는 까닭이다.
만약 이 해석을 의지한다면 응당 말하기를 앞의 불꽃과 뒤의 불꽃이 다 불을 의지하여 자성이 없기에 그런 까닭으로 서로가 알지 못한다 해야 할 것이니,
이것은 물을 의지하고 불을 의지하여 이공二空으로 나타난 바 불공不空의 진리로써 소의가 됨을 밝힌 것이요
만약 자체와 작용이 없는 것으로 소의를 삼는다면 곧 의타기성(依他無性[378])이 곧 원성실성인 이공二空의 진리로써 소의가 됨을 나타낸 것이니,
뜻을 나타냄에 방소가 없기에 그런 까닭으로 영략된 것이 있다 하겠다.
아래에 오직 소의에만 나아간 것이라고 한 것도 여기에 기준하여 해석할 것이다.
또 만약 뒤에 바람의 비유에 바람이 사물을 의지하여 움직인다고 함을 비례한다면 곧 불은 땔나무를 의지하여 있나니 땔나무는 가히 태울 것이요 불은 능히 태우는 것이니,
그런 까닭으로 태우는 것은 가히 태울 것을 원인하기에 곧 태우는 것이 자체가 없는 것이요,

---

377 불은 이 더운 성질이라 운운한 것은, 그 뜻에 말하기를 불은 이 더운 성질이지만 몸이 닿은 연후에 바야흐로 자각하는 것이니 이미 이 불은 미세한 까닭으로 의지하는 바가 되고, 불꽃은 이것은 형색과 현색이니 곧 크게 나타나는 까닭으로 능히 의지하는 것이 되는 것이다. 역시 『잡화기』의 말이다.

378 원문에 의타무성依他無性이란, 타연他緣을 의지하여 자성이 없다는 것이다.

가히 태울 것은 태우는 것을 원인하기에 곧 가히 태울 것이 자체가 없는 것이니
곧 자체성이 없는 가히 태울 것으로써 소의를 삼은 것이다.

疏

三에 唯所依者는 推起滅之焰인댄 體用俱無하야 無焰之理가 挺然顯現하니 是則無妄法之有하고 有妄法之無하야 湛然顯現하야 遂令緣起之相으로 相無不盡하고 無性之理로 理無不現하니라

세 번째 오직 소의에만 나아간 것이라고 한 것은 일어났다가 사라지는 불꽃을 추구하여 보면 자체와 작용이 함께 없어서 불꽃이 없는 이치가 정연히 밝게 나타나 있나니,
이것은 곧 허망한 법의 있음은 없고 허망한 법의 없음만 있어서[379] 담연히 밝게 나타나 드디어 연기의 모습으로 하여금 그 모습이 다하지 아니함이 없게 하고
자성이 없는 진리로 하여금 그 진리가 나타나지 아니함이 없게 하는 것이다.

鈔

是則無妄法之有下는 三에 結上三義也라 然이나 有無有二하니 一은

379 원문에 유망법지무有妄法之無 운운은 妄法이 없는 것이 이 眞空의 뜻이다고 『잡화기』는 말하였다.

定性有無요 二는 眞空妙有라 今無妄法之有는 則無定性之有니 則非斷無矣요 有妄法之無는 是眞空之無니 便爲妙有라 是故로 若擧妄取眞인댄 則妄有眞空이리니 如三論說이요 若眞妄對辨인댄 則妄空眞有리니 如涅槃明하니라 遂令緣起之相下는 覆成上義니 上句는 成無妄法之有요 下句는 成有妄法之無니 相無不盡은 是初門이요 理無不現은 是第三門이요 合上二句면 爲第二門이라

이것은 곧 허망한 법의 있음은 없다고 한 아래는 세 번째[380] 위에 세 가지 뜻을 맺는 것이다.
그러나 있고 없는 것이 두 가지 뜻이 있나니
첫 번째는 결정된 자성이 있고 없다는 것이요
두 번째는 진공과 묘유가 있고 없다는 것이다.
지금에 허망한 법의 있음은 없다고 한 것은 곧 결정된 자성의 있음이 없다고 한 것이니 단멸의 무無가 아니요
허망한 법의 없음만 있다고 한 것은 진공의 무無이니 곧 묘유가 되는 것이다.
이런 까닭으로 만약 허망한 것을 들어 진심을 취한다면 곧 허망한 것은 있고 진심은 공할 것이니 삼론三論[381]에서 설한 것과 같고 만약 진심과 허망한 법을 상대하여 분별한다면 곧 허망한 것은 공하고 진심은 있을 것이니 『열반경』에서 밝힌 것과 같다.

380 원문에 이결二結이라 한 二 자는 三 자의 잘못이다.

381 삼론三論은 인명因明, 백법百法, 십이문론十二門論이다.

드디어 연기의 모습으로 하여금이라고 한 아래는 돌이켜서 위에 뜻을 성립한 것이니
위에 구절[382]은 허망한 법의 있음은 없다고 한 것을 성립한 것이요
아래 구절[383]은 허망한 법의 없음만 있다고 한 것을 성립한 것이다.
그 모습이 다하지 아니함이 없게 한다고 한 것은 이것은 초문初門이요
그 진리가 나타나지 아니함이 없게 한다고 한 것은 이것은 제삼문이요
위에 두 구절[384]을 합하면 제이문이 되는 것이다

疏

上三義中에도 亦如次喻하야 答前三問也니 下二喻도 準知니라

위의 세 가지 뜻 가운데도 또한 차례와 같이 비유하여 앞의 세 가지 물음을 답하였으니,
아래 두 가지 비유[385]도 이것을 기준하면 알 수가 있을 것이다.

---

382 위에 구절(上句)은 연기지상緣起之相 운운이다.

383 아래 구절(下句)은 무성지리無性之理 운운이다.

384 위에 두 구절(上二句)은 상무부진相無不盡과 이무불현理無不現이다.

385 하이유下二喻는 사유四喻 중에 전이유前二喻를 설하여 마쳤기에 하이유下二喻라 하는 것이다.

鈔

上三義中下는 對問會通이라 唯焰無性일새 故不相知는 答直問也요 能依種種이나 所依無二는 答懷疑也요 卽事同眞일새 故不相違는 答設難也니 在義易了일새 故云準知라하니라 若賢首意인댄 問者는 據其初義요 答者는 用其後二라하니 亦是一理니라 是則初義는 兩家共用이니 下當重明하리라

위의 세 가지 뜻 가운데라고 한 아래는 물음을 상대하여 회통한 것이다.
오직 불꽃은 자성이 없기에 그런 까닭으로 서로가 알지 못한다고 한 것은 앞[386]의 바로 물은 것을 답한 것이요
능히 가지가지를 의지하지만 의지하는 바가 둘이 없다고 한 것은 앞의 의심을 품어 거듭 비난한 것을 답한 것이요
곧 사실[387]이 진심과 같기에 그런 까닭으로 서로 어기지 않는다고 한 것은 앞[388]의 비난 세운 것을 답한 것이니,
뜻을 쉽게 알 수 있기에 그런 까닭으로 말하기를 이것을 기준하면 알 수가 있을 것이다 하였다.
만약 현수 법사의 뜻이라면 물은 이[389]는 그 처음에 뜻을 의거하였고

386 앞이란, 영인본 화엄 4책, p.693, 2행과 p.723, 2행 下에도 인용하였다.
387 사실이란, 妄法之種種이니 곧 허망한 법의 가지가지이다.
388 앞이란, 영인본 화엄 4책, p.689, 4행에 운하견유종종차별云何見有種種差別고 한 것이다.

답한 이[390]는 그 뒤에 두 가지 뜻을 인용하였다 하시니 역시 일리가 있다.

이에 곧[391] 처음에 뜻[392]은 양가兩家가 함께 인용하였으니 아래[393]에서 마땅히 거듭 밝히겠다.

---

389 원문에 問者는 문수보살文殊菩薩이다.

390 원문에 答者는 각수보살覺首菩薩이다.

391 원문에 是則이라고 한 아래는 疏主의 뜻이다.

392 이에 곧 처음에 뜻이라고 한 등은, 강사가 말하기를 현수스님은 처음에 뜻으로써 문가問家의 인용을 삼고, 소주인 청량스님은 처음에 뜻으로써 답가答家의 인용을 삼은 까닭으로 여기에 합하여 맺어 말하기를 문가와 답가의 양가가 함께 인용하였다 한 것이라 하나 아직까지는 믿을 수 없음을 염려하나니, 아래 거듭 밝히겠다고 한 문장을 기다려 증검할 것이다. 이상은 『잡화기』의 말이다.

393 아래(下)란, 영인본 화엄 4책, p.757, 2행에 문수文殊는 각이초의各以初義로 치난致難하고, 각수覺首는 각이후의各以後義로 이답而答이라 하였다. 즉 문수는 각각 처음에 뜻으로써 비난을 이루고, 각수는 각각 뒤의 뜻으로써 답하였다는 것이다. 고본은 추자권 52장, 상2행에 있다.

經

又如長風起하야　　遇物咸鼓扇이나
各各不相知인달하야 諸法亦如是하니다

또 긴 시간 바람이 일어나
사물을 만남에 다 흔들지만[394]
각각 서로가 알지 못하는 것과 같아서
모든 법도 또한 이와 같습니다.

疏

第三은 依風有動作으로 喩妄用依眞起니 三義同前하니라

제 세 번째는 바람을 의지하여 동작이 있음으로 망법의 작용이 진심을 의지하여 일어남에 비유한 것이니,
세 가지 뜻[395]은 앞에서 말한 것과 같다.

鈔

第三에 依風有動作喩에 有標釋結이나 而無對問이라 卽以水樹等으

394 원문에 고선鼓扇은 본래 선동하다, 부추기다의 뜻이다.

395 원문에 삼의三義는 一은 유취능의唯就能依, 二는 의소의依所依, 三은 유소의唯所依이다.

로 而爲所依요 餘大同前하니라

제 세 번째 바람을 의지하여[396] 동작이 있다는 비유에 표하는 말과 해석하는 말과 맺는말은 있지만 상대하여 묻는 말은 없다.
곧 물과 나무 등으로써 소의所依를 삼았고 나머지는 앞에서 말한 것과 대동하다.[397]

疏

一에 唯動者는 離所動之物하면 風之動相을 了不可得일새 無可相知니라 妄法亦爾하야 離所依眞하면 體不可得일새 故無相知니 斯則旋嵐偃岳이나 而常靜也니라

첫 번째 오직 움직임에만 나아간[398] 것[399]이라고 한 것은 움직일

396 바람을 의지한다고 한 등은, 이것은 동작을 의지한 까닭으로 바람으로써 의지할 바를 삼거니와, 그 진실인즉 바람과 더불어 동작은 다 능히 의지하는 것이 되나니 망법에 비유하고, 물과 나무 등은 의지할 바가 되나니 바야흐로 진심에 비유한 것이다. 역시 『잡화기』의 말이다.

397 원문에 여대동전餘大同前이란, 대동大同하다는 것은, 역으로 말하면 조금은 다름이 있다는 뜻이다.
즉 앞의 二喩에서는 水·火로써 다 所依를 삼더니, 지금 여기서는 水·樹 등으로써 所依를 삼고 風을 도리어 能依로 삼는 까닭으로 大同하다고 한 것이니, 차이가 없는 것은 아니다.

398 오직 움직임에만 나아간다고 한 등은, 이것은 앞뒤의 비유 가운데 첫 번째 비유로 더불어 비유의 문세가 조금 다르나니, 저 첫 번째 비유는 다 앞과

바(所動) 사물을 떠나면 바람의 움직이는 모습을 마침내 가히 얻을 수 없기에 가히 서로가 알 수 없는 것이다.
허망한 법도 또한 그러하여 의지할 바 진심을 떠나면 그 자체를 가히 얻을 수 없기에 그런 까닭으로 서로가 알 수 없는 것이니 이것은 곧 돌개바람이 산악을 무너뜨리지만 항상 고요하다[400]고 한 것과 같은 것이다.

鈔

斯則旋嵐偃岳이나 而常靜者는 卽肇公言이라 亦云隨嵐이라하니 卽興雲之風이니 北方風也며 亦是壞劫時風이라

이것은 곧 돌개바람이 산악을 무너뜨리지만 항상 고요하다고 한 것은 곧 승조 법사의 말이다.
또한 말하기를 수람隨嵐[401]이라 하였으니
곧 구름을 일으키는 바람이니 북방의 바람이며,
역시 괴겁시壞劫時의 바람이다.

뒤가 서로 의지하는 까닭으로 자성이 없다는 것이고, 지금은 곧 진심을 의지하는 까닭으로 자성이 없다는 것이다. 역시 『잡화기』의 말이다.

399 원문에 유동자唯動者는 一에 유취능의唯就能依니 動은 能動으로 風이고 所動은 物이다.

400 돌개바람 운운은 『조론肇論』의 말이니 영인본 화엄 4책, p.718, 1행에 설출하였다.

401 수람隨嵐이란, 선람旋嵐과 수람隨嵐과 비람毗嵐은 범음梵音의 경중輕重이다.

疏

二에 依所依者는 謂風不能自動이라 要依物現動일새 動無自體가 可以知物이요 物不自動이라 隨風無體일새 不能知風이니 法中에 能依妄法이 要依眞立일새 無體知眞이요 眞隨妄隱일새 無相知妄이라

두 번째는 능의와 소의에 나아간 것이라고 한 것은 말하자면 바람이 능히 스스로 움직이는 것이 아니라[402] 의지할 바 사물을 구하여야 움직임이 나타나기에 움직이는 것은 그 자체가 가히 사물을 알 수가 없고

사물은 스스로 움직이는 것이 아니라[403] 바람을 따라 자체가 없기에 능히 바람을 알 수가 없나니

법합 가운데 능의能依의 허망한 법이 소의所依의 진심을 구하여야 성립하기에 그 자체가 진심을 알 수가 없고,[404]

진심은 허망한 법을 따라 숨기에 그 모습[405]이 허망한 법을 알 수가 없는 것이다.

---

402 원문에 위풍불능자동謂風不能自動 운운은 動自體가 物을 알지 못한다는 것이다.

403 원문에 물부자동物不自動 운운은 物自體가 風을 알지 못한다는 뜻이니, 즉 相互依止하지만 서로 알지 못한다는 것이다. 風은 能依요, 依物은 所依物이다.

404 무체無體의 체體란, 망체妄體이다.

405 그 모습이란, 진상眞相이다.

疏

三에 唯所依者는 謂風鼓於物에 動唯物動이라 風相皆盡에 無可相知니 妄法作用도 自本性空에 唯所依眞이 挺然顯現이라

세 번째 오직 소의에만 나아간 것이라고 한 것은 말하자면 바람이 사물을 흔듦에 움직이는 것은 오직 사물이 움직이는 것이다.
바람의 모습이 모두 다함에 가히 서로가 알 수 없나니
허망한 법의 작용도 스스로 본성이 공함에 오직 소의所依의 진심만이 정연히 밝게 나타나는 것이다.

疏

是故로 妄法全盡이나 而不滅하고 眞性全隱이나 而恒露하나니 能所熏等이 法本自爾니라 思之可見이리라

이런 까닭으로 허망한 법이 온전히 다한 듯하지만 그러나 사라지지 아니하였고,
진실한 자성이 온전히 숨은 듯하지만 그러나 항상 드러나 있나니
능·소의 훈습 등이 법이 본래 스스로 그러한 것이다.
생각해 보면 가히 볼 수 있을 것이다.

鈔

是故妄法下는 結이라 文有兩對하야 具上三門이니 妄法全盡이나 而

不滅者는 單取妄法全盡이니 是初門이요 將上而不滅하야 對下眞性全隱하면 爲第二門이니 以不滅爲能依하고 全隱爲所依故라 下句中에 而恒露는 卽第三門이라

이런 까닭으로 허망한 법이라고 한 아래는 맺는 말이다.
문장에 두 가지 상대가 있어서[406] 위에 세 가지 문門을 갖추었나니 허망한 법이 온전히 다한 듯하지만 그러나 사라지지 아니하였다고 한 것은 다만 허망한 법이 온전히 다한 것만 취한 것이니 이것은 초문初門이요
위에 그러나 사라지지 아니하였다고 한 것을 가져 아래에 진실한 자성이 온전히 숨었다고 한 것을 상대한다면 제이문第二門이 되나니 사라지지 아니한 것으로써 능의를 삼고, 온전히 숨은 것으로써 소의를 삼은 까닭이다.
아래 구절 가운데 그러나 항상 드러나 있다고 한 것은 곧 제삼문第三門이다.

406 원문에 문유양대文有兩對란, 一은 망법妄法 운운이요, 二는 진성眞性 운운이다.

經

又如衆地界가　　展轉因依住나
各各不相知인달하야 諸法亦如是하니다

또 수많은 땅의 세계가
전전히 의지함을 인하여 머물지만
각각 서로가 알지 못하는 것과 같아서
모든 법도 또한 이와 같습니다.

疏

第四에 依地有任持者는 喩妄爲眞所持니 三義同前하니라

제 네 번째 땅을 의지하여 임지함이 있다고 한 것은 허망한 법이 진심의 임지할 바가 됨을 비유한 것이니,
세 가지 뜻은 앞에서 말한 것과 같다.

疏

初에 地界因依는 有二種義하니 一은 約自類요 二는 約異類라 前中에 從金剛際로 上至地面은 皆上依下하고 下持上하야 展轉因依하야 而得安住라 然上能依가 皆離所하면 無體而能知下하며 下能持도 皆亦離所하면 無體可令知上케하니라 又上上能依가 徹至於下

라도 無下可相知하며 下下能持가 徹至於下이라도 無上可相知니 是故로 若依若持가 相無不盡이라 所現妄法도 當知亦爾하야 必麁依細니 謂苦報依於業하고 業依無明造하고 無明依所造하야 展轉無體하야 無物可相知니 斯則厚載萬物이나 而不仁也니라 肇公亦云호대 乾坤倒覆이나 無謂不靜也라하니라

처음에 땅의 세계가 의지함을 인한다고 한 것은 두 가지 뜻이 있나니
첫 번째는 자류自類의 땅을 잡은 것이요
두 번째는 이류異類의 땅을 잡은 것이다.

앞의 자류의 땅 가운데 금강의 땅 끝으로 좇아 위로 지면地面에 이르기까지는 다 위에 땅이 아래 땅을 의지하고 아래 땅이 위에 땅을 의지하여 전전히 의지함을 인하여 안주安住함을 얻는 것이다. 그러나 위에 능히 의지하는(能依) 것이 다 아래에 의지할 바(所依)를 떠난다면 그 자체[407]가 능히 아래의 의지할 바를 알 수가 없으며 아래에[408] 능히 의지하는(能持) 것도 다 또한 위에 의지할 바(所持)를 떠난다면 그 자체[409]가 가히 하여금 위에 능히 의지하는 것을 알게 할 수 없는 것이다.
또 상상上上에 능의能依가[410] 아래에 소의所依에 사무쳐 이를지라도

407 그 자체란, 능의자체能依自體이다.

408 然下의 然 자는 연자衍字이다.

409 그 자체란, 능지자체能持自體이다.

410 또 상상에 능의라고 한 등은, 앞에서는 능의가 소의를 가자하여 있는 까닭으로

아래에 소의가 가히 서로 알게 할 수 없으며,

하하下下에 능지能持가 아래에 소지所持에 사무쳐 이를지라도 위에 능지가 가히 서로 알게 할 수 없나니,

이런 까닭으로 이에 능의·소의와 이에 능지·소지가 서로 다하지 아니함이 없는 것이다.

나타난 바 허망한 법도 마땅히 알아라. 또한 그러하여 반드시 거친 법은 미세한 법을 의지하나니

말하자면 괴로움의 과보는 업을 의지하고, 업은 무명을 의지하여 짓고, 무명은 지을 바[411] 업을 의지하여 전전히 자체가 없어서 사물이 가히 서로 알게 할 수 없나니,

이것은 곧 만물을 후덕하게 싣지만 그러나 치우쳐 사랑하지는 않는다는 것이다.

승조 법사도 또한 말하기를 하늘과 땅이 무너지지만 고요하지 않다고 말할 수는 없다[412] 하였다.

자체가 없다는 것이고, 지금에는 곧 능의를 잡아서는 다 능의가 되고 능지를 잡아서는 다 능지가 된다는 까닭이다. 이상은 『잡화기』의 말이고, 『유망기』는 상상의 능의라고 한 것은 이 위에는 능지能知가 없음을 밝히고, 지금에는 소지所知가 없음을 밝힌 것이다 하였다.

411 지을 바란 곧 업이라고 『잡화기』는 말한다.

412 원문에 무위부정야無謂不靜也란, 즉 치우쳐 사랑하지 않는다는 말과 하늘과 땅이 무너져도 고요히 있다는 말로 대비하였다(즉 무심으로 집착하지 않는다는 것이다).

鈔

初는 唯能依니 此中立名이 與前小異라 前云一은 唯流唯焰唯動이라하고 今初云地界因依라하니 卽喩勢小異라 一에 約自類者는 猶如累墼이니 餘並可知라 斯則厚載萬物이나 而不仁者는 不恃仁德也니 老子云호대 天地不仁하야 以萬物爲芻狗라하며 經云호대 譬如大地가 荷四重任이나 而無疲厭也라하니라 次肇公下는 亦不遷論末에 總結云호대 然則乾坤倒覆나 無謂不靜하며 洪水滔天이나 無謂其動이니 苟能契神於卽物하면 斯不遠而可知矣라하니 坤卽是地일새 故得引之니라

처음에는 오직 능의에만 나아간 것이니
이 가운데 이름을 세운 것이 앞에 이름을 세운 것으로 더불어 조금 다르다.[413]
앞에서는 말하기를 첫 번째는 오직 흐름과 오직 불꽃과 오직 움직임[414]이라고만 하였고, 지금에는 처음에 말하기를 땅의 세계가 의지

413 원문에 與前小異란, 前은 皆所依水等外에 有能依焰等이어늘 今卽但地가 展轉因依故라하니 與前小異라.
즉 앞에서 이름을 세운 것으로 더불어 조금 다르다고 한 것은, 『잡화기』에 말하기를 앞에서는 다 의지할 바 물 등 밖에 능히 의지하는 불꽃 등이 있거니와 지금에는 곧 다만 땅의 세계世界가 전전히 의지함을 인하여 머무는 까닭이라 하였으니 앞에서 말한 것과 조금은 다른 것이다 하였다.

414 원문에 유류唯流는 第一偈이고, 유염唯焰은 第二偈이고, 유동唯動은 第三偈이다.

함을 인한다고 하였으니
곧 비유의 문세가 조금 다른 것이다.

첫 번째 자류의 땅을 잡은 것이라고 한 것은 비유하자면 포개진 벽돌[415]과 같나니
나머지는 아울러 가히 알 수가 있을 것이다.

이것은 곧 만물을 후덕하게 싣지만 치우쳐 사랑하지는 않는다고 한 것은 인덕仁德을 믿지 않는다는 것이니
노자가 말하기를 하늘과 땅은 치우쳐 사랑하지 아니하여[416] 만물로 추구芻狗[417]를 삼는다 하였으며
경에 말하기를 비유하자면 대지가 네 가지 무거운 임무[418]를 지고 있지만 피곤해하거나 싫어한 적이 없다 하였다.

다음에 승조 법사라고 한 아래는 또한 물불천론 끝에 모두 맺어

---

415 원문에 누격累墼이란, 땅이 마치 포개진 벽돌과 같다는 것이다. 墼은 벽돌 격 자이다.

416 불인不仁은 聖人은 不仁이니, 不仁은 무심無心이다.

417 추구芻狗는 짚으로 만든 개. 중국에서 옛날에 제사에 쓰던 것이다. 추령芻靈은 풀이나 짚으로 만든 인형人形으로 사자死者의 대신으로 쓰던 것. 모두 제사가 끝나면 버리는 것이니 喩其不着意, 즉 그 잡착하지 않는 뜻에 비유한 것이다.

418 四重은 ①大海, ②諸山, ③草木, ④衆生이니 율자권律字卷 하권 12장을 참고할 것이다.

말하기를 그렇다면 곧 하늘과 땅이 넘어지지만 고요하지 않다고 말할 수는 없으며,
홍수가 하늘까지 넘쳐나지만 움직인다고 말할 수는 없나니,
진실로 능히 정신이 곧 사물에 계합한다면 이에 멀지 않아서 가히 알 수 있을 것이다 하였으니,
곤坤은 곧 여기에 지地[419]이기에 그런 까닭으로 인용하였다.

疏

二에 約異類者는 如下文에 地輪依水輪하고 水輪依風輪하고 風輪依虛空하고 虛空無所依라하니 準此인댄 妄境依妄心하고 妄心依本識하고 本識依如來藏하고 如來藏無所依라 是故로 若離如來藏하면 餘諸妄法이 各互相依하야 無體能相知리니 是則妄法이 無不皆盡이라

두 번째 이류의 땅을 잡았다고 한 것은 아래 경문에 지륜은 수륜을 의지하고 수륜은 풍륜을 의지하고 풍륜은 허공을 의지하고 허공은 의지하는 바가 없다 한 것과 같나니,
이것을 기준한다면 허망한 경계는 허망한 마음을 의지하고 허망한 마음은 본식을 의지하고 본식은 여래장을 의지하고 여래장은 의지하는 바가 없는 것이다.

---

419 원문에 곤즉지坤卽地란, 『조론』에 곤坤이라 하고, 此經의 여기에는 지地(衆地界)라 한 것이다.

이런 까닭으로 만약 여래장을 떠난다면 나머지 모든 허망한 법이 각각 서로서로 의지하여 그 자체가 능히 서로 알 수가 없을 것이니 이것은 곧 허망한 법이 다 다하지 아니함이 없는 때문이다.

鈔

二에 約異類者는 卽出現品에 四輪相依喩라 然其合文이 與此不同하니 今但借其四輪用耳니라

두 번째 이류의 땅을 잡았다고 한 것은 곧 여래출현품에 사륜[420]이 서로 의지하는 비유이다.
그러나 그곳에 법합의 문장이 여기로 더불어 같지 않나니,
지금에는 다만 그곳에 사륜만을 빌려서 인용하였을 뿐이다.

疏

二에 依所依者는 地界가 正由各無自性하야 而得存立이니 向若有體면 則不相依하며 不相依故로 不得有法하리니 是故로 攬此無性하야 以成彼法이라 法合可知니라

두 번째 능의와 소의에 나아간 것이라고 한 것은 지계地界가 바로 각각 자성이 없음을 인유하여 존립함을 얻나니,

420 사륜四輪이란, 지地·수水·화火·풍風이다.

향전向前에 만약 자체가 있었다면 곧 서로가 의지할 수 없으며 서로가 의지할 수 없는 까닭으로 법이 있음을 얻을 수 없는 것이니, 이런 까닭으로 이 자성이 없음을 잡아서 저 법을 성립하는 것이다. 법합은 가히 알 수가 있을 것이다.

疏

三에 唯所依者는 謂攬無性하야 成彼法者는 是則彼法이 無不皆盡하야 而未曾不滅하고 唯無性理이 而獨現前하니라

세 번째 오직 소의에만 나아간 것이라고 한 것은 말하자면 자성이 없음을 잡아서 저 법을 성립한다고 한 것은 이것은 곧 저 허망한 법이 다 다하지 아니함이 없어서 일찍이 사라지지 아니한 적이 없고 오직 자성이 없는 진리만이 홀로 앞에 나타난다는 것이다.

疏

餘義同前하니라 上通答釋成前難은 竟이라

나머지 뜻은 앞에서 말한 것과 같다.

상래에 앞에 비난[421]을 해석하여 성립함을 통답通答한 것은 마친다.

---

421 원문에 전난前難이란, 앞에 삼종문난三種問難이다.

鈔

餘義同前者는 第三總結이라 然이나 餘義有二하니 一者는 結前三門이니 應云호대 一에 妄無不盡은 是初門이요 理無不現은 是第三이요 合二爲第二라하리로대 全在第三의 唯所依中일새 故云餘義라하니라 二者는 對上三問하야 以爲餘義니라

나머지 뜻은 앞에서 말한 것과 같다고 한 것은 제 세 번째 모두 맺는 것이다.
그러나 나머지 뜻에 두 가지가 있나니
첫 번째는 앞에 삼문三門[422]을 맺는 것이니
응당히 말하기를 첫 번째 허망한 법이 다하지 아니함이 없다고 한 것은 이것은 초문初門이요
진리가 나타나지 아니함이 없다고 한 것은 이것은 제삼문第三門이요
이 둘을 합하면 제이문第二門이 된다 해야 할 것이지만 그러나 온전히 제삼문의 오직 소의에만 나아간 것이라고 한 가운데 있기에 그런 까닭으로 말하기를 나머지 뜻이라 한 것이다.
두 번째는 위에 세 가지 물음[423]을 상대하여 나머지 뜻을 삼은 것이다.

---

422 삼문三門이란, ① 유능의唯能依, ② 의소의依所依, ③ 유소의唯所依이다.
423 門은 問 자의 잘못이다.

疏

第二는 別對諸不相知하고 及通前難者는 初水流轉으로 喩前二對의 不相知하야 答趣善惡難이니 以善惡趣가 流轉體故니라

제 두 번째는 앞[424]의 문장에서 모든 법이 서로가 알지 못한다고 한 것을 따로 상대하고, 그리고 앞에 비난을 한꺼번에 해석한다고 한 것은 처음에는 물이 유전하는 것으로 앞의 이대二對에 서로가 알지 못한다고 한 것을 비유하여 선한 곳과 악한 곳에 대한 비난을 답한 것이니,
선한 곳과 악한 곳이[425] 유전의 자체인 까닭이다.

鈔

第二에 別對等者는 上之四喩는 通喩五對의 不相知義하고 今則別對라 言及通前難者는 卽往善趣等의 五對難也니라 初水流者는 卽業不知心하고 心不知業하며 受不知報하고 報不知受니라 答趣善惡者는 上云호대 心性是一거니 云何見往善趣惡趣고할새 答云호대 善趣惡趣는 卽是總報니 由業熏心하야 受所受報가 如水漂流라하니라 言流轉體者는 體卽賴耶라 故唯識云호대 恒轉如瀑流라하니 釋論云호대 如瀑流水가 非斷非常하야 相續長時하야 有所漂溺인달하야 此識亦爾하야 從無始來로 刹那刹那에 果生因滅하나니 果生故非斷이요 因

424 앞이란, 영인본 화엄 4책, p.714, 4행이다.

425 선한 곳과 악한 곳이란, 영인본 화엄 4책, p.690, 3행이다.

滅故非常이니 漂溺有情하야 令不出離라하니라 亦如起信云호대 如大海水가 因風波動이라하며 楞伽云호대 藏識海常住나 境界風所動等이라하며 二地經云호대 一切衆生이 爲大瀑水의 波浪所沒等이라하니라

제 두 번째 앞의 문장에서 모든 법이 서로가 알지 못한다고 한 것을 따로 상대한다고 한 등은 위에 네 가지 비유[426]는 오대五對에 서로가 알지 못한다고 한 것을 한꺼번에 비유하였고, 지금에는 따로 상대하였다.

그리고 앞에 비난을 한꺼번에 해석하였다고 말한 것은 곧 선한 곳에도 악한 곳에도 간다는 등 오대[427]에 서로가 알지 못한다는 뜻을 한꺼번에 해석한 것이다.

처음에는 물이 유전한다고 한 것은 곧 업은 마음을 알지 못하고[428] 마음은 업을 알지 못하며, 받는 것은 과보를 알지 못하고 과보는 받는 것을 알지 못한다고 한 것이다.

---

426 네 가지 비유(四喩)란, 수水·화火·풍風·지地이다.

427 오대五對란, 영인본 화엄 4책, p.690, 3행에 ① 왕선취악취往善趣惡趣, ② 제근만결諸根滿缺, ③ 수생동이受生同異, ④ 단정추루端正醜陋, ⑤ 고락부동苦樂不同이다.

428 원문에 업부지심業不知心 운운은 영인본 화엄 4책, p.692, 7행에 있다.

선한 곳과 악한 곳에 대한 비난을 답한 것이라고 한 것은 위에서 말하기를[429] 심성이 하나이거니 어떻게 선한 곳에도 악한 곳에도 감을 보는가 하기에, 답하여 말하기를 선한 곳과 악한 곳(善趣惡趣)은 곧 총보總報이니 업을 인유하여 마음을 훈습하여 받을 바 과보를 받는 것이 마치 물이 표류하는 것과 같다 하였다.

유전의 자체라고 말한 것은 자체는 곧 아뢰야식이다.
그런 까닭으로 『유식론』에 말하기를[430] 항상 유전하는 것이 마치 폭포의 흐름과 같다 하였으니,
『유식석론』[431]에 말하기를 마치 폭포에 흐르는 물이 끊어지지도 않고 영원하지도 않아서 장시간토록 상속하여 표류하여 빠지게 하는 바가 있는 것과 같아서, 이 아뢰야식도 또한 그러하여 비롯함이 없이 옴으로 좇아 찰나 찰나에 과보가 생겨나기도 하고 원인이 사라지기도 하나니,
과보가 생겨나는 까닭으로 끊어지지 않고 원인이 사라지는 까닭으로 영원하지 않나니 유정을 표류시켜 빠뜨려 하여금 벗어나지 못하게

---

429 원문에 상운上云이란, 영인본 화엄 4책, p.687, 7행에는 심성시일心性是一거니 운하견유종종차별云何見有種種差別고 소위왕선취악취所謂往善趣惡趣 운운云云하였다.

430 유식운唯識云이란, 『유식삼십송唯識三十頌』에 나온다.

431 『유식석론唯識釋論』이란, 『유식삼십송唯識三十頌』은 세친보살世親菩薩이 짓고, 여기에 호법 등 십대논사十大論師가 해석을 붙인 것이 『석론釋論』이다. 이것을 현장이 중국에 가지고 와서 『성유식론成唯識論』을 만들었다.

한다 하였다.

또 저 『기신론』에 말하기를 마치 큰 바닷물이 바람을 인하여 파도가 이는 것과 같다 하였으며

『능가경』에 말하기를 장식藏識의 바다는 항상 머물고 있지만 경계의 바람이 움직이는 바다 한 등이라 하였으며

이지二地의 경에 말하기를 일체중생이 큰 폭포수의 물결에 빠지는 바가 된다 하였다.

疏

二는 大火로 喩第二三對에 不相知하야 答前諸根受生이니 如火依薪하야 有生滅故니라

두 번째는 큰불로 제이대第二對와 제삼대第三對에 서로가 알지 못한다고 한 것을 비유하여 앞에 제근諸根이[432] 원만하기도 모자라기도 하며 받아 나는 것이[433] 같기도 다르기도 하다고 한 것을 답한 것이니, 마치 불이 땔나무를 의지하여 생겨나기도 하고 사라지기도 함이 있는 것과 같은 까닭이다.

432 제근諸根 운운은 제이대이다.

433 받아 나는 것 운운은 제삼대이다.

鈔

二에 大火로 喩第二三對者는 此亦鉤鎖니 第二對는 前已用竟거니와 今復喩之리니 謂受不知報하고 報不知受하며 及心不知受하고 受不知心이라 答前諸根受生者는 答前二難이니 由前問云호대 心性是一거니 何以見有諸根滿缺하며 及受生同異고할새 故今答云호대 諸根滿缺하며 受生同異가 皆由識種하야 受所受報하며 亦依於心하나니 如火依薪故라하니라

두 번째 큰불로 제이대와 제삼대에 서로가 알지 못한다고 한 것을 비유했다고 한 것은 이것도 또한 전후로 당겨 사슬 매듯 연속한 것(鉤鎖)[434]이니,
제이대는 앞에서 이미 인용하여 마쳤거니와[435] 지금에 다시 비유하리니
말하자면 받는 것은 과보를 알지 못하고 과보는 받는 것을 알지 못하며,
그리고 마음은 느낌을 알지 못하고 느낌은 마음을 알지 못한다고 한 것이다.

---

434 역구쇄亦鉤鎖란, 영인본 화엄 4책, p.705, 4행에 전후역구쇄前後亦鉤鎖라 하였다.

435 원문에 전이용경前已用竟이라 한 그 전前은 앞에 역여대화취亦如大火聚 운운이니 영인본 화엄 4책, p.724에 있다.

앞에 제근이 원만하기도 하고 모자라기도 하며 받아나는 것이 같기도 하고 다르기도 하다고 한 것을 답한 것이라고 한 것은 앞에 두 가지 비난을 답한 것이니,

앞에서 물어 말하기를 심성이 하나이거니 어떻게 제근이 원만하기도 모자라기도 하며 그리고 받아나는 것이 같기도 다르기도 함이 있음을 보는가 함을 인유하기에 그런 까닭으로 지금에 답하여 말하기를 제근이 원만하기도 모자라기도 하며 받아나는 것이 같기도 다르기도 한 것이 다 팔식의 종자를 인유하여 받을 바 과보를 받으며

또한 마음을 의지하나니[436] 마치 불이 땔나무를 의지하는 것과 같은 까닭이다 하였다.

疏

次以長風으로 喩前因緣하야 答前好醜니 遇物鼓扇하야 現諸相故니라

다음에는 긴 시간 바람으로써 앞에 인연을 비유하여 앞에 좋고 추하다고 한 것을 답한[437] 것이니,

---

436 또한 마음을 의지한다고 한 것은 곧 말한 바 종자가 현행을 의지하는 것이다. 그러나 이 가운데 받을 바 과보가 이미 이 별보인 까닭으로 제근이 원만하기도 하고 모자라기도 하고, 같기도 하고 다르기도 함에 통하여 마음을 의지하여 있는 것이다. 이상은 『잡화기』의 말이다.

437 원문에 전호추前好醜란, 영인본 화엄 4책, p.690, 3행에 단정端正, 추루醜陋라 하였다.

마치 사물을 만남에 다 흔들어[438] 모든 모습을 나타내는 것과 같은 까닭이다.

鈔

次以長風者는 唯喩一對니 謂因不知緣하고 緣不知因이라 答前好醜者는 謂前問云호대 心性是一거니 云何見有端正醜陋고할새 故今答云호대 今所受報가 有姸媸者는 由業緣異하야 令報好醜니 如風東西하야 令物偃倚케하야 相各不同하니라

다음에는 긴 바람이라고 한 것은 오직 일대一對에만 비유한 것이니 말하자면 원인은 조연을 알지 못하고 조연은 원인을 알지 못한다고 한 것이다.

앞에 좋고 추하다고 한 것을 답한 것이라고 한 것은 말하자면 앞에 물어 말하기를 심성은 하나이거니 어떻게 단정하고 누추함이 있음을 보는가 하기에, 그런 까닭으로 지금에 답하여 말하기를 지금에 받을 바 과보가 예쁘고 추함이 있다고 한 것은 업연이 다름을 인유하여 과보로 하여금 좋게도 추하게도 한다는 것이니,
마치 바람이 동으로 불고 서로 불어 사물로 하여금 넘어지게도 기울게도 하여[439] 모든 모습이 각각 같지 않게 하는 것과 같은 것이다.

---

438 원문에 우물고선遇物鼓扇은 영인본 화엄 4책, p.730, 6행에 있다.

439 偃: 東으로 불면 넘어지게(偃) 하고, 倚: 西로 불면 기울게(倚) 한다.

疏

次以地界로 亦喩因緣하야 答前苦樂이니 展轉因依가 似輕重故니라 又喩前境智하야 答前諸根이니 隨種所生의 根等異故니라

다음에는 땅의 세계로써 또한 앞의 인연[440]에 비유하여 앞에 괴로움과 즐거움이 같지 않다고 한 것을 답한 것이니,
전전히 인연하여 의지하는 것이 마치 땅이 가볍고 무거운 것과 같은 까닭이다.
또 앞에 경계와 지혜[441]에 비유하여 앞에 제근이 원만하기도 모자라기도 하다고 한 것을 답한 것이니,
종자를 따라 생기할 바 제근 등이 다른 까닭이다.

鈔

答前苦樂者는 喩不相知인댄 則同於風하고 答前苦樂인댄 則不同風이니 謂上問言호대 心性是一거니 云何見有受苦受樂고할새 故今答云호대 善因樂果와 惡業苦報인 苦樂多種이 如地輕重이라하니라 又喩前境智者는 前以風地二喩로 同喩因緣의 一不相知하고 今一地喩로 喩二不相知니라 答前諸根者는 以諸根에 有二義하니 一은 約眼

440 원문에 전인연前因緣이란, 원인은 조연을 알지 못하고 조연은 원인을 알지 못한다고 한 것이다.

441 원문에 전경지前境智란, 지혜는 경계를 알지 못하고 경계는 지혜를 알지 못한다고 한 것이다.

等諸根이니 則火喩以答이요 二는 信等諸根이니 今地喩以答이라 地雖是一이나 隨種生芽요 心性雖一이나 隨報成異니 故信進等이 各各不同하니라

앞에 괴로움과 즐거움이 같지 않다고 한 것을 답한 것이라고 한 것은 서로가 알지 못한다고 한 것에 비유한 것이라고 한다면 곧 바람과 같고,
앞에 괴로움과 즐거움이 같지 않다고 한 것을 답한 것이라고 한다면 곧 바람과 같지 않나니,
말하자면 위에서 물어 말하기를 심성은 하나이거니 어떻게 괴로움을 받고 즐거움을 받음이 있음을 보는가 하였기에, 그런 까닭으로 지금에 답하여 말하기를 선한 인연에 즐거운 과보와 악한 업에 괴로운 과보인 괴로움과 즐거움의 수많은 종류가 마치 땅이 가볍고 무거운 것과 같다 하였다.

또 앞에 경계와 지혜에 비유했다고 한 것은 앞에서는[442] 바람과 땅의 두 가지 비유로써 인연의 하나가 서로 알지 못한다는 것을 똑같이 비유하였고,
지금에는 하나의 땅의 비유로써 경계와 지혜의 두 가지가 서로 알지 못한다는 것을 비유하였다.[443]

---

442 앞(前)이란, 영인본 화엄 4책, p.738, 4행에 장풍유전인연長風喩前因緣과 영인본 화엄 4책, p.738, 9행에 지계역유인연地界亦喩因緣이니 바로 앞의 소문疏文이다.

앞에 제근이 원만하기도 모자라기도 하다고 한 것을 답한 것이라고 한 것은 제근에 두 가지 뜻이 있나니
첫 번째는 눈 등의 제근을 잡은 것이니 곧 불의 비유로써 답한 것이요
두 번째는 신信 등의 제근을 잡은 것이니 지금에 땅의 비유로써 답한 것이다.
땅은 비록 하나이지만 종자를 따라 싹을 내고, 심성은 비록 하나이지만 업보를 따라 다름을 이루나니
그런 까닭으로 신·진 등[444]이 각각 같지 않는 것이다.

疏

上來總別로 並答釋成中에 以何因緣으로 各不相知는 竟이라

상래에 총석과 별석으로 해석하여 성립하는 가운데 무슨 인연으로 각각 서로가 알지 못하는가 한 것을 아울러 답한 것은 마친다.

---

443 경계와 지혜의 두 가지가 서로 알지 못한다는 것을 비유하였다고 한 것은, 이것은 통설을 잡은 것이니 제 오대五對 가운데 있어 하나의 땅의 비유로써 경계와 지혜의 두 가지가 서로 알지 못한다는 것을 비유한 것을 말한 것은 아니다. 혹자는 말하기를 유이喩二라 한 이二 자는 일一 자의 잘못이라 하니 깊이 생각지 못한 것이 아닌가 염려한다 하였다. 이상은 『잡화기』의 말이다.

444 등等이란, 염念·정定·혜慧를 등취等取한 것이다.

疏

第二에 五偈는 答前設難이라 文分爲三하리니 初三偈는 正答前難이요 次一偈는 釋成前義요 第三一偈는 拂迹入玄이라 今初니 先明大意요 次正釋文이라 今初前問이 有三重일새 今此三偈에 一一具答上之三問이니 謂第一에 直爾問云호대 旣有種種인댄 何緣得不相知는 前五偈答竟하고 旣不相知인댄 何緣種種은 答有四因이라 一은 妄分別故요 二는 諸識熏習故요 三은 由無性하야 不相知故요 四는 眞如隨緣故니 初偈는 具二三하고 餘二는 各一義니라 然此四因이 但是一致니 謂由妄分別爲緣하야 令眞如로 不守自性하고 隨緣成有케하야 諸識熏習하야 展轉無窮이니 若達妄源하면 成淨緣起하리라 諸宗各取는 並不離象이니 受一非餘면 斯爲偏見이라

제 두 번째 다섯 게송은 앞에 비난 세운 것을 답한 것이다.
문장을 나누어 세 가지로 하리니
처음에 세 게송은 앞에 비난을 바로 답한 것이요
다음에 한 게송은 앞에 뜻을 해석하여 성립한 것이요
제 세 번째 한 게송은[445] 자취를 떨치고 현묘함에 들어간 것이다.
지금은 처음으로 먼저는 대의大意를 밝히고 다음에는 바로 경문을 해석하였다.
지금은 처음으로 앞에 질문이 삼중三重이 있었기에[446] 지금에 이

445 제 세 번째 한 게송이란, 영인본 화엄 4책, p.805, 3행이다.
446 앞에 질문이 삼중三重이 있다고 한 것은 영인본 화엄 4책, p.639, 1행이다.

세 가지 게송에서 낱낱이 위에 세 가지 질문을 갖추어 답하였으니 말하자면 제일에[447] 바로 저 문수가 물어 말하기를[448] 이미 가지가지가 있었다면 무슨 인연으로 서로가 알지 못하는가 한 것은 앞의 다섯 게송에서 답하여 마쳤고,

이미 서로가 알지 못한다고 한다면 무슨 인연이 가지가지를[449] 있게 하는가 한 것은 지금 답함에 네 가지 인연이 있다.

첫 번째는 허망하게 분별하는 까닭이요

두 번째는 모든 식이 훈습하는 까닭이요

세 번째는 자성이 없음을 인유하여 서로가 알지 못하는 까닭이요

네 번째는 진여가 인연을 따르는 까닭이니

처음 게송은 두 번째와 세 번째의 인연을 갖추었고 나머지 두 게송은 각각 한 가지 인연만[450] 갖추었다.

---

447 제일이라고 한 것은 영인본 화엄 4책, p.639, 3행이다.

448 바로 저 문수가 물어 말하였다고 한 등은 잠깐 이 경문을 본즉 비록 다만 맺어 성립하는 가운데 무슨 인연으로 가지가지를 있게 하는가 한 말을 답한 것 같으나 그 진실은 본래 비난을 답한 것이니 서로 알지 못하는 것이 곧 한 자성인 까닭이다. 비록 본래 비난은 진여 가운데 불변을 잡아서 말하기를 심성이라 하고 비난을 맺는 것은 허망 가운데 자체가 공함을 잡아서 말하기를 서로 알지 못한다 한 것이지만 그 진실은 진여 가운데 불변이 곧 허망 가운데 자체가 공한 것인 까닭이다. 이상은 다 『잡화기』의 말이다.

449 원문에 기불상지既不相知인댄 하연종종何緣種種고라고 한 것은 앞에 영인본 화엄 4책, p.639, 3행에 기불상지既不相知인댄 수교종종誰教種種고라 하였다.

450 원문에 여이각일의餘二各一義란, 第二頌은 四에 진여수연眞如隨緣이요, 第三頌은 一에 망분별妄分別이다.

그러나 이 네 가지 인연이 다만 한 가지 이치일 뿐이니
말하자면 허망한 분별이 인연이 됨을 인유하여 진여로 하여금 자성을 지키지 않고[451] 인연을 따라 있음을 이루게 하여 모든 식이 훈습하여 전전히 다함이 없나니
만약 허망(妄)의 근원을 요달한다면[452] 정연기淨緣起[453]를 성취할 것이다.
모든 종에서 각각 취한 것은[454] 모두 코끼리를 떠나지 못하는 것과 같나니
하나만을 받아들이고 나머지를 그르다고 한다면[455] 이것은 편견이다.

鈔

第二五偈는 答前設難이라 今初前問有三下는 即先明大意니 於中有二라 第一은 總彰偈文之意니 二라 初는 正明이요 然此四因下는 二에 融會라 言諸宗者는 上四因中에 初一은 通性相二宗이요 二는

---

451 자성을 지키지 않는다고 한 것은 곧 자성이 없고 인연 따라 있다는 것이다.

452 만약 허망의 근원을 요달한다면 운운한 것은 위에 염연기를 상대한 까닭으로 여기에 정연기를 겸하여 밝힌 것이다고 『잡화기』는 말한다.

453 정연기淨緣起는 염연기染緣起의 반대이다.

454 원문에 제종각취諸宗各取란, 공종空宗은 다만 무성無性만 취하고 나머지 셋(三)은 취하지 않으며, 상종相宗은 다만 훈습薰習과 분별分別만 취하고 나머지 둘은 취하지 않으며, 성종性宗은 수연隨緣과 분별分別만 취하고 나머지 둘은 취하지 않나니 이 모두는 편견偏見이다.

455 원문에 수일비여受一非餘란, 각자 자기의 종宗만 옳다 하고 나머지 다른 종宗은 그르다 한다면 편견이라는 것이다.

卽法相宗이요 三은 卽無相宗이요 四는 卽法性宗이라 據其實義인댄 四因不缺하야사 方成緣起甚深之趣하리니 隨情執見인댄 則乖聖旨호미 如盲摸象에 不全見象이나 然不離象하니라 盲不識乳는 則一向奪之요 今盲摸象은 則是分奪이니 取其不離인댄 並順聖教리라

제 두 번째 다섯 게송은 앞에 비난 세운 것을 답한 것이다.[456]
지금은 처음으로 앞에 질문이 삼중이 있었다고 한 아래는 곧 먼저 대의를 밝힌 것이니
그 가운데 두 가지가 있다.
첫 번째는 게송문의 뜻을 한꺼번에 밝힌 것이니
두 가지가 있다.
처음에는 바로 밝힌 것이요
그러나 이 네 가지 인연이라고 한 아래는 두 번째 융합하여 회통한 것이다.

모든 종이라고 말한 것은 위에 네 가지 인연 가운데 첫 번째는 성性·상相 이종二宗에 통하는 것이요
두 번째는 곧 법상종이요
세 번째는 곧 무상종이요
네 번째는 곧 법성종[457]이다.

---

456 제이第二 등 여덟 글자는 없는 것이 좋다. 소문疏文에 이미 표表하였기에 없는 것이 좋다. 속장경에는 없다. 그러나 나는 이해를 돕기 위하여 그대로 두고 번역하였다.

그 진실한 뜻을 의거한다면 네 가지 인연이 빠지지 아니하여야
바야흐로 연기의 깊고도 깊은 의취意趣를 이룰 것이니
망정을 따라 소견에 집착한다면 곧 성인의 뜻을 무너뜨리는 것이
마치 눈먼 사람이 코끼리를 만짐에 온전히 코끼리를 보지 못하지만
그러나 코끼리를 떠나지 못하는 것과 같다.[458]
눈먼 사람이[459] 젖을 알지 못하는 것과 같은 것은 곧 오로지 빼앗는 것이요,
지금에 코끼리를 만지는 것[460]과 같은 것은 곧 부분적으로 빼앗는 것이니,
그 코끼리를 떠나지 못하는 것과 같다고 함을 취한다면[461] 모두 성인의 가르침을 따라야 할 것이다.

此喩는 卽涅槃第三十二와 南經三十에 答師子吼라 衆生이 若有佛性인댄 不須修道라도 自得菩提니다하니 答意云호대 衆生有者는 定當得故라하시고 後擧此喩云호대 善男子야 譬如有王이 告一大臣호대

---

457 네 번째는 곧 법성종이라고 한 것은, 이실理實의 성종은 앞에 네 가지 인연을 갖추고 있지만 지금에는 수승함을 나타내는 것을 좇아 말한 것이다고 『잡화기』는 말한다.

458 그 봉사(맹인)들의 봄을 떠나서 코끼리가 없다는 것이다.

459 눈먼 사람 운운은 諸宗에서 서로 주장하는 것이다.

460 빼앗는다는 것은, 젖을 모름은 온전히(전체) 모르는 것이요, 만지는 것은 부분적으로 아는 것이다.

461 그 코끼리를 운운한 것은, 모든 종에서 각각 취하는 것은 코끼리를 떠나지 못하는 것과 같아 편견이니 성인의 가르침을 수순해야 할 것이다.

汝牽一象하야 以示盲者하라하니 爾時大臣이 受王勅已에 多集衆盲하고 以象示之하니라 時彼衆盲이 各以手觸거늘 大臣卽還하야 而白王言호대 臣已示竟하니다 爾時大王이 卽呼衆盲하야 各各問言호대 汝見象耶아 衆盲各言호대 我已得見하니다 王言호대 象爲何類고하니 其觸牙者는 卽言象形이 如蘆菔根이라하고 其觸耳者는 言象如箕라하고 其觸頭者는 言象如石이라하고 其觸鼻者는 言象如杵라하고 其觸脚者는 言象如木臼라하고 其觸脊者는 言象如床이라하고 其觸腹者는 言象如甕하고 其觸尾者는 言象如蛇라하니라 善男子야 彼衆盲者가 不說象體나 非亦不說이니 若是衆相이 悉非象者라도 離是之外에 更無有象하니라 善男子야 王은 喩如來正遍知也요 臣은 喩方等大涅槃經이요 象은 喩佛性이요 盲은 喩一切無明衆生이니 是諸衆生이 聞佛說已에 或作是言호대 色是佛性等이라하니라 釋曰彼經喩意는 明一切衆生이 雖有佛性이나 見不明了하야 互執不同이나 然非全離하며 所執之法이 皆佛性故나 而非全見이라 今借此喩하야 以況聖敎深旨로 總喩於象하고 諸宗異見은 如盲所觸하고 並合聖理일새 故云不離하고 然非圓了일새 故云非是說象이니 故로 脇尊者云호대 依之修行하면 無不獲益이라하니라 言受一非餘면 斯爲偏見者는 言象如箕하고 不信如臼일새 斯爲大迷요 但信諸識하고 不信無性과 眞如隨緣일새 故爲偏見이니 離世間品云호대 受一非餘면 魔所攝持라하니라

이 비유는 곧 『열반경』 제삼십이권[462]과 『남장경』 삼십권에 사자후

462 삼십이권은 『북장경』이다.

보살에게 답한 것이다.

사자후 보살이 묻기를[463] 중생이 만약 불성이 있다면 반드시 도를 닦지 아니할지라도 스스로 깨달음(菩提)을 얻을 것입니다 하니, 부처님이 답하신 뜻에[464] 말하기를 중생이 불성이 있는 사람은 결정코 반드시 보리를 얻는 까닭이다 하시고, 그 뒤에 이 비유를 들어[465] 말씀하시기를 선남자야, 비유하자면 어떤 왕이 한 대신에게 말하기를 그대는 한 마리의 코끼리를 끌고 와서 눈먼 이에게 보여라 하니, 그때에 대신이 왕의 칙령을 받은 이후에 수많은 눈먼 이들을 모아 놓고 코끼리를 보였다.

그때에 저 수많은 눈먼 이들이 각각 손으로 코끼리를 만지거늘, 대신이 곧 돌아가서 왕에게 여쭈어 말하기를 신臣이 코끼리 보이는 일을 마쳤나이다.

그때에 대왕이 곧 수많은 눈먼 이들을 불러 각각 물어 말하기를 그대들은 코끼리를 보았느냐. 수많은 눈먼 이들이 각각 말하기를

---

463 사자후보살문의師子吼菩薩問意는 한글장경 53권, 열반부 1, p.596, 하단, 6행에 있다. 내가 보충하였다.

464 답의答意는 한글장경 53권, 열반부 1, p.600, 상단, 11행에 도를 닦는 이라야 아뇩보리를 얻는다 하시고, 또 20행에 불성도 그와 같아서 모든 중생에게 있지만 반드시 무루인 성인의 도를 닦은 뒤에야 보게 된다 하였다. 여기 청량스님이 『열반경』의 뜻을 인용한 것은 잘못하면 사자후 보살이 물은 뜻과 같이 오인할 수 있다. 불성이 있는 사람이 보리를 얻는 것이 아니라 닦아야 얻는다는 것이다.

465 그 뒤에 이 비유를 들어 운운한 것은 한글장경 53권, 열반부 1, p.602, 상단, 21행에 있다.

저가 이미 보았나이다.

왕이 말하기를 코끼리는 어떤 유형이더냐 하니,

그 상아를 만져본 이는 곧 말하기를 코끼리의 형상이 무[466] 뿌리와 같다 하고,

그 귀를 만져본 이는 말하기를 코끼리가 삼태기[467]와 같다 하고,

그 머리를 만져본 이는 말하기를 코끼리가 돌과 같다 하고,

그 코를 만져본 이는 말하기를 코끼리가 절굿공이[468]와 같다 하고,

그 다리를 만져본 이는 말하기를 코끼리가 절구와 같다 하고,

그 등을 만져본 이는 말하기를 코끼리가 평상과 같다 하고,

그 배를 만져본 이는 말하기를 코끼리가 항아리와 같다 하고,

그 꼬리를 만져본 이는 말하기를 코끼리가 뱀[469]과 같다 하였다.

선남자야, 저 수많은 눈먼 이들이 코끼리의 전체를 말하지는 못하였지만 잘못 또한 말한 것도 아니니,[470]

만약 이 여러 가지 모습이 다 코끼리가 아니라고 할지라도 이것을 떠난 밖에 다시 코끼리가 없는 것이다.

선남자야, 왕은 여래·응공·정변지에 비유하고,

---

466 菔은 무 복 자이다.

467 箕는 삼태기 기 자이다.

468 저구杵臼는 자전에 절굿공이와 절구라 하였다. 杵는 절굿공이 저, 臼는 절굿공이 구 자이다.

469 蛇는 『열반경涅槃經』에는 繩 자이다.

470 원문에 비역非亦은, 『북장경』엔 亦非라 하였으니 또한 말하지 아니한 것도 아니라고 번역할 것이다(즉 부분적으로 말했다는 것이다).

대신은 방등『대반열반경』에 비유하고,

코끼리는 불성에 비유하고,

눈먼 이들은 일체 무명 중생들에게 비유한 것이니

이 모든 중생들이 부처님의 말씀을 들은 이후에 혹 어떤 사람은 이런 말을 하되 색色이 이 불성이다 한 등[471]이라 하였다.

해석하여 말하면 저『열반경』에 비유의 뜻은 일체중생이 비록 불성이 있지만 보는 것이 명료하지 아니하여 서로 집착하는 것이 같지 않지만 그러나 온전히 떠나지 못하며,

집착하는 바 법이 다 불성인 까닭이지만 그러나 온전히 보지 못함을 밝힌 것이다.

지금에는 이 비유를 빌려서 성교의 깊은 뜻으로써 코끼리에 모두 비유하고,

모든 종파에서 바라보는 소견이 다른 것은 눈먼 이들이 코끼리를 만지는 것과 같다고 함에 비유하고,

성인의 이치에 모두 합하기에 그런 까닭으로 코끼리를 떠나지 못한다고 말함에 비유하고,

그러나 원만하게 알지 못하였기에 그런 까닭으로 코끼리라 말하지 못한다[472]고 함에 비유한 것이니

그런 까닭으로 협존자가 말하기를 불성을 의지하여 수행한다면 이익을 얻지 못함이 없을 것이다 하였다.

---

471 등等 자는 수상행식受想行識을 등취等取하였다.

472 원문에 비시설상非是說象이란,『열반경涅槃經』에 불설상체不說象體라 한 말이니, 코끼리의 전체를 말하지 못하였다는 것이다.

하나만 받아들이고 나머지를 그르다고 한다면 이것은 편견이라고 말한 것은 말하자면 코끼리는 삼태기와 같다고 함만 믿고 절구와 같다고 함을 믿지 않기에 이것이 크게 미혹한 것이 되고
다만 모든 식이라고 함만 믿고 자성이 없다는 것과 진여가 인연을 따른다는 것을 믿지 않기에 그런 까닭으로 편견이 되는 것이니
이세간품에 말하기를 하나만 받아들이고 나머지를 그르다고 한다면 마군의 섭지하는 바라 한다 하였다.

疏

上第二疑云호대 爲是種種가 爲是一性은 今答云호대 常種種이며 常一性이라하니라 第三難云호대 一性이 隨於種種인댄 則失眞諦요 種種이 隨於一性인댄 則壞俗諦는 今答云호대 此二가 互相成立거니 豈當相乖리며 性非事外어니 曾何乖乎種種하고 種種性空거니 曾何乖乎一性이리요 由無方有일새 一性이 能成種種하며 緣生故空일새 種種이 能成一性이라

위에서 제 두 번째 의심하여 말하기를 이 심성은 가지가지가 되는가, 이 심성은 하나가 되는가 한 것은 지금에 답하여 말하기를 항상 가지가지이며 항상 심성은 하나다 하였다.
제 세 번째 비난하여 말하기를 하나의 심성이 가지가지를 따른다면 곧 진제를 잃을 것이요, 가지가지가 하나의 심성을 따른다면 곧 속제를 잃을 것이다 한 것은 지금에 답하여 말하기를 이 두 가지가

서로서로 성립하거니 어찌 마땅히 서로 어길 것이며,
심성은 사실(事) 밖이 아니거니 일찍이 어찌 가지가지를 어기고, 가지가지는 심성이 공하거니 일찍이 어찌 하나의 심성을 어기겠는가.
없음(性)을 인유하여 바야흐로 있기에 하나의 심성이 능히 가지가지를 이루며
인연으로 생기한 까닭으로 공하기에 가지가지가 능히 하나의 심성을 이루는 것이다.

鈔

由無方有下는 上辯不相乖하고 今明相成이라 然事理相望인댄 略有三義하니 一은 相違義요 二는 不相礙義요 三은 相作義니 今用後二하고 其第一義는 是問家所用이라

없음을 인유하여 바야흐로 있다고 한 아래는 이상에서는 서로 어기지 아니함을 분별하였고, 지금에는 서로 성립함을 밝혔다.
그러나 사실과 진리가 서로 바라본다면 간략하게 세 가지 뜻이 있나니
첫 번째는 서로 어기는 뜻이요
두 번째는 서로 걸리지 않는 뜻이요
세 번째는 서로 작용하는 뜻[473]이니,

---

473 원문에 三에 상작의相作義란, 영인본 화엄 4책, p.756, 6행엔 공유상작空有相作이라 하여 여기를 가리켰다. 즉 공空은 진리이고, 유有는 사실이다.

지금에는 뒤에 두 가지 뜻만 인용하였고 그 첫 번째 뜻은 문가問家가 인용한 바[474]이다.

疏

是以로 緣起之法이 總有四義하니 一은 緣生故有니 卽妄心分別有와 及諸識熏習이 是也요 二는 緣生故空니 卽上云호대 諸法無作用하며 亦無有體性일새 是故彼一切는 各各不相知가 是也요 三은 無性故有니 論云호대 以有空義故로 一切法得成이라하고 經云호대 從無住本으로 立一切法이라하니 卽上隨緣이 是也요 四는 無性故空이니 卽一切空無性이 是也라

이런 까닭으로 연기의 법이[475] 모두 네 가지 뜻이 있나니
첫 번째는 인연으로 생기한 까닭으로 있는 것이니,
곧 허망한 마음으로 분별하여 있는 것과 그리고 모든 식이 훈습하여 있다고 한 것이 이것이요
두 번째는 인연으로 생기한 까닭으로 공한 것이니,
곧 위에서[476] 말하기를 모든 법은 작용이 없으며 또한 체성이 없기에

---

474 원문에 문가소용問家所用이란, 즉 문수文殊가 심성시일心性是一거니 운하견유종종차별云何見有種種差別고 한 것이다.

475 이런 까닭으로 연기의 법이라고 한 등은, 위에 제 세 번째 가운데 자성이 공하여 인연으로 생기한다는 말을 첩석하여 전전히 널리 연설하여 연기의 이치로 하여금 그 뜻이 지극함을 이루게 하였다고 『잡화기』는 말한다.

476 위에라고 한 것은 영인본 화엄 4책, p.710, 3행이다.

이런 까닭으로 저 일체는 각각 서로가 알지 못한다고 한 것이 이것이요
세 번째는 자성이 없는 까닭으로 있는 것이니,
『중론』에 말하기를 공의 뜻이 있는 까닭으로 일체법이 성립함을 얻는다 하고,
『정명경』에 말하기를 무주無住의 근본을 좇아서 일체법을 성립한다 하였으니
곧 위에 인연을 따른다(隨緣)고 한 것이 이것이요
네 번째는 자성이 없는 까닭으로 공한 것이니,
곧 일체법이 공하여 자성이 없다고 한 것이 이것이다.

鈔

是以로 緣起之法下는 就四義中하야 二義는 是空有之義니 謂緣生故有는 是有義요 無性故空은 是空義라 二義는 是空有所以니 謂無性故有는 是有所以요 緣生故空은 是空所以라 所以는 卽是因緣이니 謂何以無性이 得成空義고 釋云由從緣生하야 所以無性이니 是故로 緣生은 是無性空之所以也라 何以緣生이 得爲有義고 釋云特由無定性故로 方始從緣하야 而成幻有니 是故無性은 是有所以니라 故로 中論四諦品云호대 若人不知空하며 不知空因緣하며 及不知空義인댄 是故自生惱니 如不善呪術하며 不善捉毒蛇라하니라 若將四句하야 總望空有인댄 則皆名所以니 故云緣生故名有라하고 緣生故名空이라하고 無性故名有라하고 無性故名空이라하니라 良以諸法이 起必

從緣하며 從緣有故로 必無自性하며 由無性故로 所以從緣이니 緣有性無가 更無二法이나 而約幻有가 萬類差殊일새 故名俗諦요 無性一味일새 故名眞諦니라 又所以四句에 唯第三句만 引證成者는 無性故有가 理難顯故니라 若具證者인댄 一에 緣生故有者는 法華云호대 但以因緣有는 從顚倒生故說이라하며 淨名云호대 以因緣故諸法生이라하며 中論云호대 未曾有一法도 不從因緣生等이라하니 皆因緣故有義也니라 二에 緣生故空者는 經云호대 因緣所生無有生이라하며 論云호대 若法從緣生인댄 是則無自性이니 若無自性者인댄 云何有自法이리요하니라 三中에 言以有空義故로 一切法得成者는 亦四諦品이니 由前諸品에 以空遣有하야 小乘이 便爲菩薩로 立過云호대 若一切法空하야 無生無滅者인댄 如是則無有 四聖諦之法하리라하니 菩薩反答云호대 若一切不空하야 無生無滅者인댄 如是則無有 四聖諦之法하리라하니 謂小乘은 以空故로 無四諦라하고 菩薩은 以不空故로 則無四諦라하니 若有空義인댄 四諦等成이리라 故有偈云호대 以有空義故로 一切法得成하고 若無空義者인댄 一切則不成이라하니 卽無性故有也니라

이런 까닭으로 연기의 법이라고 한 아래는 네 가지 뜻 가운데 나아가 두 가지 뜻은 이 공과 유의 뜻이니,
말하자면 인연으로 생기한 까닭으로 있는 것이라고 한 것은 이것은 유有의 뜻이요
자성이 없는 까닭으로 공한 것이라고 한 것은 이것은 공의 뜻이다.
두 가지 뜻은 공과 유의 소이所以이니,

말하자면 자성이 없는 까닭으로 있는 것이라고 한 것은 이것은 유의 소이이고,
인연으로 생기한 까닭으로 공한 것이라고 한 것은 이것은 공의 소이이다.
소이所以는 곧 인연이니,
말하자면 무슨 까닭으로 자성이 없는 것이 공의 뜻을 성립함을 얻는가.
해석하여 말한다면 인연을 좇아 생기함을 인유하여 그런 까닭으로 자성이 없는 것이니,
이런 까닭으로 인연으로 생기하는 것은 이것은 자성이 없는 공의 소이所以이다.
무슨 까닭으로 인연으로 생기하는 것이 유의 뜻이 됨을 얻는가.
해석하여 말한다면 다만 결정된 자성이 없음을 인유한 까닭으로 바야흐로 비로소 인연을 좇아 환상으로 있음을 성립한 것이니,
이런 까닭으로 자성이 없는 것은 이것은 유의 소이所以이다.
그런 까닭으로 『중론』의 사제품에[477] 말하기를[478]

---

477 『중론』의 사제품이라고 한 등은 공과 유 가운데 유의 뜻과 유의 인연의 뜻도 모두 증거할 것이지만, 그러나 다만 공의 뜻과 인연만 인용한 것은 유의 뜻과 유의 인연은 곧 여기 공의 뜻과 공의 인연에 비례하면 가히 볼 수 있는 까닭이다. 역시 『잡화기』의 말이다.

478 『중론中論』 관사제품觀四諦品 원문엔 汝今實不能 知空空因緣하며 及知於空義일새 是故自生惱라 하며, 또 조금 뒤에 不能正觀空하는 鈍根則自害니 如不善呪術하며 不善捉毒蛇라 하니라. 바로 아래 주석을 보라.

만약 사람이 공을 알지 못하며
공의 인연을 알지 못하며
그리고 공의 뜻을 알지 못한다면
이런 까닭으로 스스로 번뇌가 생길 것이니

마치 주술을 잘하지 못하며[479]
독사를 잘 잡지 못하는 것과 같다 하였다.

만약 네 구절[480]을 가져 공과 유를 한꺼번에 바라본다면 곧 다 이름이

---

479 마치 주술을 잘하지 못한다고 한 등은, 본론(『중론』) 제사권 사제품에 말하기를 둔근한 사람이 / 공의 법을 잘 알지 못하여 / 저 공에 실수가 있어 / 사견을 내는 것이 / 마치 독사를 영리하게 잡되 / 능히 잘 잡지 못하면 / 도리어 손해하는 바가 되는 것과 같으며, / 또 마치 주술로 / 의지하고자 하는 바가 있으되 / 능히 잘 이루지 못하면 / 곧 도리어 스스로 손해되는 것과 같나니, / 둔근의 사람이 공을 관찰하는 것도 또한 다시 이와 같다 하였다. 이상은 『잡화기』의 말이다.
관사제품에는 그대는 지금 실로 능히 / 공과 공의 인연을 알지 못하며 / 그리고 공의 뜻도 알지 못하기에 / 이런 까닭으로 스스로 뇌로움을 낸다 하였으며, 또 조금 뒤에 능히 공을 바로 관찰하지 못하는 / 둔근의 사람은 곧 스스로 해치나니, / 마치 주술을 잘하지 못하며 / 독사를 잘 잡지 못하는 것과 같다 하였다.
(如不善 云云은 觀四諦品云호대 若鈍根人이 不解空法하야 於空有失하야 而生邪見이 如爲利捉毒蛇호대 不能善捉하면 反爲所害며 又如呪術로 欲有所作호대 不能善成하면 則還自害하나니 鈍根觀空도 亦復如是라하니라.)

480 네 구절(四句)이란, 연생고유緣生故有, 연생고공緣生故空, 무성고유無性故有,

소이所以이니,
그런 까닭으로 말하기를 인연으로 생기한 까닭으로 이름을 유라 하고,
인연으로 생기한 까닭으로 이름을 공이라 하고,
자성이 없는 까닭으로 이름을 유라 하고,
자성이 없는 까닭으로 이름을 공이라 한다 하였다.
진실로 모든 법이[481] 생기함에 반드시 인연을 좇으며
인연을 좇아 있는 까닭으로 반드시 자성이 없으며
자성이 없음을 인유한 까닭으로 인연을 좇는 바이니
인연으로 있는 것과 자성이 없는 것이 다시 두 법이 없지만 환상으로 있는 것이 만류로 차별하여 다름을 잡았기에 그런 까닭으로 이름을 속제라 하고
자성이 없어 한맛이기에 그런 까닭으로 이름을 진제라 하는 것이다.

또 그런 까닭으로 네 구절에 오직 제삼구[482]에만 『중론』을 이끌어 증거하여 성립한 것은 자성이 없는 까닭으로 유라고 한 것이 이치를

무성고공無性故空 이 사구四句이다.

481 진실로 모든 법이라고 한 등은, 다 말하기를 자성이 없다는 구절에 인연으로 생기한 까닭으로 공이라는 것과 자성이 없는 까닭으로 공이라는 것을 포함하여야 차례와 같이 이 네 구절이라 하지만, 어리석은 나는(私記主) 취하지 않는 바이니 이것은 곧 인연으로 생기하는 것과 자성이 없다는 것을 모두 잡아 그 뜻이 하나임을 밝힌 것이다. 역시 『잡화기』의 말이다.

482 제삼구第三句는 무성고유無性故有이다.

나타내기 어려운 까닭이다.
만약 갖추어서 증거한다면 첫 번째 인연으로 생기한 까닭으로 있다고 한 것은 『법화경』[483]에 말하기를 다만 인연으로써 있는 것은 전도를 좇아 생기하는 까닭으로 말한 것뿐이다 하였으며
『정명경』에 말하기를 인연인 까닭으로 모든 법이 생기한다 하였으며
『중론』[484]에 말하기를 일찍이 한 법도 인연을 좇아 생기하지 아니함이 없다 한 등[485]이다 하였으니
다 인연인 까닭으로 있다는 뜻이다.

두 번째 인연으로 생기한 까닭으로 공하다고 한 것은 『화엄경』[486]에 말하기를 인연으로 생기한 바는 생기한 적이 없다 하였으며
『중론』에 말하기를 만약 법이[487] 인연으로 좇아 생기하였다면

---

483 『법화경』이란, 제5권 권지품이다.

484 『중론中論』 운운은 『중론』 관사제품觀四諦品이다.

485 등等이란, 是故一切法이 無不是空者라는 말을 등취等取하였다.

486 『화엄경』이란 현수품이니, 이 구절 아래 모든 부처님의 법신은 이 몸이 아니다(諸佛法身非是身)는 말이 이어진다.

487 『중론』에 만약 법이 운운한 것은, 『중론』 제일권 관인연품엔 만약 과보가 인연을 좇아 생기한다면 / 이 인연은 자성이 없을 것이니 / 자성이 없음을 좇아 생기한다면 / 어찌 인연을 좇아 생기함을 얻겠는가 하였다.
또 관삼상품觀三相品엔 만약 법이 수많은 인연으로 생기한다면 / 곧 이것은 적멸의 자성일 것이니 / 이런 까닭으로 생기하고 생기하는 때의 / 이 두 가지가 함께 적멸인 것이다 하였다. 삼상품에 삼상이란 생生·주住·멸滅이다.
論云 若法 云云은 『中論』 第一 觀因緣品에 若果從緣生인댄 是緣無自性하리니 從無自性生인댄 何得從緣生이리요 하였다. 또 觀三相品에 若法衆緣生인

이것은 곧 자성이 없을 것이니,
만약 자성이 없다면
어떻게 자분의 법이 있겠는가 하였다.

세 번째 가운데 공의 뜻이 있는 까닭으로 일체법이 성립함을 얻는다고 말한 것은 또한『중론』세제품이니,
앞의 모든 품에서 공으로써 유有를 보낸 것을 인유하여 소승의 무리들이 문득 용수보살로 더불어[488] 허물을 세워 말하기를
만약 일체법이 공하여[489]
생겨남도 없고 사라짐도 없다면
이와 같이 곧
사성제의 법도 없어야 할 것이다 하니,

보살이 반대로 답하여 말하기를
만약 일체법 공하지 아니하여[490]
생겨남도 없고 사라짐도 없다면

댄 卽是寂滅性이니 是故生生時의 是二俱寂滅이라 하였다. 삼상三相이란 생生·주住·멸滅이다.

488 爲 자는 與 자의 뜻이다.

489 원문에 약일체법공若一切法空 운운은 관사제품觀四諦品 사십게四十偈 중 제일게第一偈이다.

490 원문에 약일체불공若一切不空 운운은 관사제품觀四諦品 사십게四十偈 중 제이십게第二十偈이다.

이와 같이 곧
사성제의 법도 없어야 할 것이다 하니,
말하자면 소승은 공한 까닭으로 사성제가 없다 하고
용수보살은 공하지 아니한 까닭으로 사성제가 없다 하였으니,
만약 공의 뜻이 있다면 사성제 등[491]이 성립될 것이다.
그런 까닭으로 게송을 두어 말하기를[492]
공의 뜻이 있는 까닭으로
일체법이 성립됨을 얻고
만약 공의 뜻이 없다면
일체법이 곧 성립됨을 얻을 수 없다 하였으니
곧 자성이 없는 까닭으로 있다는 뜻이다.

經云호대 從無住本하야 立一切法者는 前已引竟거니와 今當重引하리라 卽淨名第二에 推善不善之本이니 故經云호대 善不善孰爲本고 答曰身爲本이라 又問호대 身孰爲本고 答曰欲貪爲本이라 又問호대 欲貪孰爲本고 答曰虛妄分別爲本이라 又問호대 虛妄分別孰爲本고 答曰顚倒想爲本이라 又問호대 顚倒想孰爲本고 答曰無住爲本이라 又問호대 無住孰爲本고 答曰無住則無本이라 文殊師利여 從無住本하야 立一切法하니다하니라 叡公釋云호대 無住는 卽實相異名이요 實相은 卽性空異名이니 故從無性하야 有一切法이라하니라 餘如別說하

491 등等 자는 타본엔 방方 자이다.

492 원문에 유게운이유有偈云以有 운운은 관사제품觀四諦品 제십사게第十四偈이다.

니라 四中에 應引淨名云호대 以何爲空고 但以名字故空이니 如是二法이 無決定性과 經云호대 法性本空寂하야 無取亦無見과 又云호대 一切法無性이니 是則佛眞體와 八地云호대 無性爲性과 中論始末에 皆明無性하야 以顯眞空하리라

『정명경』에 말하기를 무주의 근본을 좇아 일체법이 성립한다고 한 것은 앞[493]에서 이미 인용하여 마쳤거니와 지금에 마땅히 거듭 인용하겠다.
곧 『정명경』 제이권에서[494] 선과 불선의 근본을 추론한 것이니 그런 까닭으로 『정명경』에 말하기를
선과 불선은 무엇이 근본이 되는가.
답하여 말하기를 몸이 근본이 됩니다.
또 묻기를 몸은 무엇이 근본이 되는가.
답하여 말하기를 탐욕이 근본이 됩니다.
또 묻기를 탐욕은 무엇이 근본이 되는가.
답하여 말하기를 허망한 분별이 근본이 됩니다.
또 묻기를 허망한 분별은 무엇이 근본이 되는가.
답하여 말하기를 전도된 생각이 근본이 됩니다.
또 묻기를 전도된 생각은 무엇이 근본이 되는가.
답하여 말하기를 무주無住가 근본이 됩니다.

---

493 앞이란, 곧 『현담』을 말한다.

494 『정명경』 제이권 운운은 제칠第七에 관중생품觀衆生品이니 문수가 묻고 유마가 답한 것이다.

또 묻기를 무주는 무엇이 근본이 되는가.
답하여 말하기를 무주는 곧 근본이 없습니다.
문수사리여, 무주의 근본을 좇아 일체법이 성립합니다 하였다.
승예 법사가 해석하여 말하기를 무주라는 것은 곧[495] 실상의 다른 이름이요
실상이라는 것은 곧 성공性空의 다른 이름이니
그런 까닭으로 자성이 없음을 좇아 일체법이 있다 하였다.
나머지는 따로 설한 것과 같다.[496]

네 번째 가운데도 응당히 『정명경』에 말하기를[497] 무엇이 공이 되는가.
다만 명자인 까닭으로 공이니 이와 같이 두 가지 법[498]이 결정성이 없다 한 것과
『화엄경』[499]에 말하기를 법성은 본래 공적하여 취할 수도 없고 또한

---

495 卽卽 두 글자 중 아래 한 자는 衍이다.

496 나머지 운운은, 승예 법사가 무주無住를 해석한 것만 인용하고, 그밖에 『정명경淨名經』에서 말하고 있는 선善과 불선不善과 신身 등의 해석은 인용하여 오지 않았기에 하는 말이다. 따로 설한 것이란, 승예 법사의 해석을 말한다.

497 『정명경』 운운은 제오第五에 문수사리문질품이니 역시 문수가 묻고 유마가 답한 것이다.

498 두 가지 법(二法)은 유有·무無 이법二法이다.

499 『화엄경』이란 수미정상게찬품이다. 이 아래 두 구절이 더 있으니 性空卽是佛이니 不可得思量이라. 즉 법성이 공적한 것이 곧 부처님이니 / 가히 사량으로

볼 수도 없다 한 것과
또 말하기를 일체법은 자성이 없나니 이것이 곧 부처님의 진실한 몸이라 한 것과
팔지에 말하기를 자성이 없는 것이 자성이 된다 한 것과
『중론』에 처음과 끝에 다 자성이 없음을 밝혀 진공을 나타낸 것을 인용해야 할 것이다.

疏

是以로 無性緣生故空은 則非無見인 斷見之空이니 爲眞空也요 無性緣生故有는 則非常見인 有見之有니 是幻有也라 幻有는 卽是不有有요 眞空은 卽是不空空이니 不空空故로 名不眞空이요 不有有故로 名非實有니 非空非有가 是中道義니라

이런 까닭으로 자성이 없어서 인연으로 생기한 까닭으로 공하다고 한 것은 영원히 없다는 소견인 단견의 공이 아니니 이것은 진공이 되고
자성이 없어서 인연으로 생기한 까닭으로 있다고 한 것은 영원이 있다는 소견인 유견有見의 유有가 아니니 이것은 환유幻有가 되는 것이다.
환유는 곧 있지 않지만 있는 것이요
진공은 곧 공하지 않지만 공한 것이니

얻을 수 없다는 것이다.

공하지 않지만 공한 까닭으로 이름이 진공이 아니요
있지 않지만 있는 까닭으로 이름이 실유實有[500]가 아니니,
진공도 아니고 실유도 아닌 것이 이것이 중도의 뜻이다.

鈔

是以로 無性緣生故空下는 第二에 會中道意니 明此中空有가 皆是中道라 文中有三하니 初는揀非顯正이니 無性緣生故空者는 雙牒前四句中에 兩種空也라 此二種空은 並離斷見이니 謂定有인댄 則着常이요 定無인댄 則著斷거니와 今緣生故空이니 非是定無요 無性故空이니 亦非定無이라 定無者는 一向無物이니 如龜毛兎角거니와 今但從緣無性일새 故非定無니 此上揀非요 爲眞空也는 二에 顯是라 言無性緣生故有者는 亦雙牒前之二有니 並非常見之有라 常見之有는 是定性有어니와 今從緣有니 非定性有어든 況由無性有가 豈定有耶아 亦是上揀非요 是幻有也는 顯是라 幻有者는 從緣無性이니 如幻化人하야 非無幻化人이나 幻化人非眞일새 故云幻有라하며 亦名妙有니 以非有爲有일새 故名妙有니라 然斷常見이 旣由有無인댄 則有無見이 卽斷常見이어늘 疏何重牒고 此有深意하니 斷常二見은 多是邪宗이니 卽五利使인 邊見所攝이요 其有無見은 通涉正法이니 取空有相하야 未能契理가 爲有無見이라 此有無見을 究竟遠離는 唯大菩薩일새 故淨名云호대 說法不有亦不無나 以因緣故諸法生이라하니 有

500 실유實有란, 곧 묘유이다.

無二邊에 無復餘習이라 下經善友가 歷事諸佛하고 以證法門이나 尙云호대 猶於諸法中엔 無而計爲有等이라하니라

이런 까닭으로 자성이 없어서 인연으로 생기한 까닭으로 공하다고 한 아래는 제 두 번째 중도의 뜻을 회석한 것이니,
이 가운데 공과 유가 다 중도임을 밝힌 것이다.
문장 가운데 세 가지가 있나니
처음에는 그름을 가려 옳음을 나타낸 것이니
자성이 없어서 인연으로 생기한 까닭으로 공하다고 한 것은 앞의 사구四句 가운데 두 가지 공을 함께 첩문牒問한 것이다.
이 두 가지 공은 아울러 단견을 떠난 것이니,
말하자면 결정코 있다고 한다면 곧 상견에 집착하는 것이고 결정코 없다고 한다면 곧 단견에 집착하는 것이어니와, 지금에는 인연으로 생기한 까닭으로 공하다 하니 결정코 없다는 것이 아니요,
자성이 없는 까닭으로 공하다 하니 또한 결정코 없다는 것이 아니다.
결정코 없다는 것은 오로지 사물이 없다는 것이니 마치 거북이 털과 토끼 뿔과 같거니와, 지금에는 다만 인연을 좇아 자성만이 없는 것이기에 그런 까닭으로 결정코 없다는 것이 아니니
이 위에는 그름을 가린 것이요
이것은 진공이 된다고 한 것은 두 번째 옳음을 나타낸 것이다.

자성이 없어서 인연으로 생기한 까닭으로 있다고 말한 것은 또한 앞에 두 가지 유有[501]를 함께 첩문한 것이니 모두 상견의 유有가

아니다.

상견의 유라는 것은 결정코 자성이 있다는 것이어니와, 지금에는 인연을 좇아 있다 하니 결정코 자성이 있는 것이 아니거든 하물며 자성이 없음을 인유하여 있다는 것이 어찌 결정코 있는 것이겠는가.

역시 이 위에는 그름을 가린 것이요

이것은 환유가 된다고 한 것은 옳음을 나타낸 것이다.

환유幻有라고 한 것은 인연을 좇아 자성이 없다는 것이니,

마치 환상으로 변화한 사람과 같아서 환상으로 변화한 사람이 없지는 않지만 환상으로 변화한 사람은 진짜 사람이 아니기에 그런 까닭으로 말하기를 환으로 있다 하였으며,

또한 묘유라고도 이름하나니 유위의 유가 아니기에 그런 까닭으로 묘유라 이름하는 것이다.

그러나 단견과 상견이 이미 유와 무를 인유하였다면 곧 유·무의 소견이 곧 단·상의 소견이거늘 소가疏家가 무엇 때문에 중첩하여 물었겠는가.

여기에 깊은 뜻이 있나니

단·상의 두 가지 소견은 다분히 사종邪宗의 소견이니, 곧 오리사五利使인 변견邊見에 섭지된 바이고

그 유·무의 소견은 모두 정법을 겨우 밟은 것이니, 다만 공과 유의 모습만 취하여 아직 진리에 계합하지 못한 것이 유·무의 소견이

---

501 앞에 두 가지 유有란, 연생고유緣生故有와 무성고유無性故有이다.

되는 것이다.
이 유·무의 소견을 구경에 멀리 떠나보내는 것은 오직 대보살이기에 그런 까닭으로 『정명경』에 말하기를[502] 모든 부처님이 설한 법은 있는 것도 아니고 또한 없는 것도 아니지만 인연을 따른 까닭으로 모든 법을 출생한다 하였으니
유와 무의 양변에[503] 다시 나머지 습기가 없다는 것이다.
아래 경에[504] 선우가 모든 부처님을 역참하여 모시고 법문을 증득하였지만 오히려 말하기를 오히려 모든 법 가운데는 없지만 계교하여 있다고 한 등이라 하였다.

幻有卽是不有有下는 第二에 立中道義니 此中에 有三中道라 一은 幻有上에 自爲中道니 謂有與不有의 此二無礙일새 故爲中道니 故云有是不有有라하니라 言不有者는 擧體全空하야 無所有故요 重言有者는 亦名非不有니 謂不待破差別相故니라 故大品云호대 諸法無所有나 如是有라하니 故非有非不有가 名爲中道니 是幻有義니라 二에

---

502 『정명경』 운운은 『정명경淨名經』 제일권第一卷 불국품佛國品에 보적장자寶積長子 찬불게讚佛偈이니, 위에 구절은 이치를 세운 것이고, 아래 구절은 그 까닭을 설출한 것이다. 『잡화기』의 뜻도 이와 같다.

503 유와 무의 양변이라고 한 등은, 이미 나머지 습기가 없다고 말하였다면 곧 이것은 떠났다는 뜻이기에 혹 유有 자 위에 이離 자가 빠졌다 말하기도 하는 것이다.

504 아래 경이라고 한 등은, 이 위에는 오직 대보살만이 멀리 떠나보낸다고 한 것을 증거한 것이고, 여기는 나머지 사람들이 능히 떠나보내지 못함을 증거한 것이다. 다 『잡화기』의 말이다.

言眞空卽是不空空者는 卽眞空上에 以明中道니 謂不空與空이 無障礙故니라 言不空者는 以空無空相故라 重言空者는 亦名非不空이니 謂餘一切相이 無不盡故니라 是故로 非空非不空이 名爲中道니 是眞空義니라 經云호대 空不空不可說이 名爲眞空이라하며 中論云호대 無性法亦無니 一切法空故라하니라 重言호대 不空空故로 名不眞空이요 不有有故로 名非實有者는 傍會異義니 意不殊前이라 卽通會肇公의 不眞空論이니 康公云호대 萬法不眞故空이라하니 不得肇意요 遠公云호대 不遷當俗이니 俗則不生이요 不眞爲眞이니 眞但名說이라하니 却得肇意니라 此中眞空은 非是前文에 對妙有之眞空이요 此中眞空은 是所破病이니 人謂眞諦는 一向無物로 爲眞空義라할새 是故肇公이 以不로 不之云호대 不一向是無物이라하야 故云不眞空이라하니 謂卽萬有之無性이 名爲眞諦어니 何曾一向是空이리요하야 故云不眞空也라하니 此不眞空이 卽前眞空이니라 不有有故로 名非實有者는 對上不眞空하야 故爲此句니 眞空實有는 並是二邊이요 不眞非實은 卽爲正理니라 非空非有下는 三에 結成中道라 然其正意는 合前眞空二義하야 總名非空이요 合前幻有二義하야 皆名非有니 空有不二일새 故爲中道니라 又以幻有로 爲非空하고 以眞空으로 爲非有니 皆中道義니라 實則上空有之上에 有二中道하니 兼此爲三이라 下融合中에 更當廣說하리라

환유는 곧 있지 않지만 있는 것이라고 한 아래는 제 두 번째 중도의 뜻을 세운 것이니

이 가운데 세 가지 중도가 있다.

첫 번째는 환유幻有 상에 스스로 중도를 삼은 것이니,
말하자면 있는 것과 더불어 있지 않는 이 두 가지가 걸림이 없기에 그런 까닭으로 중도를 삼은 것이니, 그런 까닭으로 말하기를 환유는 곧 있지 않지만 있는 것이다 하였다.
있지 않다고 말한 것은 전체가 온전히 공하여 있는 바가 없는 까닭이요
거듭 있다고 말한 것은 또한 있지 않는 것이 아니라고 이름하나니,
말하자면 차별상을 깨뜨림을 기다리지 않는 까닭이다.
그런 까닭으로 『대품반야경』에 말하기를 모든 법은 있는 바가 없지만 이와 같이 있다[505] 하였으니,
그런 까닭으로 있지도 않고 있지 않지도 않는 것이 이름이 중도가 되는 것이니 이것은 환유의 뜻이다.

두 번째 진공은 곧 공하지 않지만 공한 것이라고 말한 것은 곧 진공眞空 상에 중도를 밝힌 것이니,
말하자면 공하지 않은 것과 더불어 공한 것이 장애가 없는 까닭이다.
공하지 않다고 말한 것은 공에는 공의 모습이 없는 까닭이다.
거듭 공하다고 말한 것은 또한 공하지 않는 것이 아니라고 이름하나니,
말하자면 나머지 일체모습이 다하지 아니함이 없는 까닭이다.

---

505 있는 바가 없다고 한 것은 있지 않다는 것이요, 이와 같이 있다고 한 것은 곧 있지 않는 것이 아니라는 것이다. 역시 『잡화기』의 말이다.

이런 까닭으로 공하지도 않고 공하지 않지도 않는 것이 이름이 중도가 되는 것이니 이것은 진공의 뜻이다.
『대품반야경』에 말하기를 공하고 공하지 않는 것을 가히 말할 수 없는 것이 이름이 진공이 된다 하였으며
『중론』에 말하기를[506] 자성이 없다는 법도 또한 없나니 일체법이 공한 까닭이다 하였다.

거듭 말하기를 공하지 않지만 공한 까닭으로 이름이 진공이 아니요, 있지 않지만 있는 까닭으로 이름이 실유가 아니라고 한 것은 곁으로 다른 뜻을 회석한 것이니[507]
그 뜻은 앞의 회석과 다르지 않다 하겠다.
곧 승조 법사의 부진공론不眞空論을 모두 회석한 것이니
원강 법사[508]가 말하기를 만법이 진짜가 아닌 까닭으로 공하다 하였

---

506 『중론中論』에 말하였다고 한 것은 저 『중론』 제일권에 말하기를 다만 그 자성을 깨뜨리기 위한 까닭으로 자성이 없다고 말하지만 이 자성이 없다는 법이 만약 있다면 응당 일체법이 공한 것이 아니니, 만약 일체법이 공하다고 한다면 어떻게 자성이 있겠는가 하였다. 역시 『잡화기』의 말이다.
그 원문은 즉, 『中論』 第一卷 云호대 但爲破性故로 說於無性이나 是無性法若有인댄 不名一切法空이니 若一切法空인댄 云何有無性이리요하니라.

507 곁으로 다른 뜻을 회석하였다고 한 것은 두 번째 중도의 뜻을 세우는 가운데 두 가지가 있나니, 처음에는 중도의 본래 뜻을 바로 세우고 두 번째는 다른 뜻을 곁으로 회석한 것이다. 이상은 『잡화기』의 말이고, 두 번째 중도의 뜻을 세운다고 한 것은 바로 앞면, 즉 영인본 화엄 4책, p.751, 9행에 있다.

508 강공康公은 원강 법사元康法師로 『조론소肇論疏』 삼권三卷을 지었다.

으니 승조 법사의 뜻을 얻지 못한 것이요
혜원慧遠 법사[509]가 말하기를 천류하지 않는다는[510] 것은 속제에 해당하나니
속제는 곧 생겨난 적이 없고
진공이 아니라는 것은 진제가 되나니
진제는 다만[511] 그 이름만 말한 것뿐이다 하였으니
도리어 승조 법사의 뜻을 얻은 것이다.
이 가운데 진공은 앞의 문장에 묘유를 상대한 진공이 아니고 이 가운데 진공은 깨뜨릴 바 병이니,
어떤 사람이 말하기를 진제는 오로지 사물이 없음으로 진공의 뜻을 삼는다 하기에, 이런 까닭으로 승조 법사가 부진공不眞空의 뜻으로써 그 사람의 말을 부정하여 말하기를 오로지 사물이 없는 것이 아니라[512] 하여 그런 까닭으로 말하기를 진공이 아니다 하였으니,
말하자면 곧 만유가 자성이 없는 것이 이름이 진제가 되거니 어찌

---

509 원공遠公은 혜원 법사慧遠法師로 『조론肇論』 서문序文을 지었다.

510 천류하지 않는다고 한 등은, 『조론』의 물불천론 가운데 천류하지 않는다는 말은 곧 속제에 해당하지만 생겨난 적이 없고, 부진공론 가운데 진공이 아니라는 말은 단멸공의 진공을 떠나는 것이니, 만약 단멸공으로 진공을 삼는다면 곧 이 진공은 다만 이름만 진공이라 말하는 것뿐이다. 역시 『잡화기』의 말이다.

511 진제는 다만이라고 한 진眞 자는 위에 부진공이라 한 그 진眞 자를 가리킨 것이니 생각할 것이다. 역시 『잡화기』의 말이다.

512 이부불지以不不之란, 위(上)에 부不 자는 부진공不眞空의 不이요, 아래(下) 불不 자는 불무물不無物의 不이다. 之 자는 有人이다.

일찍이 오로지 공이겠는가 하여 그런 까닭으로 말하기를 진공이 아니다 하였으니 이것은 부진공이 곧 앞의 진공인 것이다.

있지 않지만 있는 까닭으로 이름이 실유가 아니라고 한 것은 위에 진공이 아니라고 한 것을 상대하여 그런 까닭으로 이 구절을 삼았으니
진공과 실유는 아울러 이변二邊이요,
진공도 아니고 실유도 아닌 것은 곧 바른 이치가 되는 것이다.

진공도 아니고 실유도 아니라고 한 아래는 세 번째 중도를 맺어 성립한 것이다.
그러나 그 정의는[513] 앞에 진공의 두 가지 뜻[514]을 합하여 모두 이름을 진공이 아니라 하고
앞에 환유의 두 가지 뜻[515]을 합하여 다 이름을 실유가 아니라 하나니 진공과 실유가 둘이 아니기에 그런 까닭으로 중도라 하는 것이다.
또 환유로써 진공이 아님을 삼고 진공으로써 실유가 아님을 삼나니 다 중도의 뜻이다.

---

513 그러나 그 정의라고 한 등은, 이 위에는 비록 속제와 진제에 나아가 각각 중도가 있음을 밝힌 것이나, 다만 지금에는 진제와 속제가 걸림이 없는 것으로써 중도를 삼아야 바야흐로 그 중도의 정의가 되는 까닭이다. 『잡화기』의 말이다.

514 진공이의眞空二義는 유有와 무無이다.

515 환유이의幻有二義는 유有와 무無이다.

진실로 말한다면 곧 위의 진공과 실유 상에 두 가지 중도[516]가 있나니 이것을 겸하여 세 가지가 되는 것이다.
아래 융합하는 가운데[517] 다시 마땅히 폭넓게 설하겠다.

疏

又開此空有인댄 各有二義하니 一에 眞空은 必盡幻有니 以若不盡幻有인댄 非眞空故요 二에 眞空은 必成幻有니 以若礙幻有인댄 非眞空故라

또 이 진공과 실유를 열어본다면 각각 두 가지 뜻이 있나니
첫 번째 진공은 반드시 환유를 다하는 것이니
만약 환유를 다하지 아니하였다면 진공이 아닌 까닭이요
두 번째 진공은 반드시 환유를 성립하는 것이니
만약 환유에 걸린다면 진공이 아닌 까닭이다.

鈔

又開此空有下는 二에 開義有二하니 先正明이라 一에 眞空必盡幻有는 是相害義니 亦法界觀中에 眞理奪事門이니 以事攬理成하야 遂令

516 두 가지 중도(二中道)란, 진공상眞空上의 중도中道와 실유상實有上의 중도中道이다.

517 원문에 하융합중下融合中이란 진공眞空과 실유實有를 떠난 중도中道이니, 아래 영인본 화엄 4책, p.757, 8행에 있다.

事相으로 無不皆盡케하고 唯一眞理가 平等顯現케하니라 以離眞理外에 無有少事可得故가 如水奪波하면 波無不盡하나니 般若中云호대 是故空中에 無色無受想行識等이라하니라 二에 眞空必成幻有者는 是相作義와 及無礙義니 亦法界觀中에 依理成事門이니 謂事無別體하야 要因眞理하야 而得成立이니 以諸緣起가 皆無自性이라 由無性理하야 事方成故가 如波攬水하면 而成立故니라 亦是依如來藏하야 得有諸法이니 故大品云호대 若諸法不空인댄 則無道無果라하며 中論云호대 以有空義故로 一切法得成이라하니라

또 이 진공과 실유를 열어본다고 한 아래는 두 번째 연다는 뜻에 두 가지가 있나니

먼저는 바로 밝힌 것이다.

첫 번째 진공은 반드시 환유를 다한다고 한 것은 이것은 서로[518] 해치는 뜻이니,

또한 법계관 가운데 진리가 사실을 빼앗는 문門이니

사실이 진리를 잡아 성립하여 드디어 사상事相으로 하여금 모두 다하지 아니함이 없게 하고, 오직 하나의 진리만이 평등하여 밝게 나타나게 하는 것이다.

진리를 떠난 밖에 조그만 사실도 가히 얻을 수 없는 까닭이 마치 물이 파도를 빼앗으면 파도가 다하지 아니함이 없는 것과 같나니, 『반야심경』 가운데 말하기를 이런 까닭으로 진공 가운데는 색도

518 서로란, 진공과 환유를 말한다.

없고 수·상·행·식도 없다 한 등이라 하였다.

두 번째 진공은 반드시 환유를 성립하는 것이라고 한 것은 이것은 서로 작용한다는 뜻과 그리고 걸림이 없다는 뜻이니
또한 법계관 가운데 진리를 의지하여 사실을 성립하는 문이니, 말하자면 사실은 다른 자체가 없어서 반드시 진리를 인하여 성립함을 얻나니 모든 연기가 다 자성이 없는 것이다.
자성이 없는 진리를 인유하여 사실이 바야흐로 성립하는 까닭이 마치 파도가 물을 잡으면 성립하는 것과 같은 까닭이다.
또한 이것은 여래장을 의지하여 모든 법이 있음을 얻는 것이니, 그런 까닭으로 『대품반야경』에 말하기를[519] 만약 모든 법이 진공이 아니라면 곧 도도 없고 과보도 없다 하였으며
또 『중론』에 말하기를[520] 진공의 뜻이 있는 까닭으로
일체법이 성립함을 얻는다 하였다.

---

519 대품大品 운운은, 청량淸凉스님은 여기에 『반야경般若經』과 『중론中論』의 공空을 단순히 유有·무無의 공空이 아니라 진공眞空으로 보았다. 따라서 진공필성환유眞空必成幻有라고 말하는 것이다.

520 또 『중론』 운운은 관유무품觀有無品 제 열네 번째 게송이다. 아래 두 구절이 더 있나니 약무공의자若無空義者인댄 일체즉불성一切卽不成이다. 번역하면 만약 진공의 뜻이 없다고 한다면 일체법이 곧 성립할 수 없는 것이다는 뜻이 된다. 구체적으로 인용하면,
『中論』 觀有無品 第十四偈이니 以有空義故로 一切法得成이니 若無空義者인댄 一切則不成이라는 것이다.

疏

二에 幻有二義者는 一에 幻有는 必覆眞空이니 以空隱有現故요 二에 幻有는 必不礙眞空이니 以幻有必自盡하야 令眞空徹現故라

두 번째 환유에 두 가지 뜻은 첫 번째 환유는 반드시 진공을 덮고 있나니
진공은 숨고 환유는 나타나는 까닭이요
두 번째 환유는 반드시 진공에 걸리지 않나니
환유는 반드시 스스로 다하여 진공으로 하여금 사무쳐 나타나게 하는 까닭이다.

鈔

一에 幻有는 必覆眞空者는 卽相違義니 亦法界觀中에 事能隱理門이니 謂眞理隨緣하야 成能事法이라 然此事法이 旣違於理하야 遂令事顯하고 理不現也니라 以離事外에 無有理故가 如波奪水하면 水無不隱하나니 是則色中에 無空相也니라 二에 幻有는 必不礙眞空은 是不相礙義며 亦相作義니 亦法界觀中에 事能顯理門이니 謂由事攬理故로 則事虛而理實이니라 以事虛故로 全事中之理가 挺然露現이 如由波相虛하야 令水露現이니 故論云호대 若法從緣生인댄 是則無自性이라하니라 然上眞空二義에 第二義中에 以相作으로 攝無礙義하고 今幻有의 第二義中에 乃以不相礙로 攝於相作하니 其故何耶아 理實空有의 第二義中에 皆含相作과 及無礙義로대 而影略者는 事依理成

일새 故前有相作하고 理非事造일새 故今無相作하니라 而上三義中에 言空有相作者는 但約事法이 能顯理故로 名作理耳니라 然此四義가 亦卽是前에 緣生故有等四義也니 一에 眞空은 必盡幻有는 是無性故空義요 二에 必成幻有는 是無性故有義요 三에 幻有는 必覆眞空은 是緣生故有義요 四에 必不礙眞空은 是緣生故空義니 前四는 總明空有所以요 今四는 正說空有之相이라

첫 번째 환유는 반드시 진공을 덮고 있다고 한 것은 곧 서로 어기는 뜻이니,
또한 법계관 가운데 사실이 능히 진리를 숨기는 문이니,
말하자면 진리는 인연을 따라 능히 사실의 법을 성립하는 것이다.
그러나 이 사실의 법이 이미 진리를 어겨 드디어 사실의 법으로 하여금 나타나게 하고 진리는 나타나지 못하게 하는 것이다.
사실을 떠난 밖에 진리가 있을 수 없는 까닭이 마치 파도가 물을 빼앗으면 물이 숨지 아니함이 없는 것과 같나니,
이것은 곧 색 가운데는 진공의 모습이 없다[521]는 것이다.

두 번째 환유는 반드시 진공에 걸리지 않는다고 한 것은 이것은

---

521 색 가운데는 진공의 모습이 없다고 한 것은, 『잡화기』에 말하기를 다만 숨어서 없는 것을 말한 것일 뿐 완전히 없는 것은 아님을 밝힌 것이다. 『원각경』 초문에 말한 바 색 가운데 공이 없다고 한 것은, 문장의 이치가 함께 없다고 한 것이라고 한 것은 이것은 완전히 없는 것을 잡아 말한 것이니, 그런 까닭으로 서로 어기는 바가 없는 것이다 하였다.

서로 걸리지 않는다는 뜻이며 또한 서로 작용한다는 뜻이니,
또한 법계관 가운데 사실이 능히 진리를 나타내는 문이니,
말하자면 사실이 진리 잡음을 인유한 까닭으로 곧 사실이 비어 없어지고 진리가 실유하게 되는 것이다.
사실이 비어 없는 까닭으로 사실을 온전히 한 진리가 정연히 나타나는 것이 마치 파도의 모습이 비어 없어짐을 인유하여 물로 하여금 나타나게 하는 것과 같나니,
그런 까닭으로 『중론』에 말하기를 만약 법이 인연을 좇아 생겨난다고 한다면[522] 이것은 곧 자성이 없는 것이다 하였다.
그러나 위[523]에 진공의 두 가지 뜻에 제 두 번째 뜻 가운데 서로 작용한다는 뜻으로써 걸림이 없다는 뜻을 섭수하고, 지금에 환유의 제 두 번째 뜻 가운데 이에 서로 걸리지 않는다는 뜻으로써 서로 작용한다는 뜻을 섭수하였으니
그 까닭이 어떠한가.
진리가 진실로 공하고 있음의[524] 제 두 번째 뜻 가운데 다 서로 작용한다는 뜻과 그리고 걸림이 없다는 뜻을 포함하였지만 그윽이 생략한 것은 사실은 진리를 의지하여 이루어지기에 그런 까닭으로 앞에서는 서로 작용한다는 뜻이 있고 진리는 사실을 조작하지 않기

---

522 원문에 논운약법종연생論云若法從緣生 운운은 앞의 영인본 화엄 4책, p.747에 이미 나왔다.

523 위(上)란, 바로 앞의 영인본 화엄 4책, p.754, 6행이다.

524 진리가 진실로 공하고 있다는 것은 진리의 분상에 진공묘유의 뜻을 그윽이 현시하고 있다 하겠다.

에 그런 까닭으로 지금에는 서로 작용한다는 뜻이 없다.

그러나 위의 세 가지 뜻 가운데 공과 유가 서로 작용한다고[525] 말한 것은 다만 사실의 법이 능히 진리를 나타내는 것만을 잡은 까닭으로 이름을 진리를 작용한다고 하였을 뿐이다.

그러나 이 네 가지 뜻이 또한 곧 이 앞[526]에 인연으로 생기한 까닭으로 있다[527]고 한 등의 네 가지 뜻이니

첫 번째 진공은 반드시 환유를 다한다고 한 것은 이것은 자성이[528] 없는 까닭으로 공하다고 한 뜻이요

두 번째 진공은 반드시 환유를 이룬다고 한 것은 이것은 자성이[529] 없는 까닭으로 있다고 한 뜻이요

세 번째 환유는 반드시 진공을 덮고 있다고 한 것은 이것은 인연으로[530] 생기한 까닭으로 있다고 한 뜻이요

네 번째 환유는 반드시 진공에 걸리지 않는다고 한 것은 이것은 인연으로[531] 생기한 까닭으로 공하다고 한 뜻이니,

---

525 위의 세 가지 운운은, 위에란 영인본 화엄 4책, p.744, 6행이고 공과 유가 서로 작용한다고 한 것은 영인본 화엄 4책, p.744, 7행엔 다만 三은 상작의相作義라 하였다.

526 앞이란, 영인본 화엄 4책, p.744, 8행이다.

527 공空은 앞에 一은 연생고유緣生故有이고, 二는 연생고공緣生故空 등이라 하니 유有 자로 고쳐 번역하였다.

528 앞의 제 네 번째이다.

529 앞의 제 세 번째이다.

530 앞의 첫 번째이다.

531 앞의 제 두 번째이다.

앞에 네 가지 뜻은 모두 진공과 환유의 까닭을 밝힌 것이요,
지금에 네 가지 뜻은 바로 진공과 환유의 모습을 설한 것이다.

疏

文殊는 各以初義로 致難거늘 覺首는 各以後義로 而答하니 以初二義는 空有異故요 以後二義는 空有相成故라 然此二不二니 謂有非有無二는 爲一幻有요 空非空無二는 爲一眞空이며 又非空與有無二는 爲一幻有요 空與非有無二는 爲一眞空이며 又幻有與眞空無二는 爲一味法界니 卽中道義라 離相離性하며 無障無礙하며 無分別法門이니 思以準之니라

문수보살은 각각 처음에 뜻으로써 비난(질문)을 이루었거늘 각수보살은 각각 뒤의 뜻으로써 답하니
처음에 두 가지 뜻은 진공과 환유가 다른 까닭이요
뒤에 두 가지 뜻은 진공과 환유가 서로 성립하는 까닭이다.
그러나 이 둘이 둘이 아니니[532]

---

532 그러나 이 둘이 둘이 아니라고 한 등은, 『잡화기』에 말하기를 전중前中에서 이미 중도를 회석하였지만 그러나 이 가운데서 거듭 회석한 것은 이 가운데 처음에 두 가지 뜻은 비록 저 가운데 앞에 두 가지 뜻으로 더불어 완전히 같지만, 그러나 이 가운데 세 번째와 네 번째 뜻은 저 가운데는 없고 이 가운데는 있으니 곧 저 앞에서는 생략하였고, 여기서는 넓혀 놓은 것이라 하겠다. 혹 전중前中에 현시한 문장은 다만 따르는 것만 잡아 중도를 밝혔고, 이 가운데는 어기고 따르는 것을 함께 잡아 중도를 밝힌 까닭이다. 그러나

말하자면 있는 것과 있지 않는 것이 둘이 없는 것은 하나의 환유가 되고
공한 것과 공하지 않는 것이 둘이 없는 것은 하나의 진공이 되며
또 공하지 않는 것과 더불어 있는 것이 둘이 없는 것은 하나의 환유가 되고
공한 것과 더불어 있지 않는 것이 둘이 없는 것은 하나의 진공이 되며
또 환유와 더불어 진공이 둘이 없는 것은 한맛의 법계가 되나니 곧 중도의 뜻이다.
모습도 떠나고 체성도 떠나며 막힘도 없고 걸림도 없으며 분별도 없는 법문이니
생각하여 이것을 기준할 것이다.[533]

鈔

然此二不二下는 三에 融合이니 於中二라 先은 正明이니 卽合前四義

다만 현시한 문장은 곧 가히 이 말을 하였다 할 수 없거니와 그 진실인즉 앞에 진공의 분상에 공의 뜻은 곧 이 진공이 반드시 환유를 다한다는 뜻이고, 앞에 유의 분상에 유의 뜻은 곧 환유가 반드시 진공을 덮는다는 뜻이다. 그런 까닭으로 전중前中에도 스스로 어기고 따름을 갖추고 있다 하였다.

533 생각하여 이것을 기준할 것이라고 한 것은, 이 위에서는 다만 경계만 잡아 말한 까닭으로 여기서는 지혜를 잡아 말하기에 하여금 생각하여 기준케 한 것이다. 무애'한' 법문'을' 토吐라고 『잡화기』는 말하나 여의치 않다. 나는 리성'하며' 무애'하며' 무분별'한' 법문'이니' 토로 보았다.

라 須知四義가 兩處名異이니 上에 眞空은 必盡幻有는 是眞空上에 空義요 二에 必成幻有는 是眞空上에 不空義요 三에 幻有는 必覆眞空은 是幻有上에 有義요 四에 必不礙眞空은 是幻有上에 非有義니라 又須知有非有와 空非空이 各有二義니 一에 有上二義者는 一은 是不壞有相義요 二는 是遮斷滅義니 則名有爲非不有라 二에 非有上二義者는 一은 離有相義요 二는 卽是空義라 三에 空上二義者는 一은 不壞性義요 二는 遮定有義니 故名空爲非不空이라 四에 非空上二義者는 一은 離空相義요 二는 卽是有義라 已知名義하니 今疏融合하리라 乃有五重하니 爲五種中道라 一에 云謂有非有無二는 爲一幻有者는 此是有上에 二義自合이니 然取有上에 不壞相義와 非有上에 離有相義일새 故合爲一幻有니 是俗諦中道니라 空非空無二는 爲一眞空者는 則空上에 二義自合이니 然取空上에 不壞性義와 非空上에 離空相義일새 故合爲一眞空이니 爲眞諦中道니라 前一은 爲卽相無相之中道요 此一은 爲卽性無性之中道니 亦存泯無二義니라 又非空與有無二는 爲一幻有者는 上一對는 空有自合이요 此下一對는 空有四義가 交絡而合이라 今此第三은 卽取眞空上에 非空義와 及幻有上에 有義하야 二義相順하야 明其不二니 然是非空上에 取卽是有義하고 有上에 取遮斷滅義일새 故得共成幻有니 爲非空非不有한 存泯無礙之中道니라 空與非有無二는 爲一眞空者는 卽第四에 取眞空上에 空義와 幻有上에 非有義하야 二義相順하야 明其不二니 然是空上에 遮定有義와 非有上에 卽是空義일새 故二相順하야 得成眞空이니 爲非有非不空한 存泯無礙之中道니라 三은 是存俗泯眞하며 此는 是存眞泯俗이라 又三은 是空徹於有하며 今은 是有徹於空이니 皆二諦交

徹이라

그러나 이 둘이 둘이 아니라고 한 아래는 세 번째 융합한 것이니 그 가운데 두 가지가 있다.
먼저는 바로 밝힌 것이니 곧 앞에 네 가지 뜻을 융합한 것을 밝힌 것이다.
반드시 네 가지 뜻이 두 곳[534]에서 이름한 것이 다름을 알아야 할 것이니
위에 진공은 반드시 환유를 다한다고 한 것은 이것은 진공眞空의 분상에서 공하다는 뜻이요
두 번째 진공은 반드시 환유를 성립한다고 한 것은 이것은 진공의 분상에서 공하지 않다는 뜻이요
세 번째 환유는 반드시 진공을 덮고 있다고 한 것은 이것은 환유幻有의 분상에서 있다는 뜻이요
네 번째 환유는 반드시 진공에 걸리지 않는다고 한 것은 이것은 환유의 분상에서 있지 않다는 뜻이다.

또 반드시 있는 것과 있지 않는 것과 공한 것과 공하지 않는 것이 각각 두 가지 뜻이 있는 줄 알아야 할 것이니
첫 번째 있다(有)는 분상에 두 가지 뜻은, 첫 번째는 있다는 모습을 무너뜨리지 않는다는 뜻이요

534 두 곳이란, 진공眞空과 환유幻有의 두 곳이다.

두 번째는 단멸을 막는다는 뜻이니 곧 있는 것(有)을 이름하여 있지 않는 것(不有)이 아니라 한 것이다.
두 번째 있지 않다(非有)는 분상에 두 가지 뜻은, 첫 번째는 있음의 모습을 떠났다는 뜻이요
두 번째는 곧 공하다는 뜻이다.
세 번째 공하다는 분상에 두 가지 뜻은, 첫 번째는 자성을 무너뜨리지 않는다는 뜻이요
두 번째는 결정코 있다는 것을 막는다는 뜻이니 그런 까닭으로 공空을 이름하여 공하지 않는 것이 아니라 한 것이다.
네 번째 공하지 않다는 분상에 두 가지 뜻은, 첫 번째는 공의 모습을 떠났다는 뜻이요
두 번째는 곧 있다는 뜻이다.

이미 명의名義를 알았으니 지금에 소문疏文을 융합하겠다.
이에 오중五重이 있나니 다섯 가지 중도가 되는 것이다.
첫 번째 말하기를 있는 것과 있지 않는 것이 둘이 없는 것은 하나의 환유가 된다고 말한 것은 이것은 있다는 분상에 두 가지 뜻이 스스로 융합한 것이니,
그러나 있다는 분상에서 있다는 모습을 무너뜨리지 않는다는 뜻과 있지 않다는 분상에서 있다는 모습을 떠났다는 뜻을 취하였기에 그런 까닭으로 융합하여 하나의 환유가 된다 하였으니
이것은 속제의 중도이다.

공한 것과 공하지 않는 것이 둘이 없는 것은 하나의 진공이 된다고 한 것은 곧 공하다는 분상에 두 가지 뜻이 스스로 융합한 것이니, 그러나 공하다는 분상에서 공하다는 자성을 무너뜨리지 않는다는 뜻과 공하지 않다는 분상에서 공하다는 모습을 떠났다는 뜻을 취하였기에 그런 까닭으로 융합하여 하나의 진공이 된다 하였으니 이것은 진제의 중도가 되는 것이다.

앞에 한 중도[535]는 상相에 즉한 무상無相의 중도가 되고, 여기에 한 중도[536]는 성性에 즉한 무성無性의 중도가 되나니,

또한 있고 없는 것이 둘이 없다[537]는 뜻이다.

또 공하지 않는 것과 더불어 있는 것이 둘이 없는 것은 하나의 환유가 된다고 한 것은 위에 일대一對는 공과 유가 스스로 융합한 것이요,

이 아래에 일대一對는 공과 유의 네 가지 뜻이 서로 이어져 융합한 것이다.

지금 여기에 제 세 번째 중도는 곧 진공의 분상에서 공하지 않다는 뜻과 그리고 환유의 분상에서 있다는 뜻을 취하여 두 가지 뜻이 서로 순하여 그것이 둘이 아님을 밝힌 것이니,

그러나 이것은 공하지 않는 분상에서 곧 있다는 뜻을 취하고 있다는

535 앞에 한 중도란, 다섯 중도(五中道) 중 제일第一이다.

536 여기에 한 중도란, 다섯 중도(五中道) 중 제이第二이다.

537 또한 있고 없는 것이 둘이 없다고 한 것은 『잡화기』에 두 가지 뜻이 다 이와 같음을 모두 가리킨 까닭이다 하였다.

분상에서 단멸을 막는다는 뜻을 취하였기에 그런 까닭으로 환유를 함께 성립함을 얻나니,
공하지도 않고 있지 않지도 아니한 있고 없음이 걸림이 없는 중도이다.

공한 것과 더불어 있지 않는 것이 둘이 없는 것은 하나의 진공이 된다고 한 것은 곧 제 네 번째 진공의 분상에서 공하다는 뜻과 환유의 분상에서 있지 않다는 뜻을 취하여 두 가지 뜻이 서로 순하여 그것이 둘이 아님을 밝힌 것이니,
그러나 이것은 공하다는 분상에서 결정코 있다는 뜻과 있지 않다는 분상에서 곧 공하다는 뜻을 막았기에 그런 까닭으로 두 가지 뜻이 서로 순하여 진공을 성립함을 얻나니,
있지도 않고 공하지 않지도 아니한 있고 없음이 걸림이 없는 중도이다.
세 번째 중도는 이것은 속제는 있고 진제는 없으며, 여기 네 번째 중도는 이것은 진제는 있고 속제는 없다.
또 세 번째 중도는 이것은 공한 것이 있는 것에 사무치는 것이며 지금에 네 번째 중도는 이것은 있는 것이 공한 것에 사무치는 것이니, 다 이제가 서로 사무치는 것이다.

又幻有與眞空無二는 爲一味法界者는 卽第五에 總合前四하야 令其不二니 然上各合交徹이 並不出於眞空幻有일새 故今合之하야 爲一味法界하야 爲二諦俱融之中道니라 然三四가 雖融二諦나 而空有

別融하고 今此는 卽空有無礙니 卽是非空과 非有無礙하야 擧一全收니라 若以眞同俗인댄 唯一幻有요 融俗同眞인댄 唯一眞空이니 空有無二는 爲雙照之中道요 非空非有無二는 爲雙遮之中道니 遮照一時며 存泯無礙故니라 第二에 結歎云호대 離相離性하며 無障無礙하며 無分別法門者는 以幻有爲相하고 眞空爲性하며 又空有皆相이요 非空非有爲性이며 又別顯爲相이요 總融爲性이니 今互奪雙融하야 並皆離也니라 無分別法은 但約智說이니 唯無分別智라야 方究其源矣니라 無障無礙는 通於境智니 謂上之五重은 多約境說이니 心智契合하면 卽爲五觀이라 五境旣融하면 五觀亦融하리니 以俱融之智로 契無礙之境하면 則心境無礙하야 心中에 有無盡之境하고 境上에 有無礙之心하리라 故要亡言하야사 方合斯理하리니 總爲緣起甚深之相이라 餘義는 如玄中已明하니라

또 환유와 더불어 진공이 둘이 없는 것은 한맛의 법계가 된다고 한 것은 곧 제 다섯 번째 앞에 네 가지 중도를 모두 융합하여 그로 하여금 둘이 없게 하는 것이니
그러나 위에서 각각 융합하여 서로 사무친 것이 아울러 진공과 환유에 벗어나지 않기에 그런 까닭으로 지금에 그것을 융합하여 한맛의 법계를 삼아 이제가 함께 융합한 중도를 삼은 것이다. 그러나 세 번째와 네 번째 중도가 비록 이제를 융합하고 있지만 진공과 환유를 따로 융합하였고[538], 지금 여기에서는[539] 곧 진공과

538 따로 융합하였다고 한 것은 세 번째 공하지 않는 것과 더불어 있다고 한

환유가 걸림이 없게 하는 것이니,
곧 이것은 공하지 않다는 것과 있지 않다는 것이 걸림이 없어서 하나를 들어 온전히 거두는 것이다.
만약 진제로써 속제와 같게 한다면 오직 하나의 환유뿐이요
속제를 융합하여 진제와 같게 한다면 오직 하나의 진공일 뿐이니
진공과 환유가 둘이 없는 것은 쌍조雙照의 중도가 되고, 공하지 않다는 것과 있지 않다는 것이 둘이 없는 것은 쌍차雙遮의 중도가 되는 것이니, 쌍차·쌍조가 일시이며 있고 없는 것이 걸림이 없는 까닭이다.

제 두 번째 맺어 찬탄함에 말하기를[540] 모습도 떠나고 체성도 떠나며 막힘도 없고 걸림도 없으며 분별도 없는 법문이라고 한 것은 환유로써 모습을 삼고 진공으로써 체성을 삼으며
또 공하다는 것과 있다는 것은 다 모습이 되고, 공하지 않다는 것과 있지 않다는 것은 체성이 되며
또 따로 나타낸[541] 것은 모습이 되고 한꺼번에 융합한 것은 체성이

것은 이것은 있는 것과 있는 것이 함께 융합하는 것이고, 네 번째 공한 것과 더불어 있지 않다고 한 것은 이것은 공한 것과 공한 것이 함께 융합하는 까닭이다. 역시 『잡화기』의 말이다.

539 지금 여기에서 운운은 쌍차·쌍조의 두 가지 뜻을 함께 표한 것이라고 『잡화기』는 말한다. 『잡화기』는 무애'라' 토라 하나 나는 '니' 토로 보았다.

540 원문에 제이결탄第二結歎 운운은 소문疏文이다.

541 원문에 별현別顯이란, 공空과 유有를 따로 나타낸 것이다.

되나니,

지금에는 서로 빼앗고 함께 융합하여 아울러 다 떠나는 것이다.[542]

분별도 없는 법문이라고 한 것은 다만 지혜만을 잡아 설한 것이니

오직 무분별의 지혜라야 바야흐로 그 근원을 끝까지 다할 것이다.

막힘도 없고 걸림도 없다고 한 것은 경계와 지혜에 통하나니,

말하자면 위에 오중五重의 중도는 다분히 경계를 잡아 설한 것이니[543]

마음과 지혜가 계합하면 곧 오관五觀[544]이 될 것이다.

오경五境이 이미 융합하면 오관도 또한 융합할 것이니,

함께 융합하는 지혜로써 걸림이 없는 경계에 계합하면 곧 마음과 경계가 걸림이 없어서 마음 가운데 끝없는 경계가 있고, 경계의 분상에 걸림 없는 마음이 있을 것이다.

그런 까닭으로 반드시 말을 잊어야 바야흐로 이 진리에 계합할 것이니,

모두 연기의 깊고도 깊은 모습이 되는 것이다.

나머지 뜻은 『현담』 가운데 이미 밝힌 것과 같다.

---

542 원문에 병개리야並皆離也란, 공空과 유有를 함께 떠나는 것이다.

543 다분히 경계를 잡아서 말한 것이라고 한 것은, 위에 오중의 중도는 비록 완전히 경계를 잡아 말한 것이지만, 그러나 만약 지혜를 잡아 말할지라도 그 뜻은 반드시 위에서 말한 것과 같기에 그런 까닭으로 다분히라는 말을 이루는 것이다. 역시 『잡화기』의 말이다.

544 오관五觀이란, 안眼·이耳·비鼻·설舌·신身으로 오경五境인 색色·성聲·향香·미味·촉觸을 관찰觀察하는 것이다(『觀音經』에 나오는 眞觀·淸淨觀·廣大智慧觀·悲觀·慈觀은 아니다).

疏

復次性有二義하니 一者는 有義요 二者는 空義라 復有二義하니 一者는 不變이요 二者는 隨緣이라 以有義故로 說二空所顯이니 卽法性本無生也요 以空義故로 說依他無性이 卽是圓成이니 卽各不相知니라 以有義故로 說於不變이요 以空義故로 說於隨緣이니 此二不二일새 隨緣卽是不變이요 不變故로 能隨緣이라

다시 자성에 두 가지 뜻이 있나니[545]
첫 번째는 있다는 뜻이요
두 번째는 공하다는 뜻이다.
다시 두 가지 뜻이 있나니
첫 번째는 변하지 않는다는 뜻이요
두 번째는 인연을 따른다는 뜻이다.
있다는 뜻을 의지한[546] 까닭으로 이공二空의 나타낼 바를 설하나니

---

545 자성에 두 가지 뜻이 있다고 한 것은 이것은 위에 진공의 뜻을 잡아서 따로 해석한 것이니, 그러한즉 있다는 뜻과 변하지 않는다는 뜻은 곧 진공의 분상에 공하지 않는다는 뜻이고, 공하다는 뜻과 인연을 따른다는 뜻은 곧 진공의 분상에 공하다는 뜻이다. 이미 공하다는 뜻과 있다는 뜻을 말하고 또 변하지 않는다는 뜻과 인연을 따른다는 뜻을 말한 것은 그 뜻이 공하다는 뜻과 있다는 뜻 가운데 공하다는 뜻으로써 공종을 섭수하고 변하지 않는다는 뜻과 인연을 따른다는 뜻 가운데 변하지 않는다는 뜻으로써 상종을 섭수하고자 하는 까닭이다. 이상은 다 『잡화기』의 말이다.

546 以 자는 의지한다는 뜻이다.

곧 법의 자성은 본래 생겨난 적이 없는 것이요
공하다는 뜻을 의지한 까닭으로 의타기성(依他無性)[547]이 곧 원성실성이라고 설하나니
곧 각각 서로 알지 못하는 것이다.
있다는 뜻을 의지한 까닭으로 변하지 않는 다른 뜻을 설하고,
공하다는 뜻을 의지한 까닭으로 인연을 따른다는 뜻을 설하나니,
이 둘[548]이 이 둘이 아니기에 인연을 따른다는 뜻이 곧 변하지 않는다는 뜻이요
변하지 않는다는 뜻인 까닭으로 능히 인연을 따른다는 뜻이다.

鈔

復次性有二義下는 第四에 別釋性義라 於中有四하니 一은 順釋이요 二는 反成이요 三은 結歸中道요 四는 結勸修學이라 今初에 文有四節하니 一은 雙標二門이요 二에 以有義故로 說二空所顯下는 釋空有義요 三에 以有義故로 說於不變下는 卽將初門하야 釋變不變이요 四에 此二不二下는 雙融不變과 隨緣二門이라 就第三의 釋變不變中하야 云何以有義故로 說於不變고 旣以二空所顯眞如인댄 則湛然常存하야 體無變易이라 云何以空義故로 說於隨緣고 由依他無性이 卽是

547 원문에 의타무성依他無性을 여기서는 의타기성이라 번역하였으나 영인본 화엄 4책, p.797, 2행에서는 의타기성의 분상에 변계소집성이 없다고 번역하였으니 참고할 것이다.

548 이 둘(此二)이란, 불변不變과 수연隨緣이다.

空義니 要在緣中하야사 方顯空理일새 故知隨緣이니라 四中上來는 且隨一義하야 以收二宗이니 以法相宗은 唯不變故요 無相宗中은 唯性空故라 故須第四에 雙融二門하고 具足無礙하야사 方順圓融한 法性宗意하리라 二義旣卽인댄 空有亦卽하리니 隨緣이 卽是不變일새 故로 空性이 卽有性이요 不變故로 能隨緣일새 則有性이 卽是空性이니 若非實有인댄 將何隨緣하야 而成諸法이리요 如本無水인댄 將何隨風하야 而成波浪이리요하니라

다시 자성에 두 가지 뜻이 있다고 한 아래는 제 네 번째 자성의 뜻을 따로 해석한 것이다.
그 가운데 네 가지가 있나니
첫 번째는 순리대로 해석한 것이요
두 번째는 반대로 성립한 것이요
세 번째는 중도에 귀결한 것이요
네 번째는 닦아 배우기를 맺어 권한 것이다.

지금은 처음으로 문장에 사절四節이 있나니
첫 번째는 두 가지 문門[549]을 함께 표한 것이요
두 번째 있다는 뜻을 의지한 까닭으로 이공二空의 나타낼 바를 설했다고 한 아래는 공하다는 뜻과 있다는 뜻을 해석한 것이요
세 번째 있다는 뜻을 의지한 까닭으로 변하지 않는다는 뜻을 설했다

549 두 가지 문(二門)은 공문空門과 유문有門이다.

고 한 아래는 곧 초문初門[550]을 가져 변하지만 변하지 않는[551] 것을 해석한 것이요

네 번째 이 둘이 둘이 아니라고 한 아래는 변하지 않는다는 뜻과 인연을 따른다는 이문二門을 함께 융합한 것이다.

제 세 번째 변하지만 변하지 않는다고 해석한 가운데 나아가서 어떻게 있다는 뜻을 의지한 까닭으로 변하지 않는다는 뜻을 설하는가.

이미 이공二空의 나타낼 바 진여라고 하였다면 곧 담연히 항상 존재하여 자체가 변역함이 없다는 것이다.

어떻게 공하다는 뜻을 의지한 까닭으로 인연을 따른다는 뜻을 설하는가.

의타기성(依他無性)이 곧 공의 뜻을 인유하나니, 반드시 인연을 따르는 가운데 있어야 바야흐로 공의 진리를 나타내기에 그런 까닭으로 인연을 따르는 줄 알아야 할 것이다.

네 번째 가운데 상래[552]에서는 우선 한 가지 뜻만을 따라서 두 종宗을 거두었나니

법상종은 오직 변하지 않는다는 뜻뿐인 까닭이요,

무상종 가운데는 오직 자성이 공하다는 뜻뿐인 까닭이다.

그런 까닭으로 반드시 제 네 번째 두 가지 문을 함께 융합하고

---

550 초문初門은 유의문有義門이다.

551 원문에 변불변變不變은 곧 불변不變의 뜻이다.

552 상래上來란, 一과 二를 말한다.

구족하여 걸림이 없어야 바야흐로 원융한 법성종의 뜻을 따르게 될 것이다.

두 가지 뜻[553]이 이미 즉하였다면 공과 유도 또한 즉할 것이니, 인연을 따르는 것이 곧 변하지 않는 것이기에 그런 까닭으로 공의 자성이 곧 유의 자성이요

변하지 않는 까닭으로 능히 인연을 따르기에 곧 유의 자성이 곧 공의 자성이니

만약 실유가 아니라면 장차 어떻게 인연을 따라 모든 법을 이루겠는가.

마치 본래부터 물이 없었다면 장차 어떻게 바람을 따라 물결을 이루겠는가 한 것과 같은 것이다.

疏

若唯不變인댄 性何預於法하며 若但隨緣인댄 豈稱眞性이리요할새 故隨其流處하야 有種種異나 而其本味는 停留雪山이라하니라

又若性離於法인댄 則成斷滅이요 法離於性인댄 則本無今有리라

又法若卽性인댄 性常應常이요 性若卽法인댄 法滅應滅하리라

만약 오직 변하지 않는 뜻뿐이라면 자성이 어찌 법에 참례하며 만약 다만 인연을 따르는 뜻뿐이라면 어찌 진성에 칭합하겠는가 하기에 그런 까닭으로 그 물이 흐르는 곳을 따라 가지가지 다름이

553 두 가지 뜻(二義)이란, 불변不變과 수연隨緣이다.

있지만 그 본래 맛은 설산에 머물러 있는 것과 같다[554] 하였다.
또 만약 자성이 법을 떠난다면 곧 단멸을 이룰 것이요,
법이 자성을 떠난다면 곧 본래는 없는 것이지만 지금에는 있게 될 것이다.
또 법이 만약 자성에 즉한다면 자성은 영원하기에 응당 영원해야 할 것이요,
자성이 만약 법에 즉한다면 법은 사라지기에 응당 사라져야 할 것이다.

鈔

若唯不變下는 第二에 反成이니 若唯不變인댄 性何預法者는 卽性如虛空하고 法如星象하야 虛空이 不爲星象之性거니 眞如가 何得爲諸法之性이리요 則性與法異인댄 何相干耶아 若但隨緣인댄 豈稱眞性者는 緣有生滅일새 則非眞故니라

만약 오직 변하지 않는 뜻뿐이라면이라고 한 아래는 제 두 번째 반대로 성립한 것이니
만약 오직 변하지 않는 뜻뿐이라면 자성이 어찌 법에 참례하겠는가 한 것은 곧 자성은 허공과 같고 법은 별의 모습과 같아서 허공이

554 설산에 머물러 있는 것과 같다고 한 것은 이미 설산으로써 경에 비유한즉 그 뜻에 말하기를 경 가운데 설한 바 불성은 일찍이 변한 적이 없다는 것이다. 이상은 『잡화기』의 말이다. 이 말은 『열반경』의 말을 빌려온 것이다.

별의 모습의 자성이 될 수 없거니, 진여가 어찌 모든 법의 자성이 됨을 얻겠는가.
곧 자성이 모든 법으로 더불어 다르다면 어찌 서로 관계하겠는가.
만약 다만 인연을 따르는 뜻뿐이라면 어찌 진성에 칭합하겠는가 한 것은 인연은 생멸이 있기에 곧 진성이 아닌 까닭이다.

隨其流處下는 借涅槃經하야 以成二義니 隨流有異는 是隨緣義요 本味停留는 是不變義니 卽第七經이며 南經은 第八如來性品으로 答迦葉問하야 顯性是常이라 經云호대 復次善男子야 譬如雪山에 有一味藥하니 名曰藥味라 其味極甛이나 在深叢下하야 人無能見이러니 有人聞香하고 卽知其地에 當有是藥이라 過去世中에 有轉輪王하야 於彼雪山에 爲此藥故로 在在處處에 造作木筩하야 以接是藥하니 是藥熟時에 從地流出하야 集木筩中하니 其味眞正이러라 王旣沒已에 其後是藥이 或酢或鹹하며 或甛或苦하며 或辛或淡하니라 如是一味가 隨其流處하야 有種種異나 是藥眞味는 停留在山호미 猶如滿月거늘 凡人薄福하야 雖以掘鑿하야 加功苦至나 而不能得이러니 復有聖王이 出現於世하야 以福因緣으로 卽得是藥의 眞正之味하니라 善男子야 如來祕藏도 其味亦爾하야 爲諸煩惱의 叢林所覆하야 無明衆生은 不能得見하니라 一味藥者는 譬如佛性이나 以煩惱故로 出種種味하니 所謂地獄畜生과 餓鬼天人과 男女와 非男非女와 剎利婆羅門과 毘舍首陀니라 佛性雄猛하야 難可毁壞일새 是故로 無有能殺害者니 若有殺者인댄 則斷佛性거니와 如是佛性은 終不可斷이니 若可斷者인댄 無有是處니라 如我性者는 卽是如來祕密之藏이니 如是祕藏은

一切無能毁壞燒滅하니라 雖不可壞나 然不可見이니 若得成就阿耨多羅三藐三菩提인댄 爾乃證知니 以是因緣으로 無能殺者라하니라 釋曰以法對喩하면 文亦易見이리라 然彼엔 如來祕藏佛性으로 以合一味하니 卽是此中에 如來藏性의 不變隨緣인 二義分明하니라 但雪山은 喩經하고 其過去王은 喩過去佛하고 復有聖王은 卽是合中에 若得菩提라 餘並可知니라

그 물이 흐르는 곳을 따라 가지가지 다름이 있다고 한 아래는『열반경』을 빌려 두 가지 뜻[555]을 성립한 것이니,
흐르는 곳을 따라 다름이 있다고 한 것은 이것은 인연을 따른다는 뜻이요
본래 맛은 설산에 머물러 있다고 한 것은 이것은 변하지 않는다는 뜻이니
곧『열반경』제칠경이며,『남장경』은 제팔경 여래성품으로 가섭보살의 질문을 답하여 자성이 영원함을 나타낸 것이다.
『열반경』에 말하기를[556] 다시 선남자야, 비유하자면 설산에 일미약一味藥이 있나니 이름을 약미藥味[557]라 말한다.
그 맛이 매우 달지만 깊은 숲속에 있어 사람들이 능히 보지 못하더니, 어떤 사람이 그 약의 향기를 맡고 곧 그 땅에 마땅히 이 약이 있는 줄 알았다.

---

555 두 가지 뜻(二義)이란, 불변不變과 수연隨緣이다.
556 원문에 경운經云이란, 한글대장경 53, 열반부 1, p.135, 상단上段이다.
557 약미藥味란,『남장경南藏經』엔 낙미樂味라 하였다.

과거 세상 가운데 전륜왕이 있어 저 설산에서 이 약을 얻기 위한 까닭으로 곳곳마다 나무통을 만들어 이 약을 받게 하니,
이 약이 익을 때에는 땅을 좇아 흘러나와 나무통 가운데 모이니 그 맛이 진정으로 좋았다.
왕이 이미 죽은 그 이후에는 이 약이 혹 시기도 하고 혹 짜기도 하며 혹 달기고 하고 혹 쓰기도 하며 혹 맵기도 하고 혹 싱겁기도 하였다.
이와 같이 한맛이 그 흐르는 곳을 따라서 가지가지 다름이 있지만 이 약의 진정한 맛은 설산에 머물러 있는 것이 비유하자면 보름달과 같거늘, 범인은 박복하여 비록 땅을 파 공력을 더한 고생이 지극하지만 능히 그 약을 얻지 못하더니, 다시 한 전륜성왕이 있어 세상에 출현하여 그분의 복덕 인연으로 곧 이 약의 진정한 맛을 얻은 것과 같다.[558]
선남자야, 여래의 비밀한 법장도 그 맛이 또한 그러하여 모든 번뇌의 숲속에 덮인 바가 되어 무명 중생은 능히 보지 못한다.
한맛의 약은 비유하자면 불성과 같지만 번뇌를 의지한 까닭으로 가지가지 중생의 맛을 내나니,
말하자면 지옥과 축생과 아귀와 하늘과 사람과 남자와 여자와 남자도 아닌 사람과 여자도 아닌 사람과 찰제리와 바라문과 바이사와 수타라이다.
불성은 웅장하고 용맹하여 가히 훼손하거나 무너뜨릴 수 없기에

558 비여譬如라는 如 자가 여기서 번역된다.

이런 까닭으로 능히 살해할 자가 없나니 만약 살해할 자가 있다면 곧 불성은 끊어질 것이어니와, 이와 같이 불성은 마침내 가히 끊어질 수 없나니 만약 끊을 자가 있다면 옳지 못한 것이다.
이와 같이 나의 성품은 곧 여래의 비밀한 법장이니,
이와 같은 비밀한 법장은 일체가 능히 훼손하거나 무너뜨리거나 태워 없앨 수 없다.
비록 가히 무너뜨릴 수도 없지만 그러나 가히 볼 수도 없나니, 만약 아뇩다라삼먁삼보리를 성취함을 얻는다면 그대가 이에 증득하여 알 것이니, 이 인연으로써 능히 살해할 자가 없다 하였다.
해석하여 말하건대 법으로써 비유를 상대하면 문장을 또한 쉽게 볼 수 있을 것이다.
그러나 저 『열반경』에서는 여래의 비밀한 법장인 불성으로써 한맛(一味)에 법합하였으니,
곧 이 가운데 여래장 자성의 변하지 않는 것과 인연을 따르는 두 가지 뜻이 분명하다.
다만 설산은 경에 비유하고,
그 과거의 왕은 과거의 부처님에 비유하고,
다시 한 전륜성왕이 있다고 한 것은 곧 법합 가운데 만약 보리를 얻으면 안다고 한 것에 비유하였다.
나머지는 아울러 가히 알 수가 있을 것이다.

又若性離於法下는 覆成上義니 上云호대 性何預法은 卽是離義요 卽成斷滅者는 性離於法인댄 非卽法空일새 故性成斷이라 言法離於

性인댄 本無今有者는 性出自古일새 此爲本有요 法旣離性일새 故本無今有니 本無今有가 有何過耶아 則虛空中에 本無衆生이나 常出衆生하니라 若爾인댄 法卽於性하면 應非本無今有어늘 何以論云호대 從無之有를 曰生이라하며 自有還無를 稱滅고하니 釋曰緣會事顯은 則是本無今有어니와 無始衆生은 不可得言本無今有니라 旣涅槃云호대 本有今無하며 本無今有하니 三世有法은 無有是處라하니라 上半約相이요 下半約性이니 旣相與性이 不得相離인댄 則本無之法이 非全本無며 今有之法이 非全新有니라 是故下云호대 三世有法은 無有是處라하니 此偈廣義는 已見初品하니라 又法若卽性等者는 然常無常이 非卽非離니 此以不卽으로 難其全卽이라 性若卽法等者는 謂水若卽波인댄 波滅水滅거니와 今但波滅이나 而水不滅하니 則法若滅時라도 而性不滅일새 卽非全卽也니라 故大品中에 佛問須菩提하사대 心若生時에 爲卽性不아 答言호대 卽性이니다 此心滅不아 答云호대 生法必滅이니다 佛言하사대 眞性滅不아 答云호대 不滅이니다 佛言하사대 此處를 可思議不아 答云호대 不可思議니다하니 卽斯義矣니라

또 만약 자성이 법을 떠난다면이라고 한 아래는 다시 위에 뜻을 성립한 것이니
위에서[559] 말하기를 자성이 어찌 법에 참례하겠는가 한 것은 곧 이것은 떠난다는 뜻이요
곧 단멸을 이룰 것이라고 한 것은 자성이 법을 떠난다면 법에 즉한

---

559 위에라고 한 것은 곧 소문을 말한다 하겠다.

공이 아니기에 그런 까닭으로 자성이 단멸을 이룬다는 것이다. 법이 자성을 떠난다면 본래는 없는 것이지만 지금에는 있게 될 것이라고 말한 것은 자성은 옛날부터 나온 것이기에 이것은 본래부터 있는 것이 되고, 법은 이미 자성을 떠났기에 그런 까닭으로 본래는 없지만 지금에는 있는 것이니

본래는 없지만 지금에 있다고 하는 것이 무슨 허물이 있겠는가. 곧 허공 가운데는[560] 본래 중생이 없지만 항상 중생을 출생하는 것과 같다.

만약 그렇다면[561] 법이 자성에 즉하면 응당히 본래는 없지만 지금에 있다는 것이 아니거늘, 무슨 까닭으로 논[562]에 말하기를 없는 것으로 좇아 있는 것을 생生이라 말하며, 있는 것으로부터 도리어 없어지는

---

560 본래는 없지만 지금에 있다고 하는 것이 무슨 허물이 있겠는가 한 것은 물은 것이고, 곧 허공 가운데라 한 등은 해석이니, 그 뜻에 말하기를 만약 본래는 없지만 지금에 있다고 한다면 이와 같은 허물이 있는 것이다. 역시 『잡화기』의 말이다. 이와 같은 허물이라 한 것은 곧 허공 가운데 운운이다.

561 만약 그렇다면이라고 한 등은 앞에 뜻을 첩석한 것이고 또한 묻는 것이니, 그 뜻에 말하기를 만약 법이 자성을 떠난다면 본래는 없지만 지금에 있다고 하였다면 응당 법이 자성에 즉하면 곧 본래는 없지만 지금에 있다는 것이 아니거늘, 무슨 까닭으로 논(『본무금유론』)에 말하기를 본래는 없지만 지금에 있다 하는가 하니, 해석한 뜻은 곧 인연이 사실에 회합한즉 비록 이와 같지만 중생은 시작이 없기에 가히 이와 같다 말할 수 없는 것이다. 이상은 『잡화기』의 말이다. 이와 같다고 한 것은 본래는 없지만 지금에 있다는 것을 말하는 것이라 하겠다.

562 논論이란, 『본무금유론本無今有論』이니 『열반경』을 해석한 것으로, 1권一卷이며, 천친보살天親菩薩이 지었다.

것을 멸滅이라 이름하는가 하였으니,

해석하여 말하면 인연이 사실에 회합하여 나타나는 것은 곧 이것은 본래는 없지만 지금에는 있는 것이어니와, 시작도 없는 중생은 가히 본래는 없지만 지금에는 있다고 말함을 얻을 수 없다는 것이다.

이미 『열반경』에서 말하기를[563]

본래는 있었지만 지금에는 없으며

본래는 없었지만 지금에는 있나니,

삼세에 있다는 모든 법은

옳을 곳이 없다 하였다.

위에 반 게송은 모습을 잡은 것이요

아래 반 게송은 자성을 잡은 것이니

이미 모습과 더불어 자성이 서로 떠남을 얻을 수 없다면 곧 본래 없는 법이 온전히 본래 없는 것이 아니며 지금에 있는 법이 온전히 새롭게 있는 것이 아니다.

이런 까닭으로 아래에 말하기를 삼세에 있다는 모든 법은 옳을 곳이 없다 하였으니,

이 게송의 넓은 뜻은 이미 세주묘엄품(初品)에서 나타내어 보였다.

또 법이 만약 자성에 즉한다면이라고 한 등은 그러나 영원함(常)과

563 『열반경』 운운은 『열반경』 십오권十五卷(한글대장경본) 아래 부분이니, 앞에서(初品) 인용한 바가 있다. 즉 게송이니, 본래는 있어도 지금은 없으며, 본래는 없어도 지금은 있나니, 삼세에 있다는 모든 법은 옳을 곳이 없다 하였다. 한글장경 53권, 열반부 1, p.309, 하단에 있다.

영원하지 아니함(無常)이 즉하지도 않고 떠나지도 않나니,
이것은 즉하지 않는 것으로써 온전히 즉함을 비난한 것이다.
자성이 만약 법에 즉한다면이라고 한 등은 말하자면 물이 만약 파도에 즉한다면 파도는 사라지기에 물도 사라지거니와, 지금에는 다만 파도는 사라지지만 물은 사라지지 않나니,
곧 법이 만약 사라질 때라도 자성은 사라지지 않기에 곧 온전히 즉한 것이 아니다.
그런 까닭으로 『대품반야경』 가운데에[564] 부처님이 수보리에게 묻기를 마음이 만약 생겨날 때에 자성에 즉함이 되는가.
답하여 말하기를 자성에 즉합니다.
이 마음은 사라지는가.
답하여 말하기를 생겨난 법은 반드시 사라집니다.
부처님이 말씀하시기를 진성은 사라지지 않는가.
답하여 말하기를 사라지지 않습니다.
부처님이 말씀하시기를 이곳을 가히 사의할 수 있는가.
답하여 말하기를 가히 사의할 수 없습니다 하였으니
곧 이 뜻이다.

---

564 『대품반야경』 운운은 『잡화기』에 말하기를 대품반야를 인용한 것은 다만 법이 사라질지라도 자성은 사라지지 않는다는 뜻을 증거한 것일 뿐, 자성에 즉한다는 말을 취한 것은 아니다 하였다.

疏

故二相成일새 非常非斷이며 此二相奪일새 故說非有非空하야 爲中道義니라

그런 까닭으로 두 가지[565]가 서로 성립하기에 영원한 것도 아니고 단멸하는 것도 아니며[566]
이 두 가지가 서로 빼앗기에 그런 까닭으로 있는 것도 아니고 공한 것도 아니어서 중도의 뜻이 된다고 말하는 것이다.

鈔

故二相成下는 三에 結歸中道라 略有三重하니 上에 非卽非離는 爲中道요 由此故로 成非斷非常하며 非有非無니 亦應言非變非不變也리라

그런 까닭으로 두 가지가 서로 성립한다고 한 아래는 세 번째 중도에 귀결한 것이다.
간략하게 삼중三重[567]이 있나니

565 원문에 故二의 二란, 성性과 법法이니 불변不變과 수연隨緣이다.

566 원문에 비상비단非常非斷이란, 성즉법고性卽法故로 비상非常이요, 법즉성고法卽性故로 비단非斷이다. 곧 자성이 법에 즉하는 까닭으로 영원하지 않는 것이고 법이 자성에 즉하는 까닭으로 단멸하지도 않는다는 것이다. 역시 『잡화기』의 말이다.

위에 즉하지도 않고 떠나지도 않는다고 한 것은 중도가 되고,
이 중도를 인유한 까닭으로 단멸하지도 않고 영원하지도 않으며,
있지도 않고 없지도 않다고 함을 성립하나니,
또한 응당히 변하는 것도 아니고 변하지 않는 것도 아니라고 말해야 할 것이다.

疏

苟得其會인댄 不惑百家異說이니 願諸學者는 虛己求宗이리라

진실로 그 회통함을 얻는다면 백가百家의 이설異說에 현혹되지 않을 것이니
원컨대 모든 배우는 사람들은 자기를 비우고 종취를 구해야 할 것이다.

鈔

苟得其會下는 四에 結勸修學하야 使無偏執이라 上에 已明大意라

진실로 그 회통함을 얻는다고 한 아래는 네 번째 닦아 배우기를 맺어 권하여 하여금 치우쳐 집착함이 없게 하는 것이다.
위에서 이미 대의는 다 밝혔다.

---

567 삼중三重이란, ① 비즉비리非卽非離, ② 비단비상非斷非常, ③ 비유비무非有非無이다.

청량 징관(淸凉 澄觀, 738~839)

중국 화엄종의 제4조.

절강성浙江省 월주越州 산음山陰 사람으로, 속성은 하후夏侯, 자는 대휴大休, 탑호는 묘각妙覺이다.

11세에 출가하여 계율, 삼론, 화엄, 천태, 선 등을 비롯, 내외전을 두루 수학하였다. 40세(777년) 이후 오대산 대화엄사에 머물면서 『화엄경』을 여러 차례 강설하였으며, 이를 토대로 『대방광불화엄경소』 60권, 『대방광불화엄경수소연의초』 90권을 저술하고 강의하였다. 796년에는 반야삼장의 『40권 화엄경』 번역에 참여하였고, 덕종에게 내전에서 화엄의 종지를 펼쳤다. 덕종에게 청량국사淸凉國師, 헌종에게 승통청량국사僧統淸凉國師라는 호를 받는 등 일곱 황제의 국사를 지냈다.

저서로 『화엄경주소華嚴經註疏』, 『화엄경수소연의초華嚴經隨疏演義鈔』, 『화엄경강요華嚴經綱要』, 『화엄경략의華嚴經略義』, 『법계현경法界玄鏡』, 『삼성원융관문三聖圓融觀門』 등 400여 권이 있다.

관허 수진貫虛 守眞

1971년 문성 스님을 은사로 출가, 1974년 수계, 해인사 강원과 금산사 화엄학림을 졸업하고, 운성, 운기 등 당대 강백 열 분에게 10년간 참문수학하였다.

1984년부터 수선안거 10년을 성만하고, 1993년부터 7년간 해인사 강원 강주로 학인들을 지도하였다.

대한불교조계종 교육위원, 역경위원, 교재편찬위원, 중앙종회의원, 범어사 율학승가대학원장 및 율주를 역임하였다.

현재 부산 승학산 해인정사에 주석하면서, 대한불교조계종 고시위원장, 단일계단 계단위원·존증아사리, 동명대학교 석좌교수, 동명대학교 세계선센터 선원장 등의 소임을 맡고 있다.

청량국사화엄경소초 28 - 보살문명품 ①

초판 1쇄 인쇄 2022년 5월 17일 | 초판 1쇄 발행 2022년 5월 27일
청량 징관 찬술 | 관허 수진 현토역주 | 펴낸이 김시열
펴낸곳 도서출판 운주사
(02832) 서울시 성북구 동소문로 67-1 성심빌딩 3층
전화 (02) 926-8361 | 팩스 0505-115-8361
ISBN 978-89-5746-686-5 94220
ISBN 978-89-5746-592-9 (총서) 값 18,000원
http://cafe.daum.net/unjubooks 〈다음카페: 도서출판 운주사〉